D1688070

L'ANNÉE DU CYCLISME 2017

Un an de reportages des journalistes de la rubrique cyclisme et des photographes de *L'ÉQUIPE*.

Un ouvrage réalisé par **Jean Damien Lesay**, sous la direction de **Laurence Gauthier**

maquette : **Matthieu Néel**

iconographie : **Gwenaëlle Morvan**

correction : *L'Équipe*, sous la direction d'**Émir Harbi**.

photogravure : **Franck Collomb** / Olo.éditions

© CRÉDITS PHOTOGRAPHIQUES

Toutes les images de cet ouvrage proviennent majoritairement du fonds iconographique de *L'ÉQUIPE*.

Sébastien Boué, Franck Faugère, Pierre Lahalle, Nicolas Luttiau, Stéphane Mantey, Richard Martin, Frédéric Mons, Alain Mounic, Bernard Papon, Jérôme Prevost, Franck Seguin.

Sauf pour les pages suivantes :
p 10, 11, 19, 34-35, 36, 37, 38, 39, 40, 41, 42, 43, 44, 46, 47, 65, 94, 95, 98, 101, 102, et 109 (en bas). Yuzuru SUNADA / PRESSE SPORTS
p 22. Cesar Manso / AFP PHOTO
p 23, 86-87, 88-89, 99. 2017 Tim de Waele
p 32, 33. FRESHFOCUS / PRESSE SPORTS
p 45, 51, 100, 103. Sirotti / Icon Sport
p 49. 2017 Icon Sport
p 63. A. S. O.
p 92, 93, 97. BettiniPhoto 2017
p 96. MaxPPP
p 104, 105. James Startt / Agence Zoom / PRESSE SPORTS

© CALMANN-LÉVY/ L'ÉQUIPE, 2017
ISBN : 978-2-7021-6285-9
N° d'édition : 7567930101
Dépôt légal : novembre 2017
Imprimé en Espagne par Estella Graficas

CALMANN LÉVY s'engage pour l'environnement en réduisant l'empreinte carbone de ses livres. Celle de cet exemplaire est de : 300 g éq. CO_2
Rendez-vous sur www.calmann-levy-durable.fr

L'ANNÉE DU CYCLISME
L'ÉQUIPE
2017

CALMANN LÉVY

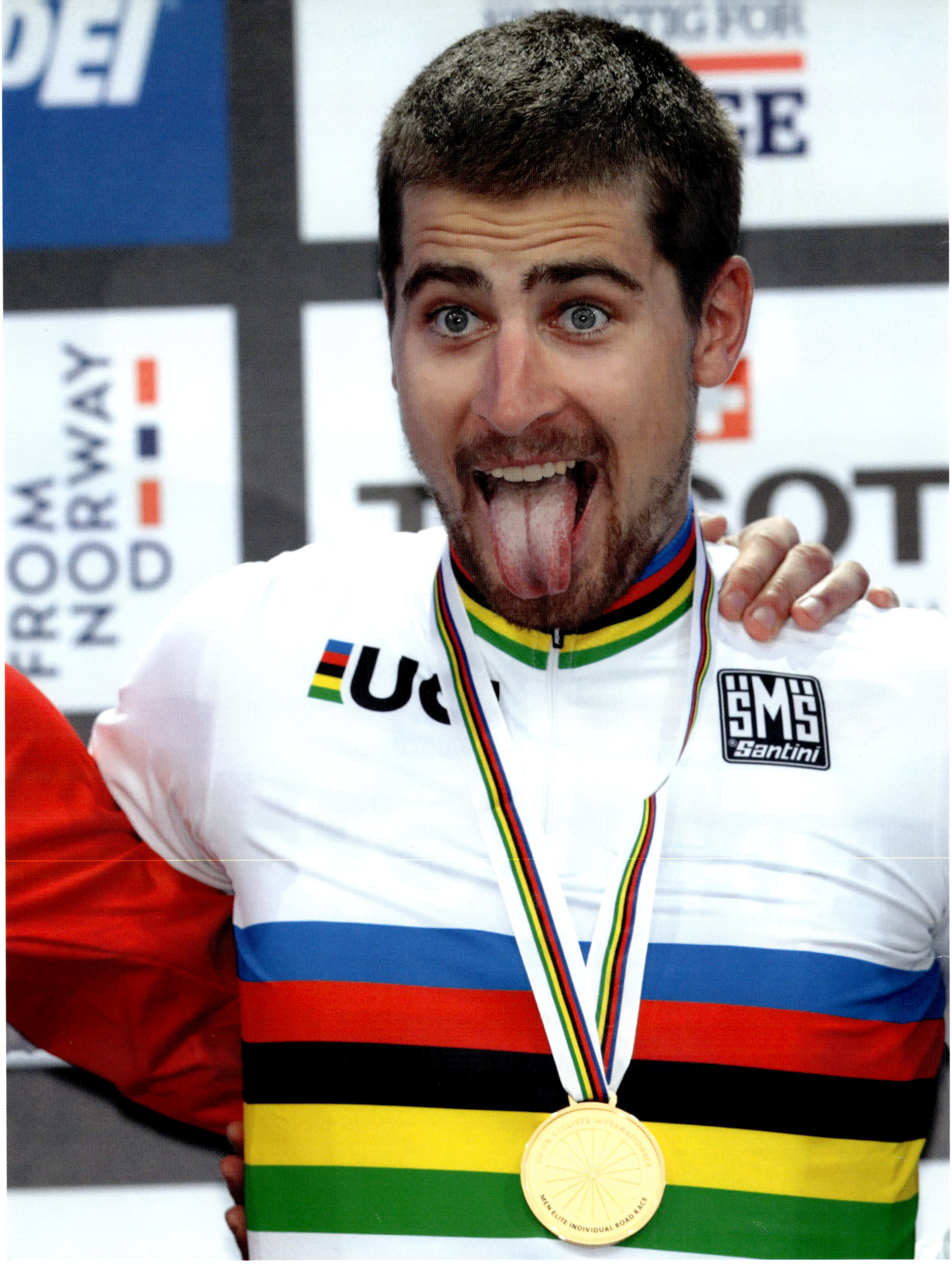
FROM
SMS
Santini
MEN ELITE INDIVIDUAL ROAD RACE

SOMMAIRE

10	STRADE BIANCHE
12	PARIS-NICE
16	MILAN-SAN REMO
18	TOUR DE CATALOGNE
20	TOUR DES FLANDRES
22	TOUR DU PAYS BASQUE
24	PARIS-ROUBAIX
26	LES ADIEUX DE TOM BOONEN
28	FLÈCHE WALLONNE
30	LIÈGE-BASTOGNE-LIÈGE
32	TOUR DE ROMANDIE
34	**LE GIRO 2017**
50	CRITÉRIUM DU DAUPHINÉ
54	**TOUR DE FRANCE**
84	LES ADIEUX DE THOMAS VOECKLER
86	CLASICA SAN SEBASTIAN
88	**TOUR D'ESPAGNE**
104	GRAND PRIX DE MONTRÉAL
106	**CHAMPIONNATS DU MONDE**
110	HOMMAGES
112	RÉSULTATS

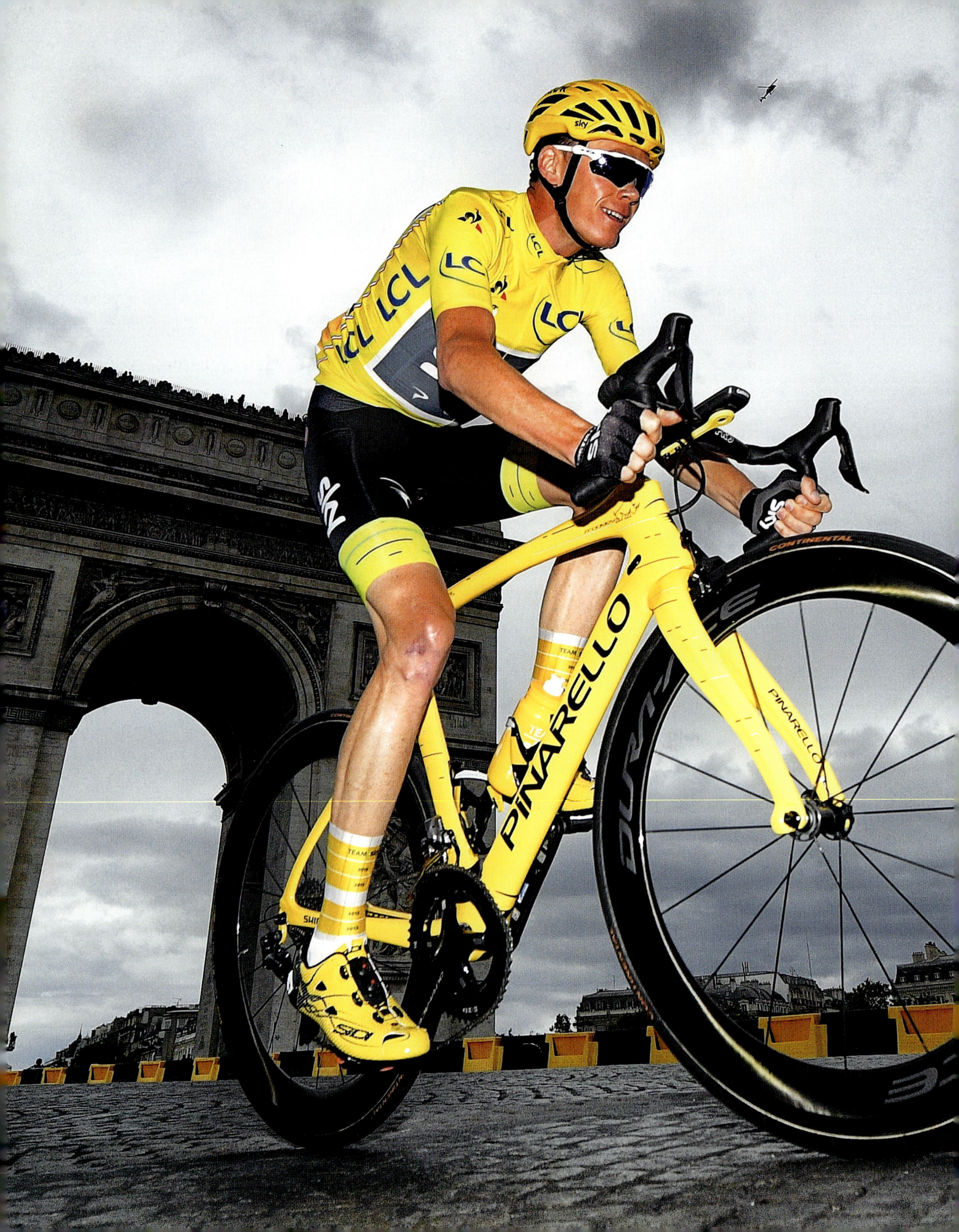
LCL
sky
PINARELLO
CONTINENTAL
PINARELLO

GÉNIES

En 2017, Christopher Froome et Peter Sagan ont obligé les observateurs du peloton à se replonger dans les vieux almanachs, à regarder dans le rétroviseur et à farfouiller dans le glorieux passé du cyclisme, ce qui en a toujours fait sa richesse. Le premier, leader de l'équipe Sky, a épinglé un doublé Tour-Vuelta que plus personne n'avait réalisé depuis Bernard Hinault en 1978. Le second a remporté un troisième titre de champion du monde d'affilée, un exploit inédit, et rejoint au rang des triples détenteurs du maillot arc-en-ciel Merckx, Van Steenbergen, Binda et Freire. Mais au delà de l'écriture de nouvelles lignes d'histoire, les deux têtes d'affiche du peloton actuel ont surtout frotté la lampe du génie sur la gestion de leur saison et les chefs-d'œuvre tactiques qu'ils ont offerts. Froome n'avait rien gagné de l'année quand il s'est présenté au départ du Tour, à Düsseldorf. Il n'était sans doute pas le plus fort sur la course, il faillit tout perdre dans l'ascension de Peyresourde, et pourtant, à trente-deux ans, il maîtrisa jusqu'au bout son affaire. Sagan, lui, avait connu une saison loin de ses standards avant de s'élancer sur le parcours des Mondiaux de Bergen. Aucune victoire dans les classiques, une exclusion du Tour pour un coup de coude sauvage à Mark Cavendish et, pourtant, personne ne fut en mesure de lui contester le titre. Pis, on ne vit pas le Slovaque de la course, il ne prit le vent qu'à deux cents mètres de la ligne d'arrivée, mais personne ne fut en mesure de contrecarrer ses plans. Et quand Oscar Freire et Rui Costa furent, par le passé, mis au bûcher pour avoir remporté un titre mondial de la même manière, Peter Sagan ne reçut que louanges pour ce cours magistral de tableau noir. Un autre coup de génie.

ALEXANDRE ROOS

STRADE BIANCHE

La renaissance italienne

Le Polonais Michal Kwiatkowski s'est présenté seul sur la piazza del Campo de Sienne. Comme en 2014.

On ne sait quel sentiment agitait Michal Kwiatkowski sur les pavés de la via Santa Caterina où il opposait un masque impavide à la meute des photographes qui tournoyaient dans son onde, avides de capter à travers lui les derniers feux d'une classique atypique, à nulle autre pareille, disputée sous un climat exécrable.

S'il s'était retourné, le chef de file des Sky aurait pu apercevoir dans le lointain, petites taches à travers un léger voile de brouillard, les silhouettes laborieuses, insignifiantes, de Tim Wellens, Greg Van Avermaet et Zdenek Stybar qu'il avait semés sur le tronçon en terre de Pinzuto, quinze kilomètres auparavant, et qui, depuis, lui menaient la chasse, sans rien lui reprendre. Mais Kwiatkowski ne s'était pas retourné. Peut-être parce qu'il préfère envisager l'avenir qu'évaluer le passé. Et puis, cette fois, il était sûr de son fait et plus rien ne pouvait l'affecter, pas même cette pluie qui se déversait, fine et prégnante, sur son dos, cette pluie qui loin de les raviner, avait damassé, jusqu'à les rendre carrossables, les routes blanches du Chianti, d'ordinaire réservées au charroi agricole.

Le visage et les jambes noircis par la terre grise des «*sterrati*», l'homme de tête s'efforçait de rester concentré, sans rien céder à cette ivresse qu'il sentait naître en lui, car la victoire était assurée. À l'arrière, Tim Wellens commençait à payer sa prodigalité, Greg Van Avermaet son isolement et Zdenek Stybar approchait son point de rupture. Sauf incident, ils ne reviendraient plus. Et c'est avec une relative sérénité, conscient de renouer les fils distendus d'une carrière jadis prometteuse, que le Polonais de vingt-six ans avait relancé l'allure sur cette pente, toujours plus abrupte, qui se resserrait entre des murs de briques et des villas médiévales jusqu'à la piazza del Campo de Sienne où il s'était présenté en pleine lumière, sous le halo d'une éclaircie providentielle.

Dans l'ombre de Sagan

Sans doute s'était-il revu alors, trois ans plus tôt, sur cette même rampe, en compagnie de Peter Sagan qu'il avait sorti de sa roue. À l'époque, Michal Kwiatkowski, qui courait chez Quick-Step, n'était pas encore champion du monde (un titre qu'il allait conquérir sept mois plus tard), mais on lui prêtait tout autant que le Slovaque, leader émergent de la Liquigas et promis à régner sur les classiques. Les deux hommes n'ont que six mois d'écart et se connaissent depuis les juniors. Mais depuis lors, l'aura de Sagan n'a cessé de croître, tandis que le Polonais s'était mué en leader épisodique, souvent malchanceux ou mal inspiré. «*Dans le passé, j'ai connu tellement de désillusions et fait tant d'erreurs que, cette fois, je ne me suis libéré que sur la piazza del Campo... une fois la victoire assurée*», concédera-t-il en conférence de presse. Il était simplement heureux «*d'avoir retrouvé mentalement le niveau qu'il avait avant*». Il y avait alors longtemps que Peter Sagan, traits tirés, mine défaite, apparemment malade, s'était retiré de la course en catimini au 114e kilomètre.

PHILIPPE BRUNEL, *L'Équipe* du 5 mars 2017

Sur les routes de terre des Strade Bianche, en Toscane, Michal Kwiatkowski (en noir) a l'air aussi à l'aise que dans son salon.

STRADE BIANCHE

CLASSEMENT

Strade Bianche
(175 km)

1	Kwiatkowski (POL, SKY)	4 h 42' 42"
2	Van Avermaet (BEL, BMC)	à 15"
3	Wellens (BEL, LTS)	à 17"

« C'est dur, mais c'est bon », semble se dire Thibaut Pinot, qui découvrait l'épreuve italienne.

Pinot : « Je reviendrai ! »

Thibaut Pinot n'a pas gagné les Strade Bianche, mais il s'est acquis la sympathie des *tifosi* qui ne s'attendaient pas à le voir mener sous une pluie battante, dès le km 24, une longue échappée sur les routes blanches du Chianti. *« Je n'avais pas d'autre solution que d'anticiper l'action des spécialistes des classiques »*, commenta le leader de la FDJ à l'arrivée. *« Je termine dans les dix* (9e)*... Pour une première expérience, c'est plutôt bien, c'est sûr, je reviendrai, c'est si beau d'être là. »* À l'attaque avec Gonçalves, Korsaeth, Andreetta et Quentin Jauregui, issu du cyclocross et très efficace dans les rampes, Pinot s'était dépensé sans compter pour assurer la réussite de l'échappée (qui comptait plus de 6' d'avance à l'entrée du 6e secteur en terre de Pieve a Salti) avant d'accuser une première lassitude dans le Monte Sante Marie (plus de 11 km d'ascension sur une route boueuse) à 50 kilomètres de Sienne. Puis il marqua le pas quand Tom Dumoulin et Boasson-Hagen les rejoignaient, et c'est avec une grande bravoure qu'il a achevé la course, en poursuite, conscient d'avoir frappé les esprits.

PHILIPPE BRUNEL
L'Équipe du 5 mars 2017

PARIS-NICE — 1re étape

Ça Démare fort, très fort !

La première journée de Paris-Nice a été marquée par la victoire d'Arnaud Démare au terme d'une course somptueuse... et par l'exclusion de Romain Bardet.

Par où commence-t-on ? Par la victoire, la grande victoire, d'Arnaud Démare, au sprint, non pas dans un sprint massif mais à la manière d'un routier-sprinteur plus que d'un sprinteur pur ? La très bonne opération au classement de Julian Alaphilippe, même si la « gagne » lui échappe une fois de plus, mais que pouvait-il face au Picard de la FDJ presque au sommet de son art ? Le gros coup réalisé par Sergio Henao, le mieux placé de tous les grimpeurs ? L'état d'esprit « flandrien » de Gallopin ? La faillite en fin d'étape des Kittel, Greipel, Coquard qui lorgnaient le sprint, tous ratatinés par la dureté de la course, son rythme effréné, les conditions climatiques, alors que la déroute de Bouhanni était entérinée depuis longtemps ? Le fléchissement de Contador tout à la fin après des heures de selle à haute tension, dans un deuxième groupe, avec Porte qui s'en est sorti un peu mieux que l'Espagnol ? Surtout par l'événement qui a assombri cette journée lumineuse de vélo, l'exclusion de Romain Bardet de l'épreuve au soir de la première étape pour avoir bénéficié de l'aide de la voiture de son équipe, incroyable épilogue d'un dimanche complètement fou ! ? Un dimanche où les coureurs ont fait la course avec les nuages, où les freins ont raclé, les boyaux crissé. Où, de retour à Bois-d'Arcy, ces valeureux descendaient de leur vélo avec des traits accusés sous un visage maculé. On a goûté à tout ce qui fait le sel du cyclisme, à une époque qui ne répond pas franchement aux aspirations offensives.

Démare franchit un nouveau cap

À la sortie des Mesnuls, aux confins de la forêt de Rambouillet, après seulement 39 bornes très arrosées, il y a une descente et au bout de cette descente une portion pavée d'environ 200 mètres. Le peloton s'est étiré naturellement et, lorsqu'il s'est retrouvé soudainement à découvert dans une ligne droite où le vent soufflait latéralement, de manière violente, l'équipe Lotto – ça ne pouvait venir que des Belges biberonnés à l'exercice – a accéléré brutalement. C'était parti pour une compétition de haut vol. Plus loin, certains avaient des gueules de vainqueurs, d'autres une mine de chien battu quand leur retard atteignait 1'20'' (à 28 km de la fin). Arnaud Démare affichait celle des grands jours. Et lorsque Alaphilippe suppléait Kittel chez Quick-Step en attaquant dans la dernière côte, la réponse de Démare était fulgurante : « *Plus la course est dure, mieux je m'exprime.* » Le coureur de l'Oise avait franchi un cap important l'an dernier en s'imposant sur Milan-San Remo. Il en a clairement passé un autre cet hiver.

JEAN-LUC GATELLIER, *L'Équipe* du 6 mars 2017

Avec une nouvelle victoire de prestige sur Paris-Nice, Arnaud Démare intègre la cour des grands.

CLASSEMENT

1re étape, Bois d'Arcy - Bois d'Arcy (148,5 km)

1	Démare (FRA, FDJ),	3 h 22' 43''
2	J. Alaphilippe (FRA, QST)	m.t.
3	Kristoff (NOR, KAT)	à 9''

4ᵉ étape | PARIS-NICE

Un grand Alaphilippe !

Le jeune Français a assommé Contador – à 19 secondes – et ses adversaires dans le chrono du mont Brouilly.

Rien n'est fait, évidemment. Dans le vélo, les coups de Trafalgar ne manquent pas, Julian Alaphilippe l'a rappelé après son chef-d'œuvre autour des vignes dénudées du mont Brouilly. Cependant le nouveau leader de Paris-Nice est ce matin dans une situation idéale pour succéder à Laurent Jalabert, dernier vainqueur français de la Course au soleil, il y a vingt ans. *« Pour être honnête, j'ai dans un coin de ma tête l'idée de garder le Maillot Jaune »*, reconnaissait Alaphilippe. Le mur de Fayence (1,3 km à 10 %), demain, est taillé pour lui. Le col de la Couillole, épouvantail de l'épreuve, samedi, n'est pas un obstacle insurmontable pour le jeune athlète (24 ans). *« Il arrivera en fin de course après une semaine où les conditions ont été très difficiles, mes adversaires ne vont rien lâcher,* insistait-il. *Une minute, ce n'est pas grand-chose face aux grimpeurs. »* C'est le retard du Colombien de Sky, Sergio Luis Henao (à 1'5"). Alberto Contador est encore plus loin (à 1'31").

De plus, Alaphilippe a une forte équipe à son service sur tous les terrains, de l'expérience à revendre avec Philippe Gilbert. Il en est devenu le leader exclusif puisque Dan Martin a fini à plus d'une minute de son partenaire chez Quick-Step Floors.

« Je suis parti vite, j'ai accéléré et j'ai fini à l'arraché »

S'il occupe cette position princière, c'est grâce à un exploit, l'un des plus grands chez un coureur français de ce début de XXIᵉ siècle. Alaphilippe n'a pas seulement gagné le contre-la-montre de Paris-Nice, il l'a écrasé. Sur 14,5 kilomètres, il a repoussé Contador à 19 secondes, Tony Gallopin et Gorka Izaguirre à 20 secondes, Ilnur Zakarin à 33 secondes. Stop, on arrête les frais ! *« Je suis parti vite, j'ai accéléré et j'ai fini à l'arraché »*, résumait-il.

Et s'il a « seulement » le cinquième temps de la montée, c'est par ce qu'il a réalisé une performance de haut vol sur le plat. *« La première partie était rapide, très technique, j'étais très à l'aise. »* Et la chaussée encore humide lui a permis d'accentuer son avantage car il connaît peu d'égal dans le peloton pour négocier un virage à pleine vitesse, virer au millimètre… Quand, sur la fin, les pentes du mont Brouilly étaient les plus sévères (9 %), le public en liesse annonçait le triomphe d'Alaphilippe. *« Cela fait un moment que j'accumule les places d'honneur,* rappelait-il. *J'étais souvent proche de la victoire. Je ne pouvais pas laisser cette chance-là avec des jambes qui tournent aussi bien et sur ce parcours. »*

JEAN-LUC GATELLIER, *L'Équipe* du 9 mars 2017

Julian Alaphilippe a gagné la 4ᵉ étape dans un fauteuil. Il en saute de joie !

CLASSEMENTS

4ᵉ étape, Beaujeu - mont Brouilly (c.l.m. ind., 14,5 km)

Étape			Général		
1	J. Alaphilippe (FRA, QST)	21'39"	1	J. Alaphilippe (FRA, QST)	
2	Contador (ESP, TFS)	à 19"	2	Gallopin (FRA, LTS)	à 33"
3	Gallopin (FRA, LTS)	à 20"	3	G. Izagirre (ESP, MOV)	à 47"

PARIS-NICE — 7ᵉ étape

Trop haut, trop long, trop vite

Le col de la Couillole a été fatal aux ambitions de Julian Alaphilippe. Le Colombien Sergio Henao a pris le Maillot Jaune.

Le Colombien Sergio Henao, ici devant Dan Martin, termine à fond la 7ᵉ étape pour aller chercher le Maillot Jaune.

Jarlinson Pantano a une bonne tête – elle lui attire la sympathie des foules – sauf pour Julian Alaphilippe. Devenu l'aide de camp d'Alberto Contador chez Trek, il s'est tout naturellement sacrifié pour le « Pistolero » dans la montée finale au col de la Couillole. À 11 kilomètres du sommet, Pantano a effectué un relais dont l'allure et la longueur ont été fatales à Alaphilippe : « *Il roulait 3 km/h trop vite pour moi* », lâchait le Montluçonnais, impuissant, dépossédé dans le Mercantour de son Maillot Jaune par Sergio Henao, et héritant du blanc de meilleur jeune avant la dernière étape. À cet instant, il se contorsionnait, offrait un visage de lutteur tordu par l'effort, battant l'air, bouche ouverte, la bave filandreuse reliant le menton au col de son paletot. L'élastique finissait par casser, comme cela avait été le cas un peu plus tôt pour Tony Gallopin. Ce week-end, la barre était placée trop haut, le col était trop long pour Julian Alaphilippe, auquel il a manqué cinq kilomètres dans l'ultime ascension pour rester au contact des meilleurs grimpeurs. Justement, il n'est pas un grimpeur ; malgré des aptitudes très intéressantes sur ce Paris-Nice montagneux, il a fini par s'incliner face à des spécialistes comme Richie Porte, Alberto Contador, Sergio Luis Henao. Ironie de l'histoire, il s'est hissé au sommet avec dans sa roue Pantano. Cependant Alaphilippe (14ᵉ) n'a pas craqué : 2'40" déboursées au vainqueur Richie Porte, 2'19" de retard sur Contador et 2'8" sur Henao. « *Les derniers kilomètres du col de Saint-Martin (précédant celui de la Couillole) m'avaient déjà fait mal, j'étais à la limite* », glissait l'apprenti-leader en sursis.

« Dans deux ans, il sera mûr »

« *Tu as fait un bon rythme* », l'encourageait Patrick Lefévère, le manager de Quick-Step, pendant que son coureur s'empressait d'enfiler une veste, le cou entouré d'une serviette, à presque 1 700 mètres d'altitude. « *Bah, j'ai donné tout ce que j'avais* », lui répondait-il. Lefévère se retournait et lançait avec une pointe d'humour : « *Vous voyez, il ne gagnera pas le Tour de France ! Il faut rester calme, ne pas exagérer même si tu as le droit de rêver quand tu as le maillot, poursuivait-il. Il ne faut pas qu'on se plaigne. La semaine dernière, il avait une sinusite. Et le mauvais temps au début de la course a fait beaucoup de mal. Si cela avait été un Paris-Nice plus classique, avec le Tanneron, il n'aurait pas perdu. Julian est doué pour les classiques. Dans deux ans, lorsqu'il en aura vingt-six, s'il reste en bonne santé il sera mûr.* » L'expérience de ses trois jours passés en jaune après son coup d'éclat dans le chrono du mont Brouilly est très utile pour l'avenir. Mais au présent, elle a été énergivore. Avoir le maillot apporte du stress, agite vos journées, réduit les heures de sommeil. « *Ça s'est fait à la pédale. Je me suis bien défendu. Je ne vais pas m'arrêter à ça, ma victoire d'étape* – objectif au départ – *efface un peu la déception* », racontait Alaphilippe, désormais 5ᵉ à 1'22" d'Henao au classement général.

JEAN-LUC GATELLIER, *L'Équipe* du 12 mars 2017

CLASSEMENTS

7ᵉ étape, Nice - col de la Couillole (177 km)

1	Porte (AUS, BMC)	5 h 1' 35"
2	Contador (ESP, TFS)	à 21"
3	D. Martin (IRL, QST)	à 32"

Général

1	S. L. Henao (COL, SKY)	
2	D. Martin (IRL, QST)	à 30"
3	Contador (ESP, TFS)	à 31"

8e et dernière étape — PARIS-NICE

Contador magnifique et maudit

Alberto Contador a échoué face à Sergio Henao pour deux petites secondes, l'écart le plus faible entre les deux premiers en soixante-quinze éditions de Paris-Nice.

Alberto Contador dans une imitation de Chris Froome... sans réussite !

Course cycliste ou combat de boxe ? Cette semaine, on s'est rendu coup pour coup dans les bordures et dans les cols de l'une des éditions les plus montagneuses de l'histoire de Paris-Nice. L'épreuve est partie tambour battant, et le roulement du tambour ne s'est quasiment jamais tu depuis, jusqu'au coup de force d'Alberto Contador, la résistance et le succès final, *in extremis*, de Sergio Henao.

Contador a perdu pour seulement deux secondes, un écart infime contenu dans un relais appuyé de Jon Izaguirre à la fin de la descente du col d'Èze. Il y a un an, il lui en avait manqué seulement quatre face à Geraint Thomas, un autre Sky.

C'est un tout petit peu plus loin, à 3 km du haut de la côte de Peille, à 50 km de l'arrivée à Nice, que Contador lançait l'opération de la désormais célèbre « remontada » ! La marque de fabrique de l'Espagnol qui a en lui les gènes du combattant, également très utile pour garder son standing et ne pas quitter le cœur du public.

Mano a mano à distance

Comme la veille, au col de la Couillole, Pantano préparait le terrain à son leader. Et plus aucun Sky auprès de Henao ! Dans la descente, il bénéficiait du retour de son cousin, Sebastian, et de David Lopez, mais cela ne durait pas. Et comme il n'y avait personne parmi les échappés à filer un coup de main à Contador, on assistait à un mano a mano à distance où le suspense était pleinement garanti. Trente et une secondes à reprendre pour l'Espagnol au Colombien... *« Quand j'ai eu une minute de retard, j'ai un peu paniqué »*, avouait Henao. Un peu de panique, mais sans jamais craquer, le Colombien plaçait son niveau de défense à la mesure du panache de son rival. Au sommet, à 15 kilomètres de l'arrivée, il avait rendu virtuellement son Maillot Jaune. Contador le précédait de 40 secondes et en avait empoché 2 en bonification. Plus « que » 29 secondes à combler.

Contador cherchait à imiter la descente de Froome dans Peyresourde, l'été dernier, trouver le meilleur aérodynamisme possible, probablement sans convaincre les spécialistes. Plus que 27 secondes à 4 kilomètres du but. Le combat changeait d'âme. Alors, le « Pistolero » effectuait son dernier gros effort de la semaine pour distancer ses compatriotes Soler et De la Cruz. Le premier capitulait. Le second, resté en retrait, disposait des ressources pour le rattraper à 700 mètres et l'ajuster. À cet instant, Contador perdait tout : l'étape et les 10 secondes de bonification (il en récoltait 8), le classement général, l'occasion d'ouvrir son compteur en 2017...

JEAN-LUC GATELLIER, *L'Équipe* du 13 mars 2017

CLASSEMENTS

8e étape, Nice - Nice (115,5 km)

1	De La Cruz (ESP, QST)	2 h 48' 53''
2	Contador (ESP, TFS)	m.t.
3	M. Soler (ESP, MOV)	à 5''

Paris - Nice (1 229,5 km) Final

1	S. L. Henao (COL, SKY)	29 h 50' 29''
2	Contador (ESP, TFS)	à 2''
3	D. Martin (IRL, QST)	à 30''

DÉCRYPTAGE — Contador Maillot Jaune... pendant 35 km

	Au départ	À 49 km	À 47 km (fin de la montée de la côte de Peille)	À 43 km (descente de la côte de Peille)	À 38 km (La Turbie)	À 32 km	Au pied du col d'Èze	À 5 km du sommet du col d'Èze	À 1 km du sommet du col d'Èze	Sprint intermédiaire au sommet du col d'Èze	À 10 km	À 5 km	À 3 km	Arrivée
ÉTAPE		+10''	+15''	+30''	+40''	+50''	+35''	+50''	+55''	2e (2'' de bonif)	+35''	+35''	+30''	+21'' + 6'' bonif arrivée + 2'' bonif intermédiaire = +29''
CLASS. GÉNÉRAL	+31'' (Henao 1er, Contador 2e)	+21''	+16''	+1''	+9'' (Contador 1er)	+19''	+4''	+19''	+24''	+11''	+6'' (dont 2'' de bonif)	+6'' (dont 2'' de bonif)	+1'' (dont 2'' de bonif)	+2'' (Henao 1er, Contador 2e)

MILAN-SAN REMO

Sous la magie de Sagan

À l'attaque dans le Poggio, le Slovaque a subi la loi de Michal Kwiatkowski, vainqueur sur la via Roma. Mais a-t-il perdu pour autant ?

On ne sait quelles pensées l'agitaient sur la via Roma, où sitôt la ligne franchie, sa défaite consommée, Peter Sagan, beau joueur, était allé tendre élégamment la main, une main complice et déférente, à Michal Kwiatkowski, le Polonais de Sky qui venait de l'ajuster, de le crucifier de quelques centimètres au sprint sous le regard de Julian Alaphilippe, le jeune Français de Quick-Step.

Auteur d'une attaque incendiaire sur le Poggio, le champion du monde devait remâcher son dépit. Pester contre le mauvais sort. Une fois encore, il s'était laissé ensorceler par les mirages de la Primavera sans que l'on sache s'il s'en faisait le reproche.

Deux semaines après avoir gagné les Strade Bianche, Kwiatkowski s'attribuait Milan-San Remo avec l'assentiment d'Elia Viviani, le sprinteur-maison pour qui, dira-t-il, il travaillait, convaincu que la course allait s'achever par une arrivée massive quand Peter Sagan avait démarré. À l'improviste. *« Plus rien ne devait se passer, puis Sagan est parti et Viviani m'a crié dans l'oreillette d'y aller »*, commenta le Polonais, chargé au sein de la Sky de surveiller Sagan, parce qu'il le côtoie depuis les juniors.

Électriser le Poggio

Sagan a-t-il perdu pour autant ? Pas sûr. Car le porteur du maillot arc-en-ciel avait eu le mérite d'assumer son statut et d'électriser la montée du Poggio, longtemps somnolente. Sans lui, tout se serait achevé par une victoire de Kristoff ou Gaviria. Sagan a rendu à la Primavera sa magie d'antan. Et par son acte d'éclat il s'est acquis l'éternelle gratitude de tous ceux qui s'inquiétaient de l'emprise grandissante des sprinteurs. Ces dernières années le Poggio n'était plus que le théâtre désarmé de scénarios stéréotypés. Cette fois encore… Il restait six kilomètres, la course sombrait dans une certaine torpeur, les favoris montaient groupés vers le sanctuaire de la Guardia, quand Sagan porta une attaque si violente que dans sa roue Sony Colbrelli s'était aussitôt rassis, asphyxié par le rythme endiablé du Slovaque.

Les événements s'étaient précipités : Alaphilippe s'était reporté sur Sagan, suivi avec un temps de retard du « corbeau » de la Sky, Michal Kwiatkowski, et les trois hommes avaient basculé dans cet ordre dans la descente, où Sagan avait creusé l'écart en négociant chaque virage au cordeau. Et c'est avec dix-sept secondes qu'ils étaient entrés dans les faubourgs de San Remo, sur la via Aurélia. Alors, Julian Alaphilippe lui avait accordé un relais en invitant Kwiatkowski à faire de même mais, comme l'avouera le Polonais, *« dans ces instants, chacun ne songe qu'à défendre ses propres cartes »*.

Ils s'étaient mis à finasser et pour leur plus grande chance Sagan s'était refusé à entrer dans leur jeu. Était-il sûr de gagner ? Du regard, il avait évalué le retard du peloton qui les menaçait puis lancé le sprint sur la via Roma, où Kwiatkowski se laissa décoller de sa roue pour le déborder en profitant de l'aspiration, à la façon d'un pistard. Sur la ligne, Sagan, à bout de force, en perte d'équilibre, viendra le frôler comme pour mieux s'associer à cette victoire, qui était un peu la sienne.

PHILIPPE BRUNEL, *L'Équipe* du 19 mars 2017

Entre Sagan, Kwiatkowski et Alaphilippe (de g. à d.), la victoire a tenu à peu de choses.

MILAN-SAN REMO

CLASSEMENT

Milan-San Remo
(291 km)

1	Kwiatkowski (POL, SKY)	7 h 8' 39"
2	P. Sagan (SLQ, BOH)	t. m. t.
3	J. Alaphilippe (FRA, QST)	t. m. t.

Michal Kwiatkowski fait peu parler de lui, mais son palmarès est éloquent !

Kwiatkowski, tout en sobriété

Le champion du monde 2014 a ajouté une nouvelle pierre à l'édifice d'une carrière maîtrisée.

C'était peut-être Michal Kwiatkowski le moins surpris sur la ligne. Battre Peter Sagan n'a rien d'incongru pour lui. Dans les années 2000 lors des championnats entre les écoles de cyclisme des pays voisins, le jeune Polonais avait déjà l'habitude de battre ce Slovaque de cinq mois son aîné.
Lors de tests physiques à Louvain pour l'équipe Quick-Step de Patrick Lefévère, qui constituait une sorte d'académie de jeunes pousses venues de l'Europe entière, il avait été préféré à son rival slovaque.
Après des débuts discrets chez Caja Rural en Espagne en 2010, son embauche chez Oméga Quick-Step boosta son destin en 2012. Lefévère n'avait pas oublié les tests de ce gamin frêle mais tonique. Kwiatkowski pouvait enfin courir au- près de Tom Boonen, « *la seule idole que j'aie jamais eue* ».
Son titre de champion du monde en 2014 lui ouvrit les yeux sur ses propres ambitions, et il se sentit vite à l'étroit chez Quick-Step. En 2016, il préféra jouer sa carte personnelle chez Sky, où un rôle de leader sur les classiques lui était promis. Un choix payant.

PHILIPPE LE GARS,
L'Équipe du 19 mars 2017

TOUR DE CATALOGNE — 3e et 4e étapes

Valverde s'est vengé

Dépossédé de la première place du général avant le départ de l'étape, l'Espagnol a réagi en s'imposant en force au sommet de La Molina.

La journée d'Alejandro Valverde a été forte en émotions. La veille, au terme de la deuxième étape, il avait quitté Banyoles avec le maillot de leader du Tour de Catalogne sur le dos après avoir remporté le contre-la-montre avec son équipe Movistar. Rien n'avait pourtant été simple puisqu'il avait récupéré la première place au général en raison du déclassement de son coéquipier José Joaquin Rojas, accusé d'avoir eu recours à plusieurs poussettes en cours d'étape. D'ailleurs, l'équipe Movistar était triplement sanctionnée car Nelson Oliveira et Andrey Amador étaient eux aussi pénalisés pour les mêmes motifs. Pour la formation Movistar, la pilule avait fini par passer simplement grâce à cette nouvelle position de leader de Valverde et par le fait de voir Chris Froome relégué à quarante-six secondes et Alberto Contador à une minute quinze.

Fallait pas l'énerver

Mais peu avant le départ à Mataro, le Tour de Catalogne a sombré dans la confusion. Après avoir passé la nuit à éplucher le règlement UCI, le jury des commissaires prenait la décision de retirer à Alejandro Valverde son rang de leader de l'épreuve et d'infliger une minute de pénalité à l'ensemble de la formation Movistar.

Dans cette troisième étape, son chef de file a ruminé sa colère pendant un peu plus de cinq heures. Jusqu'au sommet du col de La Molina où il s'est imposé de belle manière devant l'Irlandais Dan Martin, alors que l'Américain Tejay Van Garderen a endossé la tunique blanche et verte de leader. Fallait pas l'énerver, Valverde.

MANUEL MARTINEZ,
L'Équipe du 23 mars 2017

CLASSEMENTS

3e étape, Mataro - La Molina (188,3 km)

1	Valverde (ESP, MOV)	5 h 7' 12"
2	D. Martin (IRL, QST)	à 3"
3	A. Yates (GBR, ORS)	m.t.

Général

1	Van Garderen (USA, BMC)	
2	S. Sanchez (ESP, BMC)	à 41"
3	Thomas (GBR, SKY)	à 44"

Début de saison exceptionnel pour Alejandro Valverde, qui récolte des bouquets à pleins bras.

Bouhanni tient sa revanche

Battu au sprint lors de la 1re étape, le coureur de Cofidis s'est facilement imposé lors de la 4e étape. Une victoire revigorante.

Cette fois, Nacer Bouhanni était bien sur le qui-vive. La première étape de ce Tour de Catalogne à Calella, qui lui convenait comme un gant puisqu'il l'avait gagnée l'an passé, lui était passée sous le nez d'un demi-boyau, peut-être par excès de confiance, mais avant tout à cause de la détermination affichée par l'Italien de la FDJ, Davide Cimolai. À Igualada, le scénario s'est inversé et Bouhanni n'a laissé aucune chance à Cimolai sur la ligne. « *C'est du sprint et la roue tourne toujours* », disait-il après sa nette victoire.

Encore fallait-il passer le piège du col du Turo del Puig, à treize kilomètres de l'arrivée. « *Dani Navarro a réalisé un très gros travail dans la montée pour me maintenir à seulement une trentaine de mètres du gros du peloton*, expliquait Bouhanni. *J'ai fait ensuite la descente à fond et je suis revenu sur la tête grâce aussi à Julien Simon.* » Bouhanni était dans un bon jour. Sans aide dans le final, il s'est débrouillé seul. « *Je me suis mis dans la roue de l'équipe FDJ et j'ai ensuite fait mon effort aux 150 mètres comme je l'ai voulu.* »

MANUEL MARTINEZ,
L'Équipe du 24 mars 2017

CLASSEMENTS

4e étape, Montferrer - Igualada (130 km)

1	N. Bouhanni (FRA, COF)	3 h 4' 27"
2	Cimolai (ITA, FDJ)	
3	Impey (AFS, ORS)	t.m.t.

Général

1	Van Garderen (USA, BMC)	
2	S. Sanchez (ESP, BMC)	à 41"
3	Thomas (GBR, SKY)	à 44"

7ᵉ et dernière étape — TOUR DE CATALOGNE

Implacable Valverde

L'Espagnol a survolé l'épreuve catalane en s'adjugeant le classement général et en remportant trois étapes, dont la dernière à Barcelone.

Que dire et que faire ? C'est un peu l'interrogation désabusée qui circulait au sein d'une vaste partie du peloton du côté de la cité olympique de Montjuic, sur les hauteurs de Barcelone, après l'écrasante victoire d'Alejandro Valverde au classement général assortie de trois succès d'étape au cours de la semaine. Franchement, l'Espagnol s'est montré irrésistible. Ni Chris Froome ni Alberto Contador, qui ne sont pas les premiers à rendre les armes en course, ne lui sont arrivés à la cheville, ni même parvenus à lui effleurer le talon d'Achille.

Bref, Alejandro Valverde a dominé de manière insolente ce Tour de Catalogne, qu'il avait déjà remporté en 2009, en laminant ses rivaux dans des étapes aussi difficiles que celles qui menaient au sommet de La Molina, mercredi dernier, ou encore tout en haut de Lo Port, vendredi. L'Espagnol de l'équipe Movistar a ainsi signé à Barcelone son septième succès de la saison et la cent quatrième victoire de sa carrière. Sur ce qu'il a démontré en terre catalane, le compteur ne risque pas d'être fermé de sitôt.

Plus les années s'écoulent et plus le coureur murcien semble se bonifier. « *Plus les jours passaient sur la course et mieux je me sentais,* souriait-il. *Je suis curieux de savoir ce que ça aurait pu donner au bout de trois semaines.* » Froome, Contador, Bardet et les autres ne semblaient pas être mécontents que la « plaisanterie » s'arrête à Barcelone. « *J'ai aussi eu la chance de pouvoir compter sur une grande équipe autour de moi,* affirmait Valverde. *Si tout se déroule ainsi, je pense qu'on peut faire une grande saison.* »

MANUEL MARTINEZ,
L'Équipe du 27 mars 2017

CLASSEMENTS

7ᵉ étape, Barcelone - Barcelone (139 km)

1	Valverde (ESP, MOV)	3 h 8' 50"
2	Pantano (COL, TFS)	
3	Vichot (FRA, FDJ)	t. m. t.

Tour de Catalogne (1 113,2 km) Final

1	Valverde (ESP, MOV)	25 h 27' 15"
2	Contador (ESP, TFS)	à 1' 03"
3	M. Soler (ESP, MOV)	à 1' 16"

1ᵉʳ Valverde (au c.), 2ᵉ Contador (g.), 3ᵉ Soler (d.), le Tour de Catalogne a souri aux Espagnols.

Jour après jour, Romain Bardet (d.) est monté en puissance.

Bardet s'est rassuré

Dixième du général, le coureur d'AG2R La Mondiale est reparti de Catalogne avec quelques garanties.

Pour Romain Bardet, l'objectif durant cette semaine catalane était de se remettre rapidement dans le bain pour mieux oublier l'erreur qui lui avait valu sa mise hors course dès le deuxième jour de Paris-Nice. Dixième du général à plus de trois minutes du vainqueur, Bardet affichait à l'heure du bilan une mine plutôt réjouie.

« *Pour une reprise, je suis plutôt content de ma semaine. Les sensations sont allées crescendo. Au-delà du résultat qui n'est pas vraiment significatif, je retiens surtout cette perspective de progression que j'ai connue de jour en jour. Finalement, je peux me montrer satisfait car je considère maintenant que ma saison est vraiment lancée. Je pense qu'avoir fait une vraie semaine de compétition va m'être bénéfique pour la suite. Ça fait du bien de se retrouver en course et surtout d'en être acteur. Il y avait un très gros plateau ici, ça roulait vite tous les jours et je suis content de voir qu'après trois semaines sans compétition les jambes ont parfaitement répondu. La course a été intense jusqu'au dernier jour. J'avais besoin de ce genre de rythme pour me remettre dans le match.* »

MANUEL MARTINEZ,
L'Équipe du 27 mars 2017

TOUR DES FLANDRES

Il en rêvait sans trop oser y croire : le Wallon Philippe Gilbert, spécialiste des ardennaises, a remporté le Tour des Flandres. Ça valait le coup de mettre pied à terre !

Monumental Gilbert

À trente-quatre ans, Philippe Gilbert, grand spécialiste des ardennaises, a remporté son premier Ronde en solo au terme d'un raid de 55 kilomètres de très haute volée.

Il était un peu plus de 17 heures, au clocher d'Audenarde, quand Philippe Gilbert, échappé depuis le Vieux Quaremont, déboucha seul, d'une pédalée tranquille, sous les ovations du public au bout de la Minderbroedersstraat enluminée par des bannières jaune et noire, frappées du lion des Flandres. Alors, le reporter de la RTBF, d'expression francophone, Rodrigo Beenkens, à bout de formules laudatives, libéra sa pensée sans plus de retenue. *« Je ne sais si on peut parler de résurrection mais, de toute évidence, Gilbert réalise ici, devant nos yeux, le plus grand exploit de sa carrière ! »* Comme bon nombre d'observateurs, notre confrère exprimait sa stupéfaction face au retour en grâce du champion de Belgique, qui

9

La place de Sylvain Chavanel, premier coureur français. C'est son troisième top 10 en dix participations au Tour des Flandres (2ᵉ en 2011, 10ᵉ en 2012).

venait de franchir la ligne à pied – ce qui ne s'était jamais vu en ces lieux ! – son vélo à bout de bras, dans un geste d'exaltation, une forme d'exhibition iconoclaste qui disait sa fierté. Et son immense bonheur. Le Belge exultait, et pour cause : il avait mené à bien, à trente-quatre ans, une échappée solitaire de cinquante cinq kilomètres, initiée sur les pavés de l'affreux Quaremont, une performance athlétique qu'Eddy Merckx (lui-même auteur en 1969 d'une échappée fantastique de 70 kilomètres) en son temps, n'aurait pas désavouée et dont nous ne l'estimions plus capable, admettons-le.

La course s'était emballée très tôt dès le mur de Grammont, à l'initiative de Tom Boonen, son ami et capitaine de route,

TOUR DES FLANDRES

après que ce dernier se fut aperçu que Peter Sagan et Greg Van Avermaet lambinaient au milieu du peloton. « *Il m'a dit : "Suis-moi, je vais t'amener devant."* Stybar et Terpstra étaient là, pour contrôler. Au sommet, le trou était fait, avec Tom, on s'est dit, allez, on roule à bloc ! », exultait Gilbert que l'on avait quelque peu oublié, abandonné chez BMC depuis quatre ans, à ce léger désenchantement qu'il ne cherchait pas à masquer. On en arrivait à se demander s'il ne s'était pas embourgeoisé ou lassé… D'ailleurs, n'avait-il pas tout gagné ? Tout ce qui était à sa portée ? Une litanie de classiques, de lauriers, un titre mondial à Valkenburg… Et l'estime *ad vitam æternam* de ses compatriotes. Et puis, cet hiver, il avait quitté BMC pour Quick-Step où il comptait secrètement se relancer. Se réhabiliter à son propre regard. Et ces derniers temps, il était « *à nouveau heureux d'être là* », il le disait d'ailleurs.

Sagan et Van Avermaet à terre

Et c'est un champion réinstallé dans sa propre trajectoire qui s'est extirpé d'un lent crépuscule. Là-bas sur le Vieux Quaremont. Pour gagner le Ronde, trente ans après l'autre Wallon, Claude Criquielion, décédé en 2015, dont il avait salué le fils Mathieu, au sommet du Taaienberg.

Ironie du sort, ces quatre dernières années, il avait fait l'impasse sur le Ronde dans les revers d'une cohabitation compliquée chez BMC avec Greg Van Avermaet, qui tenait à ses prérogatives et réclamait d'être seul leader dans les classiques flamandes. Et c'est lui, Philippe Gilbert, qui figurera désormais au palmarès de ce monument du cyclisme, qui manquait cruellement à son tableau de chasse. « *Il ne me reste plus qu'à gagner Milan-San Remo et Paris-Roubaix, mais sait-on jamais, ma carrière n'est pas finie !* », lâcha-t-il au micro de la BRT. Alors, il se mit à raconter son épopée, cet acte inattendu, insensé, sur le Vieux Quaremont où il avait distancé, comme par jeu, dans les imbrications d'une course hautement stratégique, ses treize compagnons d'échappée – dont Boonen, Rowe, Démare, Stuyven, Vanmarcke, Kristoff, Chavanel, Moscon, Coquard –, lesquels l'avaient laissé partir, sans réagir. Intimidés par sa témérité.

Puis le destin s'en était mêlé sur le Paterberg où ses premiers poursuivants, Peter Sagan, Greg Van Avermaet et Oliver Naesen chutèrent lourdement lorsqu'ils le talonnaient à moins d'une minute. Van Avermaet s'était vite relancé mais Sagan et Naesen, démobilisés, avaient repris la route sans conviction. Que s'était-il passé ? Sagan a tout simplement ripé sur le pied d'une barrière, ce que l'on peut regretter car cette chute a privé le Tour des Flandres d'un plus beau dénouement même si – et ce n'est qu'une impression – Philippe Gilbert nous semblait hors de portée.

PHILIPPE BRUNEL,
L'Équipe du 3 avril 2017

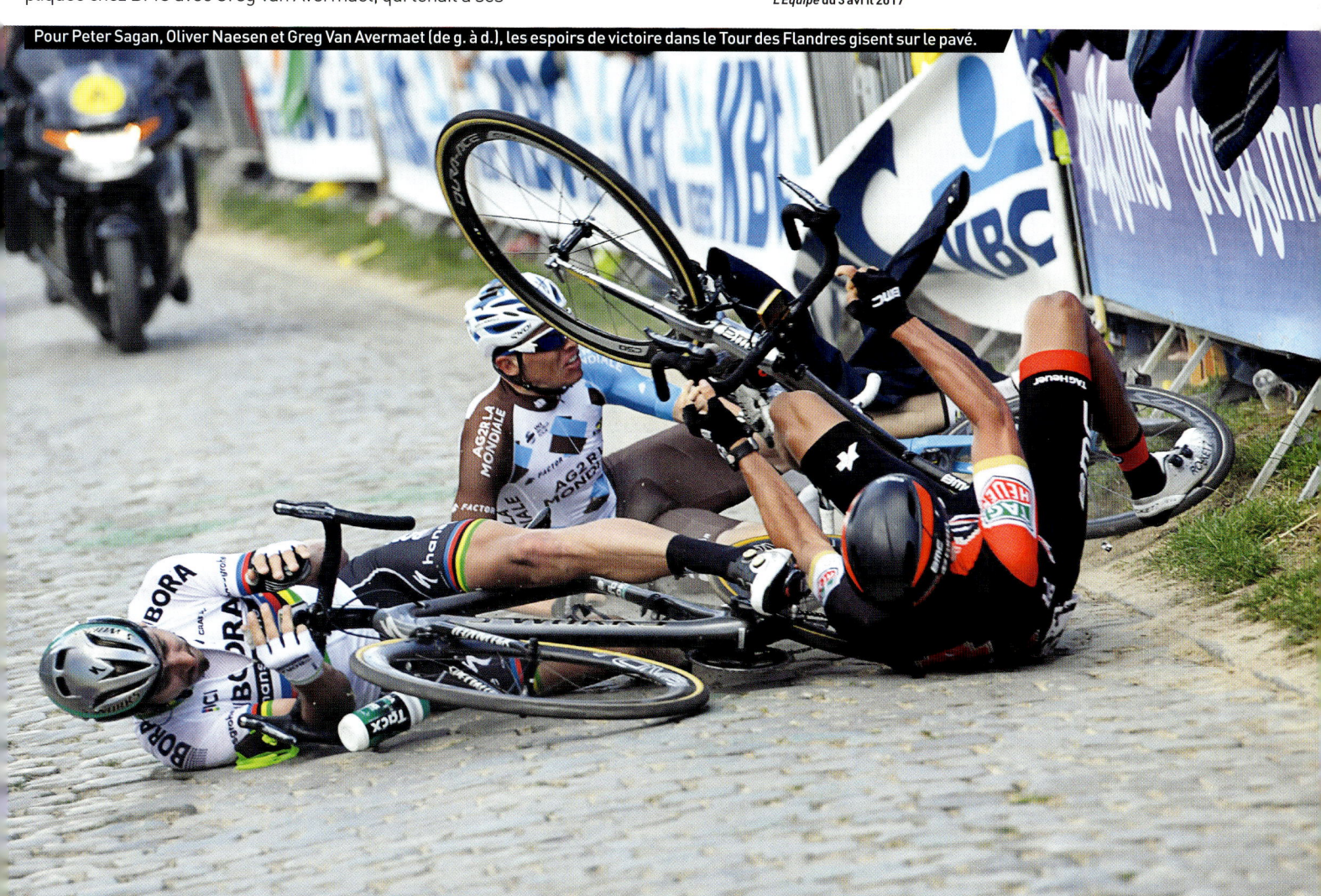

CLASSEMENT

Tour des Flandres
(260,8 km)

1	Gilbert (BEL, QST)	6 h 23' 45"
2	Van Avermaet (BEL, BMC)	à 29"
3	Terpstra (HOL, QSF),	m. t.

Pour Peter Sagan, Oliver Naesen et Greg Van Avermaet (de g. à d.), les espoirs de victoire dans le Tour des Flandres gisent sur le pavé.

TOUR DU PAYS BASQUE — 5e étape

Bardet prend du plaisir

Deuxième de l'étape, troisième au général à égalité de temps avec le leader, le coureur d'AG2R - La Mondiale a vécu à Arrate sa plus belle journée depuis le début de la saison.

Au départ de Bilbao devant le stade de San Mamès, une vidéo est passée à plusieurs reprises dans le bus de l'équipe AG2R La Mondiale. Les directeurs sportifs, Didier Jannel et Arturas Kasputis, avaient filmé la route étroite, inconnue de Bardet, qui se cabre sèchement (jusqu'à 12,5 %) dans la direction d'Arrate. *« Il a pu s'imprégner du final où il fallait prendre la tête aux 500 mètres pour espérer s'imposer »*, relevait Jannel. Et dans la pratique du terrain, l'Auvergnat a *« adoré cette montée, on n'en a pas de ce type en France ! »*, lançait-il à Alexis Vuillermoz et à Mikaël Cherel. Une évidence : Bardet venait de vivre *« [sa] plus belle journée de vélo de l'année »* conclue par son meilleur classement (2e de l'étape, 3e au général à égalité de temps avec Valverde). Le Tour de Catalogne (10e) lui avait permis de remettre de l'ordre dans ses idées après un malheureux petit bout de Paris-Nice qu'il a oublié depuis longtemps. *« Je savais que la Catalogne me préparerait au Pays basque, qu'ici ça prendrait forme. Je me sens bien cette semaine, vraiment bien. Aujourd'hui, j'ai matérialisé un bon niveau, j'ai récolté les fruits d'un bon hiver. »* Et il ajoutait cette vertu essentielle : *« J'ai été acteur, j'ai pris du plaisir. »*

« Enfin de bonnes sensations »

Bardet ne s'est pas démonté lorsque Valverde a attaqué à quatre reprises, provoquant le décrochage de Sergio Henao, le lauréat de Paris-Nice. Il a même pris l'initiative de mener le groupe. *« Je sentais que j'en avais sous la pédale, j'ai pensé au général, à faire des écarts. Enfin de bonnes sensations cette année »*, lâchait-il comme si un poids était définitivement tombé de sa poitrine. En confiance, il posait même la dernière banderille à 1 300 mètres du but. *« Bardet était très fort. Quand il a démarré, j'ai vu aussitôt le danger, je suis allé le chercher pour le contrôler »*, racontait Valverde, quasi imbattable en ce moment.

JEAN-LUC GATELLIER, *L'Équipe* du 8 avril 2017

Romain Bardet s'arrache dans le final d'Arrate. Le Français a pris la mesure de l'épreuve basque.

CLASSEMENTS

5e étape, Bilbao - Eibar (139,8 km)

1	Valverde (ESP, MOV)	3 h 26' 32''
2	Bardet (FRA, ALM)	
3	Uran (COL, CDT)	t. m. t.

Général

1	Valverde (ESP, MOV)	
2	Uran (COL, CDT)	
3	Bardet (FRA, ALM)	t. m. t.

« Injustice envers Alaphilippe »

Pour sa découverte du Tour du Pays basque, le Français Julian Alaphilippe est servi. Hier, l'ancienne gloire locale Domingo Perurena, meilleur grimpeur du Tour de France 1974, signait une chronique dans *El Diario Vasco* intitulée « Injustice envers Alaphilippe ». Le septuagénaire revenait sur les mésaventures du coureur à la fin de la première étape, lundi près de Pampelune. *« Il attaque à 4 kilomètres de l'arrivée, va peut-être gagner, crève, ne peut être dépanné, entre dans la zone de sécurité (moins de 3 km de l'arrivée). On ne lui rend pas les 2 minutes qu'il concède, alors qu'un coureur chutant dans les 3 derniers kilomètres n'aurait pas été pénalisé ! Cette règle est injuste. »*

JEAN-LUC GATELLIER, *L'Équipe* du 6 avril 2017

6ᵉ et dernière étape — **TOUR DU PAYS BASQUE**

Inarrêtable Valverde

À presque trente-sept ans, l'Espagnol a remporté sa neuvième victoire de l'année à l'issue du contre-la-montre final.

On pourrait se croire à Monaco, mais sans le luxe ni la mer, ce qui constitue tout de même deux grosses différences. À Eibar, l'urbanisme est extrêmement dense : 27 000 habitants, un bon millier d'âmes en moyenne au km². L'architecture de la ville est austère et la météo y fait souvent écho. Sauf que ces derniers jours, l'été s'est invité. Les habitations sont pavoisées aux couleurs bleu et rouge (identiques à celles du FC Barcelone) du club de foot local, *Los Armeros* – « les Armuriers », en référence aux fabriques d'armes qui nourrissaient autrefois la population –, auteurs d'un miracle annuel en Liga. Pour sortir de la ville encaissée, on n'a pas le choix : il faut grimper. Devant le stade, construit en étages, commence une côte de cinq kilomètres en première partie du contre-la-montre final du Tour du Pays basque remporté par le Slovène Primoz Roglic, déjà vainqueur de l'étape Saint-Sébastien - Bilbao disputée jeudi.

Bourreau de Contador

Chez *Los Armeros*, « El Pistolero » a souvent visé juste. Il y a un an, Alberto Contador enlevait pour la quatrième fois le Tour du Pays basque et annonçait, dans la foulée, la poursuite de sa carrière. Comme promis, il est encore coureur en 2017, et s'il ne gagne plus, ne lui parlez pas de son âge avancé (34 ans) ! Car son bourreau est plus vieux que lui. Alejandro Valverde fêtera ses trente-sept ans le 25 avril.

Au pointage intermédiaire (km 12,7), après la descente, Contador était dans les clous : 9 secondes d'avance sur Valverde, alors qu'il n'en avait que trois de retard au classement général la veille. Mais le Murcien se montrait nettement plus fort dans la seconde partie du chrono, une chaussée plate à pratiquer en force : 23 secondes reprises à son rival en à peine 15 bornes. « *Cette victoire est importante car c'est la première fois que je gagne ici*, relevait-il. *Ce Tour du Pays basque était plus léger que d'habitude, mais ma condition physique est super, je suis dans une excellente dynamique et j'ai pris les bonnes décisions tactiques.* »

JEAN-LUC GATELLIER,
L'Équipe du 9 avril 2017

Alejandro Valverde, très concentré lors du chrono final à Eibar : la victoire est au bout !

Bardet : « Je ne comprends pas »

Il s'attendait à perdre une grosse minute sur les meilleurs, pas deux minutes trente… À l'issue de la dernière étape, Romain Bardet était déçu par son résultat (50ᵉ) qui l'a fait reculer à la 15ᵉ place du classement final du Tour du Pays basque. « *Je ne comprends pas d'être passé du blanc au noir en vingt-quatre heures. Je n'ai pas vraiment d'explications*, relevait-il au lendemain d'une très belle performance dans la montée d'Arrate. *Je n'étais pas dans mon élément dès le départ. Pas de sensations. C'était le premier chrono de l'année. J'ai du mal à voir du positif aujourd'hui. C'est une expérience difficile, certes, mais il faut continuer à aller de l'avant. C'est une étape de plus dans ma préparation. Il faut que je progresse dans ce domaine.* »

JEAN-LUC GATELLIER,
L'Équipe du 9 avril 2017

CLASSEMENTS

6ᵉ et dernière étape, Eibar - Eibar (c.l.m. ind., 27,7 km)

1	Roglic (SLV, TLJ)	35' 58"
2	Valverde (ESP, MOV)	à 9"
3	I. Izagirre (ESP, TBM)	à 15"

Tour du Pays basque (828,8 km) Final

1	Valverde (ESP, MOV)	20 h 41' 25"
2	Contador (ESP, TFS)	à 17"
3	I. Izagirre (ESP, TBM)	à 21"

PARIS-ROUBAIX

Ce que Van Avermaet doit à Sagan

Greg Van Avermaet a remporté « son » monument, à Roubaix, en un jour de disgrâce pour Peter Sagan, à qui sa carrière est étroitement liée.

On ne savait quel sentiment privilégier, sur le vélodrome de Roubaix, devant ce flot contrasté d'images qui s'entrechoquaient au centre de la pelouse. Que fallait-il retenir entre l'éclipse de Tom Boonen, treizième pour ses adieux, mais déçu par la *« lâcheté de Degenkolb »*, qui ne l'avait pas relayé ; entre la joie martiale d'un Greg Van Avermaet exubérant, étreint par l'Italien Daniel Oss, son équipier de BMC, après avoir réglé au sprint, d'un poing rageur, Zdenek Stybar et Sebastian Langeveld ; et ce léger désarroi qui voilait le visage défait, poussiéreux, du très pudique Peter Sagan, le grand animateur, poignardé par deux crevaisons au plus fort de la bagarre, la seconde dans le secteur pavé de Templeuve (à 33 kilomètres de l'arrivée), et qui s'était présenté seul sur la piste rose, seul, en roue libre, abandonné de tous – et même de son soigneur ! – dans une totale indifférence (38e à 5'12''). Dans ces deux visions juxtaposées de Sagan et de Van Avermaet se concentrait toute l'ambiguïté de cette « reine des classiques », sublime de cruauté, cette année encore, très ingrate dans les malheurs qu'elle inflige à l'aveugle, parce qu'elle a besoin d'un martyr pour louer, exalter sa grandeur. Pour Greg Van Avermaet, ce succès résonnait comme une consécration.

À bientôt trente-deux ans, le Flandrien de Lokeren, jadis lauréat d'un Paris-Tours (2011), recueillait sur le tard les fruits de sa persévérance, lui qui s'est construit sur les déchets de son expérience, sur ses échecs, alors même qu'il se présentait, en 2007, à ses débuts comme le probable successeur de Roger De Vlaeminck.

« Un leader qui ne gagne pas n'est plus un leader »

Et sa carrière a décollé. Avec une victoire marquante sur le mur d'Arezzo, à Tirreno-Adriatico, en mars 2015, devant Sagan et Stybar (déjà). *« Ce succès va tout changer, je le sens,* avait-il déclaré. *D'abord parce que je bats des grands noms, et parce que je vais cesser de me ronger. Il est temps pour moi de gagner. Un leader qui ne gagne pas n'est plus un leader. »*

Quand on l'interroge sur les raisons de cette éclosion tardive,

Avec ce pavé, symbole de son triomphe à Roubaix, Greg Van Avermaet construit sa légende.

3/4

Sur les quatre flandriennes auxquelles Van Avermaet a participé cette année (GPE3, Gand-Wevelgem, Tour des Flandres et Paris-Roubaix), seul le Ronde lui a échappé (2e derrière Gilbert).

c'est le nom de Sagan qui revient. Sagan, qu'il battra cette année-là en juillet, dans le Tour, à Rodez ; puis en mars 2016, au final de Tirreno-Adriatico. Sagan, son ennemi intime qu'il avait bluffé, humilié, sur la chaussée de Gand, en février dernier, à l'arrivée du Nieuwsblad et battu une fois encore à Gand-Wevelgem, où le Slovaque s'était sabordé (3e) pour ne pas faire le jeu de Niki Terpstra et de Quick-Step. Sagan, le malchanceux, le maudit, qui s'est relevé, à bout de forces, vaincu par la fatigue, par les maléfices de l'Enfer du Nord, au carrefour de l'Arbre. Sagan, à qui sa destinée reste étroitement liée.

PHILIPPE BRUNEL, *L'Équipe* du 10 avril 2017

PARIS-ROUBAIX

Trois temps, trois mouvements

En difficulté avant Arenberg à cause de problèmes mécaniques, Greg Van Avermaet a pu compter sur ses équipiers avant de finir le travail.

1. Avant Arenberg.
Van Avermaet échappe à la potence

À 109 kilomètres de l'arrivée, aux portes de Denain, Greg Van Avermaet connaît un problème de potence. « *Son guidon s'est desserré. On lui a dit de changer son vélo. Il répondait : "Non, non, non"*, rapporte Valerio Piva, l'un des directeurs sportifs de BMC. *Un coureur a confiance dans son vélo n° 1, il a toujours une petite difficulté à utiliser le vélo de rechange.* » À un kilomètre de l'entrée dans la forêt d'Arenberg, il reçoit son « *mulet* ». Au même moment, attaque de Boonen. « *J'ai entendu que Greg n'avait plus d'équipiers avec lui*, raconte Jempy Drucker. *Comme j'étais devant lui, on m'a donné l'ordre de l'attendre. Puis j'ai roulé fort à partir de la forêt pour boucher trente secondes. Ça valait vraiment le coup !* », s'enthousiasme le Luxembourgeois.

2. Après Arenberg. Stybar, seul équipier de Boonen, tombe sur un Oss

Daniel Oss, un Italien aussi chevelu que Peter Sagan, roule sa bosse depuis un moment sur les classiques du Nord et joue de la guitare rock. Il a préparé idéalement le terrain à son leader Van Avermaet. Il ouvre la route avec Sagan, Bodnar et Stuyven lorsque le champion du monde crève (son équipier Bodnar l'attend naturellement), à 70 kilomètres de la fin. Il poursuit avec Stuyven, obligeant Stybar à travailler derrière. Il n'y a alors pas d'autres Quick-Step que le Tchèque pour épauler Boonen. « *Très vite, on s'est retrouvés seuls avec Tom (Boonen). J'étais à 100 % pour lui.* » Stybar permet un regroupement, mais Oss repart aussitôt, à 40 bornes du but. Il est repris sur les pavés de Cysoing, à 25 kilomètres du vélodrome, par Van Avermaet, dont il vient de faire le lit, et cinq autres. « *Aujourd'hui, je me sens comme un vainqueur*, déclare le Trentinois. *J'ai trente ans mais je me sens toujours jeune et j'ai compris que je pouvais gagner Paris-Roubaix un jour.* »

3. Sur la piste du vélodrome.
Un braquet de 53 × 13 pour régler l'affaire

Au carrefour de l'Arbre, Van Avermaet attaque. Sans pouvoir lâcher Stybar et Langeveld. Rien de grave. Il sait que, des trois, il est le plus fort au sprint. À l'entrée sur le vélodrome, il adopte un braquet de 53 × 13, adapté à la piste, pour un sprint arrêté. « *J'avais confiance en moi. En petit groupe, je connais mes capacités* », rappelait le lauréat. Désormais, le champion olympique possède le plus large éventail des coureurs de classiques.

JEAN-LUC GATELLIER, *L'Équipe* du 10 avril 2017

Tom Boonen emmène le groupe des favoris dans la tranchée d'Arenberg. Rien n'est encore joué.

Crevaison pour Peter Sagan... Paris-Roubaix est aussi une histoire de malchance.

Van Avermaet était le plus fort au sprint !

CLASSEMENT

Paris-Roubaix
(256 km)

1	Van Avermaet (BEL, BMC)	5 h 41' 7"
2	Stybar (RTC, QST)	
3	Langeveld (HOL, CDT)	t. m. t.

LES ADIEUX DE TOM BOONEN

Boonen, la trace d'un géant

Tom Boonen, qui a mis un terme à sa carrière à l'issue de Paris-Roubaix (13e), a été fêté par ses supporters comme rarement un coureur avant lui.

La voix de Tom Boonen était à peine audible au pied du bus des Quick-Step. Non pas à cause des trémolos dus à l'émotion, mais parce que la foule des supporters rassemblés autour de lui dans une ambiance de folie lui laissait à peine le temps de finir ses phrases qu'un chant repartait de plus belle, en écho au précédent. Les Flamands (les plus nombreux) répétaient en chœur des *« Merci Tommeke ! »* après un énième clapping quand le champion retraité décida enfin de se retirer dans une belle bousculade. *« Si j'ai fait du vélo, c'est aussi pour avoir la chance d'assister à ce genre de spectacle,* expliqua-t-il en se retournant vers ce public déchaîné. *Ça restera le plus beau souvenir de ma journée, jamais je n'aurais imaginé vivre ça. »*
Il se retrouvait là de plain-pied dans sa nouvelle vie, mais il ne pouvait s'empêcher non plus d'évoquer les dernières heures de la précédente, celle du champion qui visait encore le matin même une cinquième victoire à Roubaix. Celle qui aurait fait de lui le recordman absolu de l'épreuve. *« Je voulais que ce soit une journée normale,* répéta-t-il. *Même si ce matin, j'avais hâte de prendre le départ. De vivre, enfin, cette dernière course dont je parle depuis si longtemps. »*

Dernier dévouement à l'équipe

Non loin de lui, le manager des Quick-Step, Patrick Lefévère, évidemment déçu par le déroulement de la course, ne voulait rien regretter de ces derniers moments passés à supporter celui qui restera longtemps encore l'icône de son équipe. *« Tom a été isolé trop tôt à la suite des chutes de Lampaert et Terpstra. Après, dans le final, il a su jouer la carte de l'équipe pour Zdenek Stybar. C'était beau de sa part, personne n'a été surpris de ce dernier dévouement, ça résume bien l'homme qu'il a toujours été. Mais je sais qu'au fond de lui il est forcément déçu, car il avait imaginé une plus belle fin. »*
Tom Boonen était passé en treizième position sur la ligne d'arrivée, douze secondes après Greg Van Avermaet. Compétiteur jusqu'au bout, il a longtemps cru la victoire possible, *« jusqu'à quinze kilomètres de l'arrivée »*, avoua-t-il. Le matin, au départ, il avait raconté comment il avait été réveillé plus tôt

Tom Boonen a roulé pour la dernière fois sur les pavés du Nord, son terrain de jeu favori.

que prévu pour un contrôle antidopage inopiné : *« Il fallait bien passer par-là une dernière fois ! »*, rigolait-il, surpris lui-même de son calme. *« J'étais bien plus nerveux avant mon premier Paris-Roubaix il y a quinze ans. Durant la course, j'ai essayé de ne jamais penser aux derniers kilomètres de ma carrière. Aujourd'hui, je ne voulais pas me laisser submerger par l'émotion, je voulais juste me sentir heureux d'avoir fait ce métier pendant quinze ans. »*

PHILIPPE LE GARS, *L'Équipe* du 10 avril 2017

LES ADIEUX DE TOM BOONEN

« C'est fini, c'est bizarre »

De nombreux Belges s'étaient retrouvés à Templeuve pour fêter les adieux de leur star, Tom Boonen.

La plupart avaient traversé la frontière. Venus de Belgique, de Flandres surtout, en famille ou entre copains. « *Nous, on est souvent venus sur Paris-Roubaix,* racontait un groupe de potes dès midi. *Mais là il y a aussi des gens qui n'y connaissent rien du tout, mais qui sont là parce que c'est comme une fête nationale.* » Un des leurs confirme : « *Moi, je supporte David Goffin !* » À Templeuve, au pied du moulin de Vertain, ce n'était pas vraiment l'ambiance tennis et country-club, plutôt une grande kermesse avec vue sur pavés. Louis Cousaert, qui préside le Royal Cazeau Pédale de Templeuve (en Belgique, à 19 km de son homologue nordiste), avait promis à Tom Boonen une fête pour ses adieux.

Une légende du sport belge

Samedi, une tente avait été montée entre le secteur n° 8 et la mairie de Templeuve. Et plus d'un millier de Belges (et quelques Français, dont des Lillois producteurs d'une bière au pavé baptisée… Tommeke) espéraient la cinquième victoire de leur champion. Propos recueillis chez des fans portant souvent un maillot Quick-Step et/ou un drapeau belge, un masque de Boonen, un verre de bière : « *C'est une légende du sport belge, dans les classiques le plus grand champion depuis Merckx. Et puis il est vraiment accessible.* » Il était d'ailleurs passé vendredi faire un petit coucou. Vers 16 h 15, tout le monde convergeait vers le bord du secteur pavé. Portant fièrement une banderole « *Tom Tom Tom* ». Mais une fois l'idole passée, on entendait sur le bord de la route : « *Il ne gagnera pas.* » Devant l'écran géant où était retransmise la course (version RTBF), l'ambiance était calme. Il n'allait pas gagner. « *C'est fini, c'est bizarre* », glissait Guy, venu de Tongres avec son fils. Heureusement, il y avait la victoire de Greg Van Avermaet qui permettait de voir venir. « *L'année prochaine, on fera une fête pour Greg* », promet Louis Cousaert. Et, cette fois, Tom pourra en être.

CLÉMENTINE BLONDET, *L'Équipe* du 10 avril 2017

Tom Boonen, un retraité heureux à l'issue de son dernier Paris-Roubaix.

Hommes et femmes, jeunes et vieux, tous fans de Tom Boonen !

En ce 10 avril 2017, tout le public était un peu Tom Boonen.

BOONEN, UN ROI DES CLASSIQUES

15 Le nombre de classiques qu'il a remportées dans sa carrière.

- ■■■■ **4** Paris-Roubaix (2005, 2008, 2009, 2012)
- ■■■ **3** Tours des Flandres (2005, 2006, 2012)
- ■■■ **3** Gand-Wevelgem (2004, 2011, 2012)
- ■■■■■ **5** GP E3 (2004, 2005, 2006, 2007, 2012)

FLÈCHE WALLONNE

Valverde, la leçon du maître

Grâce à sa connaissance parfaite du mur de Huy et à une équipe jouant sa partition les yeux fermés, l'Espagnol a triomphé pour la cinquième fois. Comme au tableau noir.

La roue a tourné pour Valverde, de nouveau dans le bon sens !

Les années passent et Alejandro Valverde (37 ans le 25 avril) s'en donne à cœur joie. Au terme d'un scénario parfaitement huilé, l'Espagnol s'est imposé au sommet du mur de Huy avec une impressionnante facilité et pour la cinquième fois de sa carrière (2006, 2014-2017). Un record qui semblait écrit d'avance. *« Il attaque toujours au même endroit, à environ deux cents mètres de la ligne,* expliquait John Gadret, son ancien coéquipier chez Movistar. *Le pire, c'est que tout le monde sait précisément que c'est là qu'il va porter son effort, mais personne n'arrive à imposer la même puissance que lui à cet endroit. Le seul aujourd'hui qui serait capable de rivaliser et de le surprendre reste Julian Alaphilippe. »* Mais le Français, deuxième ces deux dernières années derrière le leader de Movistar, a été obligé de faire l'impasse en raison d'une blessure. Il est cependant difficile de penser que Valverde pouvait être battu. Depuis quatre ans, il n'y a que le temps qui change, mais le scénario final reste immuable. Il faisait frais du côté de Huy, le vent était présent. Les bonnes intentions des uns et des autres aussi mais, à la fin, c'est toujours Alejandro Valverde qui gagne. *« J'ai pris la mesure de cette course,* sourit le coureur murcien. *Comme d'habitude, les attaques ont été multiples mais mon équipe était préparée à ça. »*

Encore une fois, Valverde a été emmené dans un fauteuil. Betancur s'est porté à l'avant dans la côte de Cherave, dernière verrue du parcours avant d'attaquer Huy, à six kilomètres du but. Le long de la Meuse, Erviti, Sutherland, Herrada, Soler ont sorti le paravent avec Rojas comme ultime poisson-pilote. Enfin, au pied du mur, Moreno a fait le ménage pour ouvrir un boulevard à son leader.

« Une situation parfaite pour moi »

Valverde connaît la montée du chemin des Chapelles comme s'il l'avait dessinée lui-même. À 250 mètres, le jeune David Gaudu a tenté de semer la zizanie mais Valverde a répliqué, imparablement. *« Si quelqu'un s'était lancé plus tôt, je n'aurais pas bougé,* expliquait l'Espagnol. *Je connais l'endroit précis où il faut attaquer. »* Dans ce fameux « S » à 14 %, à deux cents mètres de la ligne, où Valverde passe à droite depuis quatre ans avant une dernière accélération brutale alors que la pente s'incline un peu plus.

Il a aussi senti d'où venait le vent. *« Il a été défavorable le long de la Meuse puis on l'a eu dans le dos dès les premiers mètres de la montée,* précisait le recordman de victoires sur la Flèche Wallonne. *Lorsque j'ai vu ça, je n'ai pas hésité une seconde à me porter devant, contrairement à certaines années où il était préférable de ne pas se mettre à l'avant si tôt. C'était une situation parfaite pour moi, sans doute la meilleure que j'aie connue lors de mes cinq victoires. Ce qui ne change pas, c'est qu'il faut monter les deux cents derniers mètres à bloc. »* À ce jeu, difficile de surprendre le vétéran espagnol.

MANUEL MARTINEZ, *L'Équipe* du 20 avril 2017

En haut du mur de Huy, Alejandro Valverde tire une flèche… wallonne. La 5e de sa carrière.

20

Cela faisait vingt ans qu'il n'y avait pas eu trois Français parmi les dix premiers de la Flèche Wallonne. En 2017, Warren Barguil (6e), Rudy Molard (8e) et David Gaudu (9e) ont imité Laurent Jalabert (1er), Luc Leblanc (2e), Pascal Lino (6e), Benoît Salmon (9e) et Richard Virenque (10e) en 1997.

CLASSEMENT

Flèche Wallonne
(200,5 km)

1	Valverde (ESP, MOV)	5 h 15' 37''
2	D. Martin (IRL, QST)	à 1''
3	Teuns (BEL, BMC)	m. t.

FLÈCHE WALLONNE

David Gaudu tente sa chance dans le final de la Flèche Wallonne en attaquant Alejandro Valverde. Il fallait oser !

Gaudu monte en flèche

Le néopro de la FDJ s'est classé neuvième, après avoir porté une attaque tranchante dans le mur de Huy.

Tout est parti d'une erreur d'appréciation. La Flèche Wallonne est déjà une course de deux cents kilomètres qui ne bouge vraiment que dans le dernier. Mais cette année, à cause du vent changeant, l'allumage a été encore plus retardé. Et, donc, le Français David Gaudu a fini par s'ennuyer. Plus jeune coureur en lice, le vainqueur du dernier Tour de l'Avenir a l'impétuosité de ses vingt ans : « *Je voyais que ça ne se lançait pas, je me suis dit on y va. En fait, je ne pensais pas que c'était si long dans le final.* »

Le Breton était là pour voir, « *respirer le truc, s'imbiber du sujet* », avait prévenu Marc Madiot. Le boss de la FDJ avait son idée, « *sûr que la Flèche Wallonne lui conviendra à court terme* », confiait-il lundi. Court, c'est peu dire. Deux jours plus tard, David Gaudu s'est classé neuvième après qu'Alejandro Valverde en personne a répondu à son attaque. Ce qui rappelait les propos de Thibaut Pinot fin janvier : « *Son temps d'adaptation ne va pas durer longtemps. Je n'ai jamais vu un coureur aussi prêt dès sa première course. Il a déjà le niveau d'un très, très bon pro.* » Mais un néopro quand même, à qui il faut encore rappeler les bases. « *Tu vas attraper froid, gosse !* », l'a alpagué son coéquipier Arthur Vichot alors que Gaudu traînait sur le chemin du retour, en plein vent froid, sans veste.

XAVIER COLOMBANI, *L'Équipe* du 20 avril 2017

LIÈGE-BASTOGNE-LIÈGE

Valverde, dans son monde

Après sa cinquième Flèche Wallonne, l'Espagnol a étendu son règne sur les ardennaises en s'adjugeant la Doyenne pour la quatrième fois.

Sous un ciel grisâtre qui recouvrait la petite commune d'Ans, là, dans la rue Jean-Jaurès, qui déroule ses deux cents mètres de plat une fois passée la redoutable bosse finale, le temps a paru suspendu. Alors que Dan Martin et Michal Kwiatkowski grimaçaient et se tordaient sur leur vélo, devant eux, légèrement détaché, Alejandro Valverde a pointé les doigts vers le ciel en franchissant la ligne. Vers Michele Scarponi, son ami, percuté accidentellement par une camionnette, la veille, alors qu'il s'entraînait près de chez lui en Italie. *« Je suis sûr que Michele a dû nous regarder de là-haut et a dû nous pousser à faire la course,* confessait Valverde à l'arrivée, la voix étranglée. *Je suis sûr que c'est lui qui m'a donné la force de gagner aujourd'hui. »* Rien ni personne n'aura été en mesure de lui contester ce quatrième succès dans le monument ardennais.

Dan Martin a bien essayé

Dan Martin aura bien essayé pourtant, en attaquant dans le dernier kilomètre, alors que jusque-là, ou du moins jusqu'au pied de la côte de Saint-Nicolas (à 6 km du but), les favoris avaient passé la journée planqués à l'ombre d'une belle échappée matinale. Or Valverde, lucide jusqu'au bout, a distancé le dernier petit groupe d'une vingtaine de coureurs pour rejoindre l'Irlandais volant à l'amorce du dernier virage. Le sprint s'est avéré une formalité pour lui. Valverde aurait tant voulu sourire après ce triomphe, tant voulu apprécier son rang au palmarès de la Doyenne, où il ne pointe plus qu'à un succès du grand Eddy Merckx. Tant voulu dire et redire que cette semaine ardennaise figurait parmi les plus belles de sa longue carrière, débutée en 2002, comme celle de son ami Scarponi. *« C'est toujours un rêve de pouvoir égaler ou s'approcher du palmarès d'un coureur comme Merckx,* lâchait néanmoins le chef de file de Movistar d'un ton monocorde. *Disons que je suis sur le bon chemin. »* Car Valverde, onze succès cette saison, ne compte manifestement pas s'arrêter là. Le Murcien paraît inoxydable, quasiment imbattable (au moins sur ce

MIEUX QUE MERCKX

	Liège	Flèche Wallonne	
Alejandro VALVERDE (ESP)	4	5	
Eddy MERCKX (BEL)	5	3	8

Alejandro Valverde a relégué Dan Martin, son dauphin, loin derrière lui sur la ligne d'arrivée.

genre d'arrivée en côte), comme on a souvent dit de lui depuis l'âge de ses premiers dossards. « J'ai du mal à réaliser que j'effectue cette année le meilleur début de saison de ma carrière, reconnaissait-il. *Tout ce que je tente ou presque se transforme en réussite. C'est assez dingue tout ce qui m'arrive cette année. Mais c'est la passion qui me pousse toujours à aller plus loin. J'ai la chance d'avoir déjà gagné toutes les courses dont je rêvais, à de rares exceptions près. Je n'ai plus rien à prouver. Je cours pour le plaisir et non pas après la gloire. Les années passent, mais je ne me lasse pas de ce que je fais.* » Le cent-huitième succès d'Alejandro Valverde n'était sans doute pas le dernier.

MANUEL MARTINEZ,
L'Équipe du 24 avril 2017

CLASSEMENT

Liège-Bastogne-Liège
(291 km)

1	Valverde (ESP, MOV)	6 h 24' 27''
2	D. Martin (IRL, QST)	m.t.
3	Kwiatkowski (POL, SKY)	à 3''

Stéphane Rossetto et Anthony Perez (en rouge, à droite) dans l'échappée du matin.

Cofidis, rouge de bonheur

Pour Stéphane Rossetto, ils ont réussi « *la course parfaite* ». « *Le meilleur moment de ma carrière* », en a chialé Anthony Perez. Présents dans l'échappée formée dès le septième kilomètre, les deux coureurs de Cofidis sont restés en tête pendant six heures, jusqu'à ce que Perez explose dans la Roche-aux-Faucons, puis que Rossetto soit repris dans Saint-Nicolas, à six kilomètres de l'arrivée. Pour rester si longtemps devant, ils ont réussi un coup tactique à l'instinct, Rossetto prenant le relais de Perez après que ce dernier a grimpé la Redoute seul en tête, « *un truc mythique, indescriptible* ». Une manœuvre qui a tout changé. D'un coup, ce n'était plus « *une échappée télé ! C'était un vrai fait de course* », a revendiqué Perez. « *Dans la côte de la Redoute, quand on avait six minutes d'avance, c'était peut-être possible d'y croire*, a confié Rossetto. *Mais, à ce niveau-là, les équipes sont capables de boucher des trous à des vitesses pas possibles. Ça se joue à pas grand-chose même si, en fait, il y a un monde entre le pied de Saint-Nicolas* (à 6 km du but) *et l'arrivée.* » Qu'importe qu'ils aient fini ensuite 61e à 3'29'' (Rossetto) et 117e à 8'41'' (Perez). « *Je préfère qu'ils apprennent à courir comme ça qu'en faisant dixième en ayant filoché toute la journée*, a résumé le directeur sportif Didier Rous. *C'est avec des journées comme ça qu'une âme se crée.* »

XAVIER COLOMBANI,
L'Équipe du 24 avril 2017

TOUR DE ROMANDIE — 4e étape

Froome, la panne sèche

Le Britannique a été nettement dominé par Richie Porte dans la montée de Leysin, où Simon Yates l'a emporté et pris le maillot de leader.

Guillaume Martin, le Normand de l'équipe belge Wanty, a-t-il cru à un mirage en apercevant juste devant lui Chris Froome dans la montée vers la station de Leysin ? Et devant eux, Pierre Latour (7e de l'étape) et l'épatant minot David Gaudu (10e) ont certainement lu une deuxième fois le classement général pour s'apercevoir que le triple vainqueur du Tour de France végétait à la 33e place. À 1'15", sur une montée de 4 kilomètres seulement, des deux meilleurs coureurs du jour, Simon Yates, vainqueur de l'étape et nouveau Maillot Jaune, et surtout Richie Porte. Fin mars, au Tour de Catalogne, Froome avait passé une sale journée après s'être fait piéger par la coalition espagnole Valverde-Contador, *« mais ce n'était pas un problème de forme, c'était tactique »*, relevait-il.

Dans cette quatrième étape, ce sont les jambes qui n'allaient pas. *« On a attaqué au pied, Froome était mal placé, il s'est pris toutes les cassures, les trous : dès lors, c'était mission impossible pour lui »*, expliquait Yvon Ledanois, directeur sportif de Porte chez BMC.

« Porte, le plus fort »

Avant le départ, le Britannique déclarait : *« La dernière ascension n'est pas très difficile (7,2 % de moyenne). On essaiera de durcir la course plus tôt. »* Alors le team Sky s'était beaucoup démené avant de rentrer dans le rang après la descente du Jaunpass, à 60 kilomètres de l'arrivée. Un ordre de son leader qui s'était testé en haut du col ? La veille, quand ses équipiers roulaient pour favoriser un sprint (victorieux) d'Elia Viviani, il leur avait demandé de ralentir le rythme. Plus tôt, jeudi, la pluie glaciale l'avait saisi à 10 kilomètres de l'arrivée à Bulle. Froome est passé rapidement des températures estivales de Tenerife au froid romand. La dernière sortie en compétition de Porte était encore plus lointaine (12 mars). C'était à Paris-Nice, conclu par un récital du trentenaire dans le col de la Couillole. *« Sortir seul comme il l'a fait à nouveau à Leysin, c'est le plus fort sur ce type d'effort »*, certifiait Ledanois. Une attaque en injection, disent les coureurs. Imparable. Sans se rassoir avant plusieurs minutes. Sur trois kilomètres pentus, l'Australien bouchait 45 secondes sur Simon Yates. Ce dernier lui chipait la victoire et grignotait une bonification après avoir profité de son travail. C'est ainsi, Porte avait pris ses responsabilités dans la perspective du chrono. *« Je ne suis pas là seulement pour préparer le Tour*, faisait observer le Tasmanien. *Toutes les courses doivent être respectées. »* C'est vrai aussi qu'il court très peu. Vingt et un jours seulement de compétition, en 2017. Deux de plus que son copain Chris Froome qui, forcément, se pose quelques questions.

JEAN-LUC GATELLIER, *L'Équipe* du 30 avril 2017

Les apparences sont trompeuses : les Sky de Chris Froome ont peiné en Romandie.

CLASSEMENTS

4e étape, Domdidier - Leysin (163,5 km)

1	S. Yates (GBR, ORS)	4 h 10' 3"
2	Porte (AUS, BMC)	m.t.
3	Buchmann (ALL, BOH)	à 30"

Général

1	S. Yates (GBR, ORS)	
2	Porte (AUS, BMC)	à 19"
3	Buchmann (ALL, BOH)	à 38"

5ᵉ et dernière étape — **TOUR DE ROMANDIE**

Richie Porte au finish

Auteur d'un superbe chrono à Lausanne, Richie Porte a nettement dominé l'ancien leader Simon Yates et inscrit son nom au palmarès du Tour de Romandie.

L'étape-reine n'aura pas déterminé le classement final du Tour de Romandie. Vainqueur la veille au sommet de la montée de Leysin, Simon Yates (Orica-Scott) a échoué à conserver son maillot de leader. Son poursuivant Richie Porte, qui devait reprendre au moins une seconde par kilomètre à Yates ce dimanche dans les rues de Lausanne, a largement rempli sa mission : auteur d'un chrono canon (25'06"), il relègue le Britannique à 40 secondes et domine ainsi, haut la main, le classement général final de la course.

L'étape et le podium pour Roglic

Alors qu'il n'avait parcouru que la moitié du tracé, Porte avait déjà fait le plus dur en prenant la place de leader provisoire – devant un Yates très décevant –, rang qu'il ne perdra plus, malgré une fin de parcours en descente un peu moins convaincante. Un seul coureur s'est montré aussi fort, mais plus régulier encore : le spécialiste slovène Primoz Roglic (Lotto-Jumbo), qui, en remportant cette ultime étape, grimpe même sur le podium final de l'épreuve.

Tout au long de cette semaine, Porte a parfaitement rentabilisé ses qualités de grimpeur et de rouleur, profitant aussi de la défaillance de Chris Froome (Sky) : très décevant la veille dans l'ascension finale où il n'a pu suivre le rythme des autres cadors, il a achevé le week-end en réalisant le 9ᵉ chrono. Si le Britannique est ainsi remonté au 18ᵉ rang du général, il ne s'est pas franchement rassuré à deux mois du départ du Tour de France.

Gaëtan Scherrer,
lequipe.fr du 30 avril 2017

Richie Porte achève sa semaine romande en beauté et garnit un palmarès déjà riche de deux Paris-Nice.

CLASSEMENTS

5ᵉ et dernière étape, Lausanne - Lausanne (c.l.m. ind., 18 km)

1	Roglic (SLV, TLJ)	24'58"
2	Porte (AUS, BMC)	à 8"
3	Van Garderen (USA, BMC)	à 34"

Tour de Romandie (682,98 km) Final

1	Porte (AUS, BMC)	17 h 16'00"
2	S. Yates (GBR, ORS)	à 21"
3	Roglic (SLV, TLJ)	à 26"

Les héritiers de Cancellara

Les Suisses ont gagné deux fois alors qu'ils ne sont que sept en Romandie. Parmi eux, Stefan Küng, un talentueux rouleur qui rappelle « Spartacus ».

Allez comprendre : commune du canton de Vaud, Payerne est la capitale du cochon… Pendant que l'artiste local Jean Bono s'attachait à dessiner les coureurs, Danilo Wyss, le coureur du coin, renonçait à briller devant sa famille. « *Ce sont mes routes d'entraînement, mais je suis là pour rouler pour Richie Porte* », prévenait-il au départ de l'étape avec l'espoir d'être retenu pour le Tour de France. Son jeune compatriote chez BMC, Stefan Küng (23 ans), brigue sa première sélection. Grâce à son numéro de haut vol face au peloton dans la quatrième étape, sous une pluie glaciale et parfois même de la neige fondue, il a marqué des points et les esprits. À ses débuts, il était déjà si brillant sur la route et sur la piste qu'on le comparait à Fabian Cancellara au même âge. Or « Spartacus » a rangé son vélo et Küng revient dans l'actualité après deux années sombres. Küng est thurgovien. Comme Michael Albasini, l'homme du Tour de Romandie, auteur à Martigny, mercredi, de son septième succès depuis 2014. Cette semaine, les coureurs suisses sont sept à disputer l'épreuve francophone. Aujourd'hui, Cancellara les regarde de loin. Sauf peut-être Stefan Küng, dont le surnom est déjà prêt : « King Küng ».

JEAN-LUC GATELLIER,
L'Équipe du 29 avril 2017

Entre Moena et Ortisei, le peloton du Tour d'Italie a découvert un décor digne d'un western sous la neige et s'en est inspiré pour écrire le scénario de la course.

TOUR D'ITALIE
LE GIRO
2017

Le centième Tour d'Italie de l'histoire s'est montré digne de sa légende. Course dédiée aux attaquants et riche en surprises, le Giro a longtemps hésité avant de se choisir un roi. Finalement, c'est un Hollandais roulant, Tom Dumoulin, qui s'est imposé. De son côté, Thibaut Pinot, qui découvrait l'épreuve, en a apprécié l'âpreté pour finalement mourir à la quatrième place, au pied d'un podium complété par Nairo Quintana et Vincenzo Nibali.

LE GIRO 2017 — 1re étape

Rose de surprise

L'Autrichien de Bora-Hansgrohe, Lukas Pöstlberger, a fait sensation en s'emparant du maillot rose à la barbe des sprinteurs.

On ne sait si nous avons assisté avec la victoire de Lukas Pöstlberger, inconnu au registre des grands Tours, à la révélation d'un réel talent ou à l'une de ces facéties dont le sort parfois nous gratifie. Toujours est-il qu'en l'espace de 1 200 mètres, l'Autrichien de l'équipe Bora-Hansgrohe (25 ans) est passé par effraction de l'ombre à la lumière, de l'anonymat du peloton au port du maillot rose, en s'imposant au nez et à la barbe des sprinteurs patentés, là où chacun s'attendait à un déboulé spectaculaire d'André Greipel ou de Fernando Gaviria. « *Quelle farce ! C'est du jamais vu !* », s'était étranglé Alessandro Petacchi, le consultant de la RAI.

Le peloton, étiré par une chute du Suisse de BMC, Silvan Dillier, progressait à vive allure dans les artères sinueuses d'Olbia, les Orica-Scott réglant la marche, quand, à l'approche de la flamme rouge, un coureur au maillot noir de Bora-Hansgrohe, s'était retrouvé seul en tête, sur une cassure, avec une vingtaine de mètres d'avance. Oh, rien de définitif, mais l'écart, loin de se réduire, allait croissant. Et l'homme en noir, Lukas Pöstlberger, que le commentateur n'avait pas su identifier, semblait tout ignorer de la situation. Ce n'est qu'aux cinq cents mètres qu'il s'était retourné une première fois, surpris de l'inaction du peloton.

« *J'hésitais sur la conduite à suivre, puis Sam Bennett* (le sprinteur maison) *m'a soufflé dans l'oreillette : "M'attends pas, vas-y, t'as fait le trou ! dai dai, fonce !"* » Pöstlberger s'était relancé à toutes pédales. Et c'est avec deux longueurs d'avance qu'il avait franchi la ligne, en roue libre, les deux bras levés, au grand dam des sprinteurs, englués dans leur rivalité. Au delà de l'arrivée, il y avait eu un moment de flottement. « *Tu le connais ?* » « *Mais qui est-ce ?* », se demandaient ses rivaux. Puis André Greipel était allé congratuler le lauréat du jour (« *Il est vraiment gentil,* dira l'Autrichien à son sujet. *Il sait qu'en cyclisme, tout reste imprévisible.* »).

« Il m'en faudra des verres de vin pour réaliser »

À l'inverse, Caleb Ewan ne décolérait pas. Il en voulait à son coéquipier Alexander Edmondson de s'être relevé inexplicablement. « *C'est lui qui laisse le trou, dommage, je me sentais si bien* », ruminait l'Australien. Quand il se prêta au rite de la conférence de presse, Pöstlberger ne s'était pas encore libéré de sa joie. « *Je vais mettre des mois à comprendre… Il m'en faudra des verres de vin pour réaliser* », ironisait l'Autrichien de Vöcklabruck, éduqué, dira-t-il, dans l'idée de devenir charpentier. « *D'ailleurs, si quelqu'un a besoin d'une cuisine…. Vous pouvez faire appel à moi.* »

PHILIPPE BRUNEL,
L'Équipe du 6 mai 2017

Malgré son inexpérience des podiums, Pöstlberger s'en est bien tiré pour fêter sa victoire.

1

Lukas Pöstlberger a remporté sa première victoire sur un grand Tour pour sa première participation.

CLASSEMENT

1re étape, Alghero - Olbia (206 km)

1	Pöstlberger (AUT, BOH)	5 h 13' 35''
2	Ewan (AUS, ORS)	
3	Greipel (ALL, LTS)	t. m. t.

2ᵉ étape — LE GIRO 2017

Entouré de deux équipiers, Vincenzo Nibali (au centre) se prépare à attaquer dans la descente du Passo Genna Silana.

Nibali se dévoile

L'Italien a ouvert les hostilités dans la descente du Genna Silana.

Était-ce un mirage, une illusion créée par les ondulations de chaleur, par ce flou qui s'exhalait des terres vierges de la Sardaigne ? Le premier effet de surprise passé, il fallut se rendre à l'évidence : vingt-quatre heures après le coup de théâtre qui avait permis à l'Autrichien Pöstlberger de s'emparer du maillot rose, Vincenzo Nibali était en train d'ouvrir les hostilités et de rendre le Giro à ses virtualités. À ses promesses. Il restait 15 kilomètres pour rallier Tortoli, le peloton venait de basculer en file indienne dans la descente viroleuse du Passo Genna Silana, le soleil étirait l'ombre des coureurs en oblique sur l'asphalte luisant, quand l'Italien porta une longue accélération, meurtrière, dont il a le secret. Très vite, l'allure était montée d'un cran pour atteindre 70 km/h sur le compteur de la moto de la RAI. L'Italien avait décidé de porter le danger dans la course, là en Sardaigne, loin, très loin des hauts lieux répertoriés de ce Giro incandescent qui se hissera dans deux jours sur les pentes de l'Etna. Son action s'étala sur cinq bons kilomètres, l'Italien trouant le maquis, le couteau entre les dents, en rasant au plus près le rail de sécurité ou la roche dans l'alternance des virages. Et, dans sa roue, personne ne pipait mot. Il aurait alors suffi qu'un de ses rivaux directs, Nairo Quintana, Mikel Landa, Geraint Thomas, Steven Kruijswijk (qui se ressent des séquelles de sa chute au Tour du Yorkshire) ou Thibaut Pinot rate un virage ou se contracte sous l'effet de la vitesse pour que de cette accélération naisse une situation nouvelle, à exploiter sur le champ.

Greipel s'est repenti

Rien de tout cela ne s'est produit mais le chef de file de Bahrain-Merida s'est dévoilé, et demain, il portera le combat là où bon lui chante, selon son humeur. *« Nibali est habile à saisir les opportunités quand elles se présentent. Aujourd'hui, ça n'a pas réussi mais c'est comme ça que se gagne un Giro »*, a commenté, admiratif, Davide Cassani, le sélectionneur italien. À Tortoli, la victoire est revenue à André Greipel, le « Gorille » de la Lotto, qui avait quitté la course, souvenez-vous, l'an dernier, en catimini, à Bibione, au pied des Dolomites, le maillot rouge du classement par points dans sa valise. Un rude préjudice porté à son image. *« Ça m'avait déplu d'abandonner de cette manière, c'était une décision difficile à prendre mais à l'époque j'avais d'autres objectifs »*, s'est repenti l'Allemand qui, pour autant, n'a pas l'intention de rallier Milan. *« J'étais venu ici pour gagner une étape,* lâcha-t-il. *Voilà qui est fait. »* Le maillot rose en prime.

PHILIPPE BRUNEL, *L'Équipe* du 7 mai 2017

CLASSEMENTS

**2ᵉ étape,
Olbia - Tortoli
(221 km)**

1	Greipel (ALL, LTS)	6 h 5' 18''
2	Ferrari (ITA, UAD)	
3	Stuyven (BEL, TFS)	t. m. t.

Général

1	Greipel (ALL, LTS)	
2	Pöstlberger (AUT, BOH)	à 4''
3	Ewan (AUS, ORS)	à 8''

LE GIRO 2017 — 3ᵉ étape

Quand un coup de bordure se prépare, les Belges de la formation Quick-Step sont souvent à la manœuvre pour former l'éventail.

Cagliari la flamande

Les Quick-Step ont su exploiter le vent pour faire exploser le peloton. Et offrir la victoire et le maillot rose à Fernando Gaviria. Une première pour le jeune Colombien.

Un « Flamand » en rose, ça ne pouvait pas surprendre les flamants roses de l'étang de Molentargius qui, au passage des Quick-Step, se tire-bouchonnaient le cou pour apercevoir le peloton loin derrière. C'est là, à une dizaine de kilomètres de l'arrivée à Cagliari, où le vent de côté décoiffait les palmiers et ridait la lagune, que les flahutes en bleu ont piégé leurs adversaires, comme endormis par la promenade précédente le long des magnifiques criques de Sardaigne. Bien à l'abri au milieu de six coéquipiers, Fernando Gaviria est allé cueillir la victoire et le maillot rose sur le port.

Le coup de bordure, tout le monde l'avait prévu. Et personne n'a su l'empêcher. Une accélération de Bob Jungels a été fatale à tout le peloton, quand bien même les équipes de favoris avaient essayé de prendre les devants (AG2R La Mondiale et la FDJ y avaient pris leur part), s'installant en tête pour prévenir le danger. Mais comme aux Mondiaux de Doha en octobre dernier, quand une équipe belge est décidée, personne ne peut se mettre en travers de sa route. Bob Jungels a lancé le mouvement, les autres ont suivi et, derrière, on a vu Greipel sprinter pour essayer de boucher le trou. En vain.

« Être dans le feu si le feu prenait »

« *On n'avait pas planifié une attaque à cet endroit,* dira Fernando Gaviria plus tard. *On nous avait juste dit de courir devant et d'être dans le feu si le feu prenait. On s'est retrouvé à six devant* (avec Jungels, Richeze, De Plus, Devenyns et Martinelli) *et on y est allé à fond quand on a vu la cassure.* » Pour le jeune Colombien (22 ans), c'est une formidable épreuve de rattrapage. « *Jusqu'ici, je me sentais mal,* explique-t-il. *J'avais fait beaucoup de sacrifices pour être prêt le premier jour et dans les deux premières étapes, je n'avais pas les jambes. Maintenant, je sais que je suis maillot rose pour deux jours : demain (jour de repos...) et mardi jusqu'à l'Etna. Ensuite, ce sera Bob (Jungels). Il a fait la différence sur ses rivaux (les favoris du Giro, dont Rohan Dennis, qui a perdu cinq minutes) et je pense qu'il n'y aura pas d'attaque sur l'Etna.* »

GILLES SIMON, *L'Équipe* du 8 mai 2017

CLASSEMENTS

3ᵉ étape, Tortoli - Cagliari (148 km)

1	Gaviria (COL, QST)	3 h 26' 33"
2	Selig (ALL, BOH)	t. m. t.
3	Nizzolo (ITA, TFS)	t. m. t.

Général

1	Gaviria (COL, QST)	
2	Greipel (ALL, LTS)	à 9"
3	Pöstlberger (AUT, BOH)	à 13"

4ᵉ étape — LE GIRO 2017

Le volcan était éteint

Les favoris se sont neutralisés sur l'Etna. Mais entre Vincenzo Nibali et Nairo Quintana, la guerre des nerfs est engagée.

Avec ses blocs de lave séchée, ses flancs noirs où poussent l'herbe rase et la gentiane, avec ses volutes de cendres qui se mêlaient aux rafales de vent, avec sa route toute droite qui s'élève entre deux murets de pierre, à travers des landes sulfureuses et calcinées, aux horizons dérobés, l'ascension de l'Etna jusqu'au Rifugio Sapienza (à 1892 m d'altitude) installait un décor intrigant de science-fiction suffisamment suggestif pour que le Tour d'Italie n'en subisse pas l'ascendant. Pour de nombreux observateurs, le cratère sicilien, dans son incongruité, allait fatalement remodeler la hiérarchie et livrer ses vérités. « Il se passera quelque chose, c'est inévitable », avait de son côté prophétisé l'homme du cru, le Sicilien Vincenzo Nibali, mais rien de tout cela ne s'est produit. La victoire d'étape est revenue au courageux Slovène de l'équipe UAE Emirates, Jan Polanc, rescapé d'une échappée fleuve de 179 kilomètres, et le Luxembourgeois Bob Jungels, projeté dans les premiers rangs du général sous la force collective des Quick-Step, dimanche, sur la route ventée de Cagliari, s'est emparé du maillot rose. Pour le reste, il ne s'est rien passé – ou presque – sinon des escarmouches et quelques faits divers inhérents à la course sur route en milieu inhospitalier. Au pied de l'Etna, à la hauteur de Nicolosi, il y avait eu, sur le bord de la chaussée, cette vive altercation entre Javier Moreno et Diego Rosa et dans les mêmes parages, Mikel Landa, le coleader de Sky, s'était trouvé retardé par une crevaison qui l'avait obligé à livrer une sévère poursuite. Toujours au pied de la montée, le chef de file des Lotto-NL Jumbo, le Néerlandais Kruijswijk s'était retrouvé embringué dans une chute collective, de même que Zakarin, puis, tour à tour, Paolo Tiralongo et Pierre Rolland avaient tenté de s'en aller, mais tous deux s'étaient heurtés au vent contraire, très violent, qui fera dire à Geraint Thomas « qu'il n'y avait pas d'autre solution que de rester dans les roues ».

« Nibali voulait être devant »

Seul Vincenzo Nibali tentera d'embraser la course, à trois kilomètres du sommet, après que Nairo Quintana l'a toisé du regard, on ne sait, là aussi, dans quelle intention. L'Italien avait aussitôt répliqué mais sans grande conviction. « Il savait qu'il y avait trop de vent mais vous le connaissez, Vincenzo, c'est un champion, un être d'orgueil... Nous sommes en Sicile, sur ses terres, il voulait être devant... », commentera plus tard son équipier Giovanni Visconti, qui confirmera l'existence d'une « vraie rivalité entre son leader et le Colombien ».

PHILIPPE BRUNEL,
L'Équipe du 10 mai 2017

CLASSEMENTS

4ᵉ étape, Cefalù - Etna (181 km)

1	Polanc (SLV, UAE)	4 h 55' 58"
2	Zakarin (RUS, KAT)	à 19"
3	Thomas (GBR, SKY)	à 29"

Général

1	Jungels (LUX, QST)	
2	Thomas (GBR, SKY)	à 6"
3	A. Yates (GBR, ORS)	à 10"

21

Le nombre de jours de stage passés cette saison sur l'Etna par le Slovène Jan Polanc avec son équipe.

Vincenzo Nibali (r.) marqué à la culotte par un équipier de Nairo Quintana, sous le regard de ce dernier. L'heure n'était pas aux attaques cinglantes.

LE GIRO 2017 — 9e étape

Quintana en « padrone »

Le Blockhaus a éclairci la situation, comme espéré. Pinot et Nibali ont dû céder sur la quatrième attaque de Quintana. Mais le Colombien a surtout marqué les esprits.

Trois ans après avoir subtilisé, très cavalièrement, le maillot rose à son compatriote Rigoberto Uran, sous la froidure des Alpes, dans la descente verglacée du Stelvio, en grillant les consignes de prudence d'un régulateur à moto, le Colombien Nairo Quintana a retrouvé son bien sur les rampes ensoleillées du Blockhaus de la Majella. Le leader des Movistar semblait habité par deux préoccupations : le désir de réaffirmer sa primauté en montagne et une exigence toute personnelle, plus intime et secrète, celle de redorer son blason pour effacer s'il se peut ce très léger malaise qui avait entouré sa prise de pouvoir en 2014.

Sur le Blockhaus, à peine avait-il satisfait au rite protocolaire qu'il s'empressa de dédier sa victoire et son beau maillot rose à toute la Colombie, avec une pensée émue toute particulière pour Michele Scarponi, l'ancien grimpeur d'Astana, récemment décédé d'un tragique accident de la route. « *Michele était mon ami. Il était aussi très populaire dans mon pays. Aujourd'hui, je veux penser à sa famille...* », lâcha le Colombien, qui évoqua sans même qu'on l'interroge le souvenir de Marco Pantani,

3

Nairo Quintana a remporté au Blockhaus sa troisième victoire d'étape sur le Tour d'Italie, après un doublé en 2014.

« le Pirate » de Cesenatico, son idole et son inspirateur. « *En Colombie, Pantani rendait les gens heureux, il savait les émouvoir par ses attaques délibérées, ses envolées dans les cols. Aujourd'hui, j'ai agi comme il l'aurait fait...* » Il fit alors comprendre, dans un pâle sourire, combien il se sentait comblé par cette journée. « *Il était important*, dit-il, *de créer des écarts, avant le chrono de mardi.* » Puis ajouta qu'il considérait Tom Dumoulin comme son principal – et unique ? – adversaire, n'en déplaise à Pinot dont il ne prononça jamais le nom. Quant au maillot rose, il n'envisage pas de le céder contrairement à ce que pensent les experts. « *Pourquoi le rendre ? Non. Je le garderai aussi longtemps que possible.* »

Bouche ouverte dans l'ascension vers la Madonnina del Blockhaus, Nairo Quintana a trouvé les ressources pour l'emporter.

CLASSEMENTS

9e étape, Montenero di Bisaccia - Blockhaus (149 km)

1	N. Quintana (COL, MOV)	3 h 44'51"
2	Pinot (FRA, FDJ)	à 24"
3	Dumoulin (HOL, SUN)	m. t.

Général

1	N. Quintana (COL, MOV)	
2	Pinot (FDJ)	à 28"
3	T. Dumoulin (HOL, SUN)	à 30"

Ascendant psychologique

Nairo Quintana avait mis ses équipiers à rude contribution, à 50 kilomètres de l'arrivée, pour durcir le rythme, s'y était repris à quatre fois, sur le Blockhaus, pour lâcher ses derniers accompagnateurs, les plus résistants, le leader de la FDJ, Thibaut Pinot, éblouissant d'audace, et Vincenzo Nibali, lequel s'était dévoué pour répondre aux trois précédentes attaques du Colombien avant de s'aplatir sur la route. L'Italien s'était fait alors rejoindre par Tom Dumoulin, qui s'était reporté sur Thibaut Pinot dans la roue duquel le Néerlandais de la Sunweb se présenta sur la ligne, vingt-quatre secondes après Quintana. De toute évidence, le Condor de la Movistar a pris un ascendant psychologique indéniable sur ses rivaux au terme d'une étape controversée, gâchée par une chute collective dans la très nerveuse approche du Blockhaus, par la faute d'un motard imprudent de la *polizia stradale*. Dans l'incident, les Sky Geraint Thomas et Mikel Landa ont laissé leurs plus nobles espérances.

PHILIPPE BRUNEL, *L'Équipe* du 15 mai 2017

Thibaut Pinot dans son exercice favori : la bataille en montagne !

Pinot à l'heure

Incisif et combatif, le Franc-Comtois n'a rien raté depuis le début du Giro.

Thibaut Pinot est arrivé en Sardaigne au départ de ce Giro dans une condition idéale et rien n'est venu la perturber. L'équipe n'a rien loupé. Elle a assuré la sécurité de son leader, l'a ramené en tête quand il le fallait et montré les muscles de temps à autre.

Dans la 9ᵉ étape, elle a même été la seule à placer deux hommes dans les dix premiers, Sébastien Reichenbach terminant neuvième de l'étape. « Mon but, c'était de rester pas trop loin de Thibaut si jamais il lui arrivait un problème », explique le Valaisan. Ses cotes sont très proches de celles de Pinot, il peut donc lui passer son vélo si besoin en l'absence de voiture suiveuse. Et en se maintenant pas trop loin dans son sillage, il peut aussi « l'aider à limiter la casse » si le Franc-Comtois vient à craquer physiquement.

Avec deux minuscules secondes d'avance sur Dumoulin au général, le maillot rose va être difficile à décrocher, demain, à l'issue du chrono. Mais le Français pourrait consolider sa place de deuxième et prendre la tête du classement des « purs grimpeurs ». La place idéale pour attaquer la falaise de la dernière semaine.

GILLES SIMON,
L'Équipe du 15 mai 2017

LE GIRO 2017 — 10ᵉ étape

Dumoulin avance

Le Néerlandais a survolé le chrono de Montefalco et enfilé le maillot rose de leader. Qu'il espère conserver jusqu'à Milan grâce à ses progrès en montagne.

Dans son pays, on l'appelle le « Butterfly of Maastricht » (le papillon de Maastricht). Un surnom ridicule à double sens que lui a donné un confrère du Limburgs Dagblad pour souligner le côté « chrysalide » de Tom Dumoulin, jadis spécialiste des chronos (2ᵉ aux JO de Rio derrière Cancellara), mais devenu par une savante métamorphose et de longues retraites dans les cols de la Sierra Nevada un grimpeur de valeur au caractère enjoué, léger, qui mord la vie à pleines dents. Très raccord avec ce physique de jeune premier, papillonnant, à la Frank Capra, qu'il trimballe dans les pelotons.

Mais à l'heure de tirer un premier bilan du chrono qu'il venait de survoler, quand Andrea De Luca, le journaliste de la RAI, jeta ce surnom dans la conversation, Dumoulin l'arrêta aussitôt. *« Écoutez, je n'aime pas ce surnom, d'ailleurs, je préfère ne pas en avoir. »* Peu lui importe si, demain, les journalistes italiens le surnommeront « la Tulipe rose » pour mieux l'identifier dans le regard des tifosi. Le Néerlandais, nouveau leader du Giro, venait de remettre les choses au point, comme s'il désirait tout maîtriser. Sa biographie, mais aussi son destin de champion qui s'est enrichi, en Ombrie, d'un exploit de choix, si l'on songe qu'il a relégué le spécialiste de la Sky Geraint Thomas à 49 secondes, Nibali à 2'7", Pinot, décevant, à 2'42" et Quintana à 2'53".

Dumoulin, l'homme à battre

Un débours considérable mais dans la norme, identique, ou peu s'en faut, à celui qui séparait les deux hommes (3'8") sur une distance quasi égale, l'an dernier, dans le chrono de Valon-Pont-d'Arc, au Tour de France. À ceci près, et ce n'est pas sans importance, que le Condor de la Movistar envisageait, cette fois, de conserver son maillot rose tant il s'estimait en forme. *« C'est vrai, je m'attendais à perdre beaucoup moins. C'est une déception. Maintenant que dire ? Dumoulin devient l'homme à battre »*, commenta Quintana, qui n'est et ne sera jamais qu'un grimpeur spécialiste, une sorte d'albatros ramené à cette cruelle réalité par le verdict du chrono. *« Il faut dire que ce circuit était idéal pour moi. D'ailleurs, si j'avais dû le dessiner, je l'aurais fait à l'identique »*, minimisa Tom Dumoulin, qui a donc détrôné Quintana et retrouvé le maillot rose. Celui-là même qu'il avait endossé en mai 2016, dans le prologue d'Apeldoorn, et porté pendant six jours, avant de se retirer, tiraillé par une tendinite à une cheville, et surtout soucieux, à l'époque, de ne pas hypothéquer sa présence dans le Tour où il s'était offert un raid solitaire de grande facture sous le déluge d'Arcalis. *« L'an dernier, j'avais dû m'expliquer sur mes progrès, cette année, on ne peut plus parler de coïncidence »*, lâcha le Néerlandais qui revendique sa légitimité.

PHILIPPE BRUNEL,
L'Équipe du 17 mai 2017

PINOT EN DEMI-TEINTE

Dans le premier contre-la-montre du Giro 2017, le Français présente un bilan mitigé face aux grimpeurs prétendant au podium final…

Il a perdu du temps sur …
- Nibali — 35"
- Amador — 26"
- Mollema — 25"
- Zakarin — 23"
- Yates — 3"

Il a gagné du temps sur …
- Kruijswijk — 1"
- Kangert — 9"
- Quintana — 11"
- Cataldo — 12"
- Pozzovivo — 25"
- Formolo — 1'22"
- Van Garderen — 1'34"

CLASSEMENTS

10ᵉ étape, Foligno - Montefalco (c.l.m. ind., 39,8 km)

1	T. Dumoulin (HOL, SUN)	50'37"
2	Thomas (GBR, SKY)	à 49"
3	Jungels (LUX, QST)	à 56"

Général

1	T. Dumoulin (HOL, SUN)	
2	N. Quintana (COL, MOV)	à 2' 23"
3	Mollema (HOL, TFS)	à 2' 38"

Sur le chrono de la 10ᵉ étape, Dumoulin n'était pas là pour cueillir des tulipes.

13ᵉ étape — LE GIRO 2017

Avec ses succès sur le Giro, l'ancien pistard Fernando Gaviria embrasse une nouvelle carrière.

Gaviria superstar

Le Colombien a encore gagné une étape qui était perdue pour lui. À vingt-deux ans, il est assurément la nouvelle étoile du sprint.

Quand Fernando Gaviria arrive en salle de presse, son *« Ciao ! »* claque comme un fouet. Ce type a de la dynamite dans les jambes et dans la langue. À Tortona, il est allé chercher une quatrième victoire au bout d'un sprint qu'il avait perdu dix fois. Décramponné de la nageoire de son poisson-pilote, l'Argentin Richeze, le maillot cyclamen s'était noyé dans les remous du peloton. L'explication avait lieu sans lui, quand on l'a vu soudain émerger de nulle part et déborder tout le monde sur la droite d'un coup d'accélérateur qui fait passer André Greipel pour un tracteur.

On peut toujours nuancer ses succès en opposant l'insipidité du plateau de sprinters de ce Giro. Y a-t-il vraiment de la concurrence en dehors d'André Greipel et de Caleb Ewan ? Non, bien sûr. Mais au-delà des résultats bruts, c'est la façon dont il les obtient qu'il faut méditer. Il est une jambe au-dessus de ses adversaires. *« Quand je sprintais,* racontait Thomas Boudat après l'épreuve d'omnium des Mondiaux sur piste de Londres, l'an dernier, *je jetais un œil à droite et je voyais Gaviria assis sur sa selle à côté de moi. Quand il se levait sur ses pédales, il distançait tout le monde avec une incroyable facilité. »* Le Colombien a encore beaucoup de progrès à accomplir dans son approche des sprints. C'est dire la marge qu'il possède sur les autres...

Des miettes au « Gorille »

Si on le mesurait au pied à coulisse, on constaterait sans doute qu'il ne dépasse pas un demi-Greipel. Pourtant, il n'a laissé que des miettes au « Gorille », qui n'a gagné aucune des étapes dédiées aux sprinteurs (seuls Pöstlberger, qui a piégé tout le monde le premier jour, et Caleb Ewan, dans un final très tortueux à Alberobello, ont battu Gaviria). L'Allemand s'est imposé une fois, le deuxième jour à Tortoli, mais en détroussant les baroudeurs, cloués dans le peloton par un vent de face violent.

Enjôleur et provocateur, Gaviria cultive un peu de Mohamed Ali en lui, en séduisant sans chercher à plaire à tout prix. Loin des discours lissés et prémâchés de la plupart des coureurs européens. Mark Cavendish ne s'est pas trompé et reconnaît en lui un adversaire à sa mesure. « Le Cav » a même tweeté : *« Merci Seigneur, Gaviria ne fera pas le Tour de France. Il nous aurait sacrément compliqué la tâche... »*

GILLES SIMON, *L'Équipe* du 20 mai 2017

CLASSEMENTS

13ᵉ étape, Reggio Emilia - Tortona (167 km)

1	Gaviria (COL, QST)	3 h 47' 45''
2	S. Bennett (IRL, BOH)	t. m. t.
3	Stuyven (BEL, TFS)	t. m. t.

Général

1	T. Dumoulin (HOL, SUN)	
2	N. Quintana (COL, MOV)	à 2' 23''
3	Mollema (HOL, TFS)	à 2' 38''

LE GIRO 2017 — 14e étape

1re

En 6 arrivées d'étape du Giro au sanctuaire d'Oropa depuis 1963, c'est la première fois que la victoire échappe à un Italien.

Tom Dumoulin avait du vent dans les ailes pour atteindre la Vierge noire du sanctuaire d'Oropa.

Dumoulin, champion d'Oropa

Vainqueur au sanctuaire d'Oropa, où il a enrayé seul une offensive de Nairo Quintana, Tom Dumoulin fait preuve d'une autorité nouvelle.

La comparaison apparaîtra sûrement très audacieuse à tous ceux qui vouent un culte inaliénable à Eddy Merckx mais il y avait un peu du « Cannibale » en Tom Dumoulin, dominateur au sanctuaire d'Oropa, un léger mouvement des épaules, une similitude de traits, une régularité métronomique très opérante. Dans son regard, vrillé sur le virage supérieur où la silhouette du petit Nairo Quintana se fondait dans des nuées de fumigènes roses, on relevait une volonté farouche de ne rien céder, de ne pas abandonner trop d'espace et de liberté au « Condor » de la Movistar, qui s'était isolé à l'avant à quatre kilomètres du sommet mais qu'il gardait en ligne de mire. Derrière Quintana, le maillot rose assurait sa défense sur un rythme régulier. « *Et puis j'ai vu que Pinot avait lâché prise,* dira-t-il, *et que mes rivaux jetaient du lest. J'ai donc accéléré pour leur prendre du temps. Mais alors, vraiment, je ne pen-sais pas gagner l'étape.* » En quelques centaines de mètres, il s'était rapproché de Quintana mais l'avait tenu à distance, dans son viseur, comme s'il était convaincu de pouvoir le « ferrer » au moment opportun, au plus près de l'arrivée. L'important se jouait derrière lui, où Nibali chancelait sur la pente, où Yates donnait des signes de lassitude, où Zakarin se débattait comme il pouvait, à la limite de la rupture.

Mieux que Pantani

Puis Nairo Quintana s'était retourné une première fois, contrairement à ses habitudes, signifiant son inquiétude, son incapacité à hausser l'allure et bientôt Dumoulin l'avait repris et enfin distancé au sprint. Au terme d'une montée plus rude que ne le laissaient transparaître les images toujours un peu trompeuses de la télévision, si l'on songe que le maillot rose a mis seulement dix secondes de moins que Marco Pantani en 1999 (l'année de sa remontée spectaculaire) pour parcourir les six derniers kilomètres ! Un chiffre qui fera réfléchir Quintana, Pinot, Nibali, les seuls capables, selon nous, de lui apporter la contradiction mais pour l'heure affligés, et peut-être complexés, par sa domination et cet ascendant qu'il a pris sur le maillot rose.

Tom Dumoulin a fait preuve d'une autorité qu'on ne lui connaissait pas et ce sera le grand enseignement du jour. Maintenant, rien n'est fait. Car son équipe Sunweb – où Ten Dam accuse ses trente-six ans – est d'une faiblesse insigne en montagne et dans ce domaine le plus dur arrive. Dumoulin n'ignore rien de tout ça mais dit ne pas éprouver cette pression qui pèse sur le porteur du maillot rose : « *Elle pèse sur tous ceux qui doivent me reprendre du temps.* »

PHILIPPE BRUNEL, *L'Équipe* du 21 mai 2017

CLASSEMENTS

14e étape, Castellania - Oropa (131 km)

1	T. Dumoulin (HOL, SUN)	3 h 26' 34''
2	I. Zakarin (RUS, KAT)	à 3''
3	Landa (ESP, SKY)	à 9''

Général

1	T. Dumoulin (HOL, SUN)	
2	N. Quintana (COL, MOV)	à 2' 47''
3	Pinot (FDJ)	à 3' 25''

16ᵉ étape — LE GIRO 2017

Entente cordiale sur le Stelvio

D'un commun accord, Vincenzo Nibali et Nairo Quintana ont embrasé la montée du Stelvio. Le maillot rose Tom Dumoulin a souffert des intestins.

On attendait des Alpes qu'elles dénouent l'intrigue de ce Tour d'Italie en manque d'auteur sans plus tarder, à 2 758 mètres d'altitude, dans les neiges éternelles du Stelvio, où la route fissurée par les froids de l'hiver se hisse en lacets mornes entre deux murailles de glace. Mais jamais nous n'aurions imaginé que Courteline s'inviterait sur ce théâtre à ciel ouvert, en ce jour où Vincenzo Nibali, vainqueur à Bormio, s'était décidé à conduire l'insurrection, dans un commun accord avec son ennemi intime, Nairo Quintana.

Dumoulin à la dérive

C'est dire toute la singularité de cette étape. Il restait trente et un kilomètres, le groupe des leaders, mobilisé par une offensive de Steven Kruijswijk, venait de traverser Santa Maria Val Müstair, en territoire suisse. Au loin se dessinaient les premières rampes du col de l'Umbrail, un versant inédit du Stelvio, quand Tom Dumoulin, pris d'une envie pressante, s'arrêta sur le bord d'un fossé, jeta son vélo dans l'herbe rase pour se livrer sans plus attendre à un strip-tease improvisé ! On le vit alors retirer son maillot rose, abaisser ses bretelles, puis s'accroupir dans un pré, le cuissard sur les genoux, pris de colique !

CLASSEMENTS

16ᵉ étape, Rovetta - Bormio (222 km)

1	Nibali (ITA, TBM)	6 h 24' 22''
2	Landa (ESP, SKY)	m. t.
3	N. Quintana (COL, MOV)	à 12''

Général

1	T. Dumoulin (HOL, SUN)	
2	N. Quintana (COL, MOV)	à 31''
3	Nibali (ITA, TBM)	à 1' 12''

En le voyant se dévêtir, nous crûmes sur l'instant qu'une guêpe s'était glissée sous son maillot et l'avait piqué, mais la vérité était tout autre, plus préoccupante. Et quand il se relança, ses rivaux commençaient à escalader le col de l'Umbrail, où Franco Pellizotti s'appliquait à réguler l'allure sur un faux rythme, le regard tendu vers la vallée, afin de faciliter son retour. Mais comme le dira Nibali : « *À force d'attendre, Kruijswijk augmentait son avance.* » Alors Pellizotti a accéléré, puis Amador, qui travaillait pour Quintana, et Tom Dumoulin s'est retrouvé seul, à la dérive.

« Vous en voulez à vos rivaux ? », lui avait lancé, micro en main, le reporter de la RAI. « *Je ne sais pas. Ils disent que Kruijswijk était devant. Non, je préfère ne rien dire…* », avait-il bredouillé, s'estimant trahi par ses adversaires qui n'avaient pas respecté, à ses yeux, ce code non écrit qui veut qu'on n'attaque pas un rival à terre. N'avait-il pas fait ralentir le peloton, dimanche, peu avant l'arrivée à Bergame, quand Quintana avait chuté dans la descente du Miragolo San Salvatore ?

Avec les bonifications, Nibali s'est rapproché à 1'12" de Dumoulin, dont il avait appris les mésaventures par la radio. Le leader de Bahrain-Merida n'éprouvait aucune culpabilité, d'abord parce que le Néerlandais n'avait pas chuté. Ce qui lui est arrivé, au fond, relevait de la défaillance. « *L'histoire du Giro est pleine de ce genre d'épisodes. Moi-même, je suis tombé avec le maillot rose* (à Montalcino en 2010), *personne ne m'a jamais attendu.* »

PHILIPPE BRUNEL, *L'Équipe* du 24 mai 2017

Alors que Tom Dumoulin était retardé, Vincenzo Nibali et Nairo Quintana se sont sorti les tripes sur les pentes du Stelvio.

LE GIRO 2017 — 17e étape

Rolland connaît la chanson

Le Français rêvait d'un succès d'étape sur ce Giro. À l'attaque dès le kilomètre zéro, il n'a pas compté ses efforts pour aller le décrocher sur la route de Canazei. Au courage.

Pierre Rolland a gagné sous le regard majestueux des Dolomites et la tutelle bienveillante des leaders de la course. Les premières donnent une dimension et une élégance certaines à sa victoire. La seconde en dessine le cadre sans pour autant le rapetisser.

Pour triompher au cœur du théâtre monumental des plus belles montagnes alpines, le Français de Cannondale-Drapac a dû gravir un escalier de plus de 200 km de long et 3 500 m de dénivelé au lendemain d'une étape dévastatrice, et c'est derrière un masque de souffrance qu'il a salué le public de Canazei. Parti au kilomètre zéro avec la bénédiction des équipes de leaders, il a su épargner ses jambes lorsque les échappés se sont comptés à quarante, puis lâcher ses chevaux dans le final, quand la fatigue élime les forces et éreinte les courages. À huit kilomètres de l'arrivée, il a semé tout le monde en écrasant son vélo sous l'énorme braquet qu'il affectionne tant, a serré les dents et retenu ses larmes de douleur.

« J'ai retrouvé ma nature »

La victoire de Pierre Rolland n'aura aucune incidence sur la course en général. Mais elle aura un impact sur ce qu'on en retiendra dans l'avenir, quand les journaux auront jauni et que le temps aura fait son œuvre. Car elle figure une certaine idée du vélo, une forme de panache que ce sport individuel, devenu si collectif, escamote trop souvent. *« J'ai retrouvé ma nature d'attaquant en abandonnant mes prétentions au classement général*, résume l'Orléanais. *On m'avait poussé à disputer le général parce que j'étais un coureur endurant, mais en réalité ça ne m'a jamais plu. C'est dur tout le temps, c'est beaucoup de stress, d'énergie dépensée et parfois seulement pour rester dans le peloton. À chaque fin de Tour de France, j'étais mort pendant deux ou trois mois, et plus les années passaient, moins je prenais de plaisir. C'est trop contrôlé, trop fermé. J'aime trop aller de l'avant, attaquer. Dans un sport si difficile, si on ne prend pas de plaisir, on se casse la tête. Le cyclisme a changé, tout le monde est sur la retenue. »*

À trente ans, Rolland affiche une expérience de loup de mer et un sourire de moussaillon. Quatrième du général de son premier Giro, en 2014, il avait débarqué en Sardaigne avec la ferme intention de remporter une victoire d'étape. Il a essayé sur l'Etna, a remis ça sur le Blockhaus puis est passé tout près du succès à Bagno di Romagna (3e), où il a laissé échapper quelques larmes après s'être incliné devant Fraile et Rui Costa qui faisaient encore partie de l'échappée du jour. Il avait coché l'étape de Bormio et celle de Canazei.

GILLES SIMON, *L'Équipe* du 25 mai 2017

25
La dernière victoire de **Pierre Rolland** remontait au 19 avril 2015, soit vingt-cinq mois sans gagner.

C'est un Pierre Rolland pétillant qui s'est imposé dans les Dolomites.

CLASSEMENTS

17e étape, Tirano - Canazei (219 km)			Général		
1	Rolland (FRA, CDT)	5 h 42' 56''	1	T. Dumoulin (HOL, SUN)	
2	Rui Costa (POR, UAD)	à 24''	2	N. Quintana (COL, MOV)	à 31''
3	G. Izagirre (ESP, MOV)	m. t.	3	Nibali (ITA, TBM)	à 1' 12''

18ᵉ étape — LE GIRO 2017

Pinot pointe son nez

Le Haut-Saônois tournait comme une horloge comtoise. Il a presque effacé l'ardoise du Stelvio et revient en jeu pour le podium.

Sur l'élan de sa montée, on a bien cru qu'il allait avaler tout rond Landa et Van Garderen dans les rues pavoisées d'Ortisei. Finalement, Thibaut Pinot a encore dû se contenter de la troisième place de l'étape. Mais il a croqué du temps à tous ses rivaux, reprenant une minute et deux secondes à Dumoulin, Quintana et Nibali, et repoussant Zakarin de vingt secondes. Et si le leader de la FDJ reste au pied du podium, il a sensiblement réduit la taille de la marche à grimper.
« *Je n'ai pas oublié* (le coup de moins bien du Stelvio), *mais ça va mieux* », a-t-il lâché à l'arrivée. L'alerte rouge semble passée. Le petit pépin de santé qui l'a affecté en début de semaine a été maîtrisé par le staff médical et le stress qu'il avait généré aussi. Thibaut Pinot est toujours anxieux et le moindre souci physique s'accompagne d'une bouffée de stress. Inversement, lorsqu'il se sent en pleine possession de ses moyens, il fait aussi le plein de confiance.

1 L'Américain Tejay Van Garderen a remporté à Ortisei sa première victoire d'étape dans un des trois grands Tours.

« Le Giro n'est pas fini »

Sébastien Reichenbach avait été « programmé » pour apporter son soutien à Pinot en troisième semaine. Mission accomplie. Le Valaisan lui a été d'une aide très précieuse. C'est lui qui est allé harponner Quintana dans la dernière montée et qui a lancé son leader dans les ultimes kilomètres. « *Toute l'équipe bosse bien et j'ai la chance de pouvoir compter sur Sébastien*, résume Thibaut Pinot. *Avoir un équipier comme ça, c'est vraiment rassurant.* » Après les Bonnet, Roy, Ladagnous, Ludvigsson et Vaugrenard, qui ont serré de près leur leader dans les deux premières semaines, la FDJ peut aussi compter sur Steve Morabito et Rudy Molard, chargés de « faire » les premières pentes ou le bas du col. Le second, arrivé cet hiver, a sensiblement renforcé le secteur.
« *Le Giro n'est pas fini*, prévient Pinot. *Je vais me battre ! Le podium, c'est mon objectif du départ.* » Finir quatrième derrière ce Dumoulin-là, Quintana et Nibali n'aurait évidemment rien d'infamant. Mais s'il a retrouvé son meilleur niveau, Thibaut Pinot peut profiter du marquage que s'infligent les trois premiers pour enfoncer un coin dans leur belle harmonie. Le Français a peu d'espoir que Dumoulin trébuche maintenant, d'autant que le Néerlandais capitalisera encore sur le chrono de 30 km de dimanche. Pour prendre place sur le podium, il faudra donc déloger l'un des deux anciens vainqueurs du Giro. Il pointe désormais à 1'5" de Quintana et à 24" de Nibali. Dans un bon jour, il peut leur grignoter du temps dans le contre-la-montre. L'affaire pourrait se jouer à une poignée de secondes.

GILLES SIMON, *L'Équipe* du 26 mai 2017

Grâce à son beau numéro dans l'ascension vers Ortisei, Thibaut Pinot peut désormais rêver de podium dans le Giro.

CLASSEMENTS

18ᵉ étape, Moena - Ortisei (137 km)

1	Van Garderen (USA, BMC)	3 h 54' 4"
2	Landa (ESP, SKY)	m.t.
3	Pinot (FRA, FDJ)	à 8"

Général

1	T. Dumoulin (HOL, SUN)	
2	N. Quintana (COL, MOV)	à 31"
3	Nibali (ITA, TBM)	à 1' 12"

LE GIRO 2017 — 20ᵉ étape

Pinossimo !

Thibaut Pinot est déchaîné. Il a remporté l'étape décisive et remonte sur le podium. Qui sait où il s'arrêtera ?

« *Pinot grigio* ». Sur la route de Foza, une main facétieuse avait marié à la craie blanche ses deux passions : Thibaut Pinot et l'excellent vin local, dont on affirme qu'il fabrique des centenaires plus sûrement que le régime sans sel et Questions pour un champion. Mais, dans la 20ᵉ étape, Pinot n'était pas gris, il était rose comme le Giro. Il était champagne, aussi, pétillant comme jamais, capable de soûler de coups ses adversaires, d'étourdir Tom Dumoulin et d'enivrer la France.

Thibaut Pinot s'est invité à la place d'honneur du banquet de clôture, qui déroulera sa nappe blanche tout au long des 29,3 kilomètres du contre-la-montre individuel, depuis le circuit automobile de Monza – clin d'œil évident aux formule 1 à deux roues – jusqu'au dôme de Milan, la cathédrale aux mille flèches de pierre, roulée comme une hôtesse du Giro. Le Français visait un podium. Éjecté la veille, il est remonté sur la troisième marche d'un pas décidé et peut désormais lorgner la première sans passer pour un prétentieux.

Si le Giro avait compté une étape de montagne de plus, Pinot, sur l'élan des derniers jours, l'aurait probablement remportée. La der des ders sera horizontale, aussi basse et plate qu'un horizon flamand, mais peu importe. Au contraire, même. Le leader de la FDJ n'est jamais aussi à l'aise contre la montre que sur des parcours lisses et rectilignes, qui offrent peu de changements de rythme et de passages techniques. Hormis une dizaine de virages, il ne devrait trouver que quelques aménagements urbains sur sa route pour dérégler sa cadence.

GILLES SIMON, *L'Équipe* du 28 mai 2017

3

Après 2 victoires d'étape dans le Tour de France, Thibaut Pinot a enlevé un 3ᵉ succès dans un grand Tour.

Première participation et première victoire d'étape dans le Giro. Pinot aime l'Italie !

CLASSEMENTS

20ᵉ étape, Pordenone - Asiago (190 km)

1	Pinot (FRA, FDJ)	4 h 57' 58''
2	Zakarin (RUS, KAT)	
3	Nibali (ITA, TBM)	t. m. t.

Général

1	N. Quintana (COL, MOV)	
2	Nibali (ITA, TBM)	à 39''
3	Pinot (FDJ)	à 43''

« Tout était rose »

Après avoir franchi en vainqueur la ligne d'arrivée à Asiago, Thibaut Pinot est revenu sur cette dernière étape de montagne.

« Avec Nibali et Quintana, on a très bien collaboré. Quand on est revenus sur Zakarin et Pozzovivo, ça a été un peu différent parce que chacun pensait à la victoire d'étape. Moi aussi, dans les deux derniers kilomètres, je ne pensais qu'à ça. Mais on ne s'est pas regardé. Le podium est plus important, mais la victoire d'étape fait partie de ce que j'aime. C'est pour ça que je fais du vélo. Gagner une belle étape, après une belle bagarre, devant les meilleurs coureurs, c'est important. Aujourd'hui, une deuxième place ne m'aurait pas satisfait. J'étais convaincu que le Giro était une course qui me convenait. C'est même au delà de mes espérances, c'est une super belle course. On fera le bilan en fin de saison, mais je n'ai qu'une envie : revenir. Je n'ai pas vu de points négatifs, tout était rose. »

GILLES SIMON, *L'Équipe* du 28 mai 2017

21ᵉ et dernière étape — LE GIRO 2017

Dumoulin va trop fort !

Premier Néerlandais à gagner le Tour d'Italie, le leader de l'équipe Sunweb a devancé Nairo Quintana et Vincenzo Nibali à l'issue d'un Giro tourmenté.

Sur une piazza del Duomo de Milan chauffée à blanc, où il avait revêtu le maillot rose, Tom Dumoulin semblait chaviré d'émotion face à ces milliers de *tifosi* qui s'agglutinaient au pied du podium et l'acclamaient, criaient son nom, subjugués par cet élégant routier de vingt-six ans au physique d'acteur et au sourire lumineux. Premier Néerlandais à gagner le Giro. Pendant trois semaines, il a crevé l'écran, capté leur attention, soutenu les audiences de la RAI et les attentes d'un Giro incertain, haletant, que le chef de file des Sunweb avait abandonné l'année précédente. *« J'avais dû me retirer contre mon gré, alors je reviens finir le boulot »*, avait-il annoncé avec légèreté, au départ en Sardaigne. On croyait qu'il plaisantait, on se trompait. Tom Dumoulin fut de tous les combats et controverses. Présent, déjà, sur le Blockhaus de la Majella, où Nairo Quintana avait incendié la montée, convaincu de sa supériorité, n'imaginant sûrement pas qu'il allait devoir compter avec ce jeune Néerlandais décomplexé, iconoclaste et présomptueux, qu'il ne parviendra plus jamais par la suite à distancer dans les cols. *« On a pourtant tout essayé pour le lâcher. En vain. Après, comment faire ? Il y avait 70 km de chrono, c'était beaucoup trop pour moi »*, déplorait le Colombien.

Amoureux de l'Italie
Paradoxalement, c'est dans le Stelvio que Dumoulin a gagné ce Giro, où il aurait pu tout perdre après ce *« dérangement intestinal »*, qui l'avait obligé à parer au plus pressé, dans un pré. Avec, en prime, ce strip-tease inédit, un brin exhibitionniste, qui sans doute fit beaucoup pour sa renommée. « Tom Beautiful », comme on le surnomme ici, avait repris la route, seul, sans l'aide d'un équipier, et sur les dix derniers kilomètres du Stelvio, il avait repris quarante-sept secondes à Nibali, Quintana, Pinot, Pozzovivo qui, à l'avant, tergiversaient, cédaient à l'attentisme, pensant à tort s'être enfin débarrassés du Neerlandais. Savaient-ils que se jouait là le sort du maillot rose ? Qu'un personnage, un astre était en train de naître, avec la bénédiction des *tifosi* qu'il avait su charmer, introduisant de la complexité dans les sentiments qu'il suscite en avouant son *« amour de l'Italie »*, où il *« [s]e plaî[t] à passer des vacances »* avec sa fiancée Thanee. En prétendant aussi connaître l'histoire du Giro et celle de Gino Bartali, dont il a lu (mais est-ce vrai ?) la biographie. Pour autant, de nombreux observateurs s'interrogent. Dumoulin roule comme Miguel Indurain, et sur le sanctuaire d'Oropa, il s'était permis d'égaler (à dix secondes près) les temps de Marco Pantani, ce qui paraît moins logique.

PHILIPPE BRUNEL, *L'Équipe* du 29 mai 2017

CLASSEMENTS

21ᵉ et dernière étape, Monza - Milan (c.l.m. ind., 29,3 km)

1	Van Emden (HOL, TLJ)	33' 08''
2	T. Dumoulin (HOL, SUN)	à 15''
3	Quinziato (ITA, BMC)	à 27''

Tour d'Italie (3 615,4 km) **Final**

1	T. Dumoulin (HOL, SUN)	90 h 34' 54''
2	N. Quintana (COL, MOV)	à 31''
3	Nibali (ITA, TBM)	à 40''
4	Pinot (FRA, FDJ)	à 1' 17''

PALMARÈS

TOM DUMOULIN (26 ans)
Né à Maastricht (Pays-Bas)

– Tour d'Italie 2017
– 7 victoires d'étape dans les grands Tours (2 dans le Tour de France ; 3 dans le Giro ; 2 dans la Vuelta).
– Champion des Pays-Bas du contre-la-montre 2014 et 2016.
– Médaillé d'argent aux JO de Rio 2016 (c.l.m. ind.).

Sous le regard bienveillant du Dôme de Milan, Tom Dumoulin soulève le trophée du vainqueur du Tour d'Italie.

CRITÉRIUM DU DAUPHINÉ — 2ᵉ étape

Démare, une si belle aisance

Le coureur de la FDJ s'est imposé au sprint à Arlanc avec autorité.

La journée d'Arnaud Démare s'est terminée bien mieux qu'elle n'avait commencé. Sur les routes escarpées des départements de la Loire et du Puy-de-Dôme, le coureur de la FDJ a dû puiser loin dans ses ressources pour recoller à chaque fois au peloton, qu'il perdait de vue à chaque passage de bosse. « *En regardant le tracé de cette étape, j'étais loin de m'imaginer qu'elle pourrait se terminer au sprint*, expliquait-il à l'arrivée. *La journée a été éprouvante. Il n'y a pas eu un mètre de plat, et j'ai été en prise tout le temps. Dès que je me retrouvais en difficulté, ça devenait aussi difficile dans la tête. Finalement, je réussis à remporter cette étape et même assez facilement. C'est dans la difficulté qu'on grandit aussi…* »

Cette sixième victoire d'Arnaud Démare depuis le début de la saison a été propre et sans bavure. Alexander Kristoff, deuxième, et Nacer Bouhanni, calé dans la roue du Norvégien, n'ont pas tenu la distance. Certainement aussi parce que les coéquipiers du Picard ont parfaitement manœuvré dans le final, notamment Jacopo Guarnieri qui a emmené son leader dans un fauteuil.

« Je veux une équipe bâtie autour de moi »

« *Les arrivées dans l'équipe de garçons comme Guarnieri et Cimolai nous ont fait un bien fou*, ne manquait pas de souligner Arnaud Démare. *Ils connaissent parfaitement leur job. Et des gars comme Le Gac, Sarreau, Manzin, Konovalauvas ou Delage apportent beaucoup aussi. J'ai la chance d'avoir une grande équipe autour de moi. Et en plus on s'éclate.* » Si la FDJ n'a pour l'instant pas dévoilé sa stratégie pour le Tour, notamment concernant le rôle de Thibaut Pinot, quatrième du Giro, le vainqueur du jour parvenait néanmoins à donner quelques pistes. « *C'est plutôt aux dirigeants d'en parler*, souriait-il. *Mais je sais que je veux une équipe bâtie autour de moi pour le Tour. Je pense que Thibaut (Pinot) aura un rôle différent puisqu'il a disputé le Giro. Il va pouvoir s'éclater, gagner des étapes et pourquoi pas aller chercher le maillot à pois. S'épanouir sans avoir de pression au général. L'idée est que je sois parfaitement entouré pour les sprints. La stratégie de l'équipe est surtout basée là-dessus* ». À vingt-cinq ans, Arnaud Démare, qui participera pour la troisième fois au Tour, a incontestablement gagné en autorité. Il a d'ailleurs aussi profité de son succès pour attirer l'attention sur les dangers de la route pour les coureurs, revenant sur le décès accidentel de Michele Scarponi, fin avril. « *Je voudrais vraiment qu'automobilistes et cyclistes prennent conscience qu'ils ne sont pas seuls sur la route. La route doit se partager. Respectons-nous !* », a-t-il lancé avec force.

MANUEL MARTINEZ,
L'Équipe du 6 juin 2017

Arnaud Démare a pris l'habitude de lever les bras, c'est la 6ᵉ fois depuis le début de saison.

CLASSEMENTS

2ᵉ étape, Saint-Chamond - Arlanc (171 km)

1	Démare (FRA, FDJ)	4 h 13' 53"
2	Kristoff (NOR, KAT)	t. m. t.
3	N. Bouhanni (FRA, COF)	t. m. t.

Général

1	De Gendt (BEL, LTS)	
2	Domont (FRA, ALM)	à 48"
3	Ulissi (ITA, UAE)	à 1' 3"

4e étape — CRITÉRIUM DU DAUPHINÉ

Froome, la tête ailleurs

Décevant lors du contre-la-montre, remporté par son ami Richie Porte, le Britannique semble surtout perturbé par l'ambiance autour de la Sky.

Chez les Britanniques de Sky, on espérait un gros coup du leader maison, Chris Froome, pour masquer les tourments qui plombent l'équipe britannique depuis les révélations à l'automne dernier d'un groupe de hackers russes, les Fancy Bears, accusant Bradley Wiggins d'avoir bénéficié d'injections de triamcinolone, un stéroïde censé soigner ses allergies à l'asthme avant les Tours de France 2011 et 2012 (qu'il a remporté). Le coureur a depuis justifié d'une autorisation thérapeutique. On aurait pu en rester là, mais le manager de la Sky, Dave Brailsford, par certains « oublis » dans sa version des faits, a provoqué en Grande-Bretagne un véritable tollé, entachant indirectement l'image de Chris Froome. Ce dernier s'est régulièrement, en interne, désolidarisé de Bradley Wiggins, tout en laissant Brailsford se débrouiller seul pour se sortir du marasme et gérer un départ possible de son sponsor Sky. L'affaire, qui traîne en longueur, ne lui a certainement pas permis de préparer au mieux ce Dauphiné, comme le prouve sa piètre performance en chrono (8e à 37" de Richie Porte).

Un niveau très élevé

Pas facile donc pour Chris Froome de trouver la quiétude avant ce premier rendez-vous important de la semaine. Il savait que son résultat serait étudié dans ses moindres détails, à trois semaines du départ du Tour. Et que tout faux pas serait utilisé pour mettre en doute son état de forme. Il aurait pu rétorquer que sur ses deux derniers Dauphinés remportés juste avant de réaliser le doublé sur le Tour, aucun contre-la-montre n'était au programme. Mais il a préféré louer la valeur de ses rivaux. *« Ils sont en excellente condition : Richie* (Porte) *ou Valverde, qui a fait un chrono impressionnant (3e à 24" de Porte), mais aussi Contador* (l'Espagnol l'a battu de 2"). *Ce contre-la-montre prouve que leur niveau est très élevé. »*

PHILIPPE LE GARS, *L'Équipe* du 8 juin 2017

Ce n'est pas le visage d'un coureur serein que Chris Froome a montré sur le chrono du Dauphiné.

CLASSEMENTS

4e étape, La Tour-du-Pin - Bourgoin-Jallieu (c.l.m. ind., 23,5 km)

1	Porte (AUS, BMC)	28'7"
2	T. Martin (ALL, KAT)	à 12"
3	Valverde (ESP, MOV)	à 24"

Général

1	De Gendt (BEL, LTS)	
2	Porte (AUS, BMC)	à 27"
3	Valverde (ESP, MOV)	à 51"

Porte : « Devancer Froome sur le Dauphiné n'est pas significatif »

Même si Thomas De Gendt a conservé son maillot de leader, l'Australien de BMC a pris position sur le Critérium du Dauphiné en remportant le contre-la-montre.

« Je ne pensais pas gagner et prendre autant de temps notamment sur des adversaires comme Froome ou Contador et sur un spécialiste comme Tony Martin. Je n'avais pas fait un chrono de ce niveau depuis longtemps. Je suis particulièrement content de cette performance. C'est le genre de victoire qui donne énormément confiance. Mais je sais aussi que devancer Contador ou Froome dans un chrono sur le Dauphiné, ce n'est pas significatif non plus. Chacun gère cette course de manière différente. La seule chose que nous avons en commun est que nous sommes tous là pour préparer le Tour. Par exemple, je sais que le Froome du Dauphiné ne sera pas le même au mois de juillet. Il sait comment gagner et il aura un tout autre niveau. »

MANUEL MATINEZ, *L'Équipe* du 8 juin 2017

CRITÉRIUM DU DAUPHINÉ — 7ᵉ étape

Porte a coupé le cordon

Le Maillot Jaune a sèchement attaqué son ancien leader et désormais rival Chris Froome dans l'alpe d'Huez. Un geste fort dans sa quête d'émancipation.

Un jour, peut-être, on comprendra mieux à quel point la vingtaine de secondes qui séparaient Richie Porte de Chris Froome sur la ligne d'arrivée valaient bien plus que quelques lignes de classement. À quel point elles pourraient modifier l'équilibre des rôles dans les semaines à venir. Car cette fois, c'est sûr, le Maillot Jaune australien, trente-deux ans, a osé franchir le pas et provoquer Chris Froome. Pas n'importe où et pas n'importe quand : sur les pentes de l'alpe d'Huez, tout un symbole, et surtout à trois semaines tout juste du grand départ du Tour où Richie Porte va se présenter clairement comme l'un des plus sérieux concurrents du Britannique.

« Plus de cadeaux à faire à Froome »

Il n'a pas oublié toute l'importance du Dauphiné, ce que lui a toujours inculqué son ex-leader Froome, qui l'a gagné à trois reprises juste avant d'enchaîner avec ses succès sur le Tour. *« Qu'on ne me dise pas le contraire, les leaders qui viennent sur le Dauphiné ont en tête de le gagner »*, affirma-t-il quand certains osèrent douter de la motivation de ses rivaux.

CLASSEMENTS

7ᵉ étape, Aoste - l'alpe d'Huez (167,5 km)

1	Kennaugh (GBR, SKY)	4 h 43' 59"
2	Swift (GBR, UAE)	à 13"
3	Je. Herrada (ESP, MOV)	à 1' 11"

Général

1	Porte (AUS, BMC)	
2	Froome (GBR, SKY)	à 1' 2"
3	Fuglsang (DAN, AST)	à 1' 15"

Son choix de quitter Sky, et donc son leader, Froome, fin 2015 pour rejoindre BMC alors que les deux hommes restent très liés dans la vie n'avait pas été facile à gérer. Surtout quand on a trente ans, une carrière déjà bien engagée et des habitudes solidement ancrées. Il n'avait tout simplement pas craint de se retrouver un jour dans la peau du rival de son ami. *« Tout a pourtant été compliqué pour Richie lors de sa première année chez nous, raconte Yvon Ledanois, directeur sportif de BMC. Il avait toujours les mêmes automatismes en course avec Froome. On avait même la fâcheuse impression qu'il courait toujours pour lui, qu'ils portaient encore le même maillot. On a dû se fâcher parfois et lui expliquer qu'il n'avait plus de cadeaux à faire à Froome, que son pote ne lui en ferait d'ailleurs certainement pas. Richie a mis un an avant de comprendre tout ça. »*

Son attaque sèche sur les derniers kilomètres de l'alpe d'Huez n'était donc pas si anodine. Elle est le résultat de tout ce travail mental entrepris par le staff de BMC pour l'émanciper de cette emprise qu'opérait encore inconsciemment sur lui son ancien leader. Et les voir côte à côte sur la ligne de départ à Aoste, visages fermés et sans échanger la moindre parole, annonçait enfin une vraie bagarre entre deux hommes que rien ne sépare... si ce n'est leur maillot d'équipe. Près de cinq heures plus tard, Richie Porte venait de se convaincre qu'il était capable de rivaliser à armes égales avec Chris Froome, surtout parce qu'il avait osé le faire.

PHILIPPE LE GARS, *L'Équipe* du 11 juin 2017

Transfiguré par son Maillot Jaune de leader, Richie Porte mène le train devant Jakob Fuglsang et Alberto Contador.

8ᵉ et dernière étape | **CRITÉRIUM DU DAUPHINÉ**

À 32 ans, le Danois Jakob Fuglsang remporte une victoire qu'il n'attendait plus sur une course aussi prestigieuse que le Dauphiné.

Fuglsang brouille les cartes

Le Danois, vainqueur surprise, a mis en exergue les faiblesses actuelles de Chris Froome et les erreurs des outsiders du prochain Tour de France.

L'équipe Astana avait donc gardé dans sa poche une dernière carte à jouer. Alexandre Vinokourov, le manager, de passage furtivement, avait eu le temps de répéter à ses deux leaders, Jakob Fuglsang et Fabio Aru (3ᵉ et 4ᵉ du général au matin à 1'15'' et 1'45'' de Richie Porte), son discours habituel – « *Si on n'ose rien, on est certains de ne rien gagner.* » – qui a eu le don de conforter les deux hommes, conscients que leur union inédite sur ces routes du Dauphiné leur permettait de jouer une autre partition que les autres équipes, concentrées sur un leader unique. « *Plus personne n'est habitué à surveiller deux leaders d'une même équipe*, rigolait encore Alexandre Vinokourov la veille. *C'est peut-être ça la nouveauté !* » L'Italien Fabio Aru avait donc été le premier de cordée dans la montée du col de la Colombière, l'avant-dernière difficulté du jour, « *juste pour essayer de déstabiliser un peu Richie Porte et voir comment les autres leaders allaient réagir* », raconta ensuite Dimitri Fofonov, le directeur sportif de l'équipe kazakhe.

Personne ne s'était alors imaginé voir Chris Froome piocher de la sorte, et encore moins le Maillot Jaune Richie Porte, si impérial la veille dans le final de l'alpe d'Huez.

CLASSEMENTS

8ᵉ et dernière étape, Albertville - Plateau de Solaison (115 km)

1	Fuglsang (DAN, AST)	3 h 26' 20''
2	D. Martin (IRL, QST)	à 12''
3	Meintjes (AFS, UAE)	à 27''

Critérium du Dauphiné (1 151,5 km) Final

1	Fuglsang (DAN, AST)	29 h 05' 54''
2	Porte (AUS, BMC)	à 10''
3	D. Martin (IRL, QST)	à 1' 32''

Richie Porte sans équipe

Cette première alerte fut presque oubliée quand le leader de la Sky redressa la barre avec une assurance qui se révéla plus tard être seulement de façade. Avant le passage du sommet, il donna même l'impression de se projeter déjà vers une quatrième victoire sur ce Dauphiné face à son pote Richie Porte, étrangement abandonné par son équipe sur les pentes de la Colombière. « *Tout a alors basculé en notre faveur*, raconta Jakob Fuglsang, le deuxième larron d'Astana. *J'avais déjà annoncé ce matin que le point faible de Richie Porte serait son équipe, incapable de tout contrôler. Il s'est vite retrouvé tout seul. Et quand Dan Martin a attaqué dans la dernière ascension, je me suis contenté de le suivre. J'avais seulement en tête la victoire d'étape et la deuxième place au classement final.* »

Le Danois ne pouvait pas cacher sa surprise, lui qui à trente-deux ans n'avait jamais connu tant d'honneurs en si peu de temps, deux jours après sa première victoire d'étape à La Motte-Servolex, lorsqu'il avait suivi Chris Froome dans sa folle descente du mont du Chat. « *Depuis ma deuxième place aux Jeux qui équivaudra toujours pour moi à une victoire, j'ai compris que je pouvais encore réussir quelque chose dans le cyclisme* », se félicita Jakob Fuglsang.

PHILIPPE LE GARS, *L'Équipe* du 12 juin 2017

Le peloton du Tour de France s'étire le long des routes vosgiennes de la 5e étape, mais personne n'est encore à la planche…

TOUR DE FRANCE

En ce mois de juillet 2017, le Tour de France s'annonçait plus ouvert que jamais. Nairo Quintana avait revu sa préparation, Richie Porte tenait une forme éblouissante, tout comme Alejandro Valverde, et Romain Bardet avait à cœur de confirmer sa progression entrevue un an plus tôt (2e). Mais entre les chutes des uns et les défaillances des autres, c'est Chris Froome qui a finalement tiré les marrons d'un feu roulant !

TOUR DE FRANCE — 1re étape

Le strike des Sky

Quatre coureurs dans le top 8, Thomas en jaune, Froome en avance sur ses rivaux… La formation britannique frappe fort d'entrée. Quintana a perdu Valverde, et Porte de précieuses secondes.

La route avait la couleur du cauchemar des Movistar. La bande de bitume qui embrassait les deux rives du Rhin sur quatorze kilomètres avait été transformée par la pluie en une piste de bowling en ébène, qui envoyait valser les coureurs comme des quilles. Tour à tour, Dylan Groenewegen, Tony Gallopin ou encore Luke Durbridge avaient dérapé sur cette chaussée noir pétrole, dans des virages coupe-gorge dont ils ne virent jamais l'issue. Même les mécaniciens qui sortaient de leur véhicule pour les dépanner avaient du mal à s'épargner quelques arabesques de patinage artistique. Mais au moins ces trois-là se relevèrent, à la différence de Ion Izaguirre, touché aux vertèbres et à la hanche gauche, et qui devait porter les espoirs au général de la formation Bahrain-Merida. Et surtout d'Alejandro Valverde, pour qui le Tour de France aura donc duré à peine six kilomètres. Dans une courbe à gauche, l'Espagnol s'emmêla les pinceaux comme Bambi sur la glace, glissa sur le dos en aquaplaning sur plusieurs mètres avant d'encastrer ses deux échasses dans les barrières métalliques. Rotule gauche brisée et tibia entaillé.

Pendant que les Movistar dressaient le bilan de cette première casse, les Sky, eux, se frisaient. Quatre bolides dans les huit premiers du chrono, dont Kiryienka (3e), Froome (6e) et Kwiatkowski (8e), et le Maillot Jaune pour Geraint Thomas, le dur au mal gallois, réparé après sa chute du Giro et qui a maté les spécialistes, les Küng (2e), Van Emden (7e) ou Tony Martin (4e), pourtant poussé par des haies de spectateurs allemands qui espéraient le voir en jaune. Surtout, Christopher Froome sort en tête du groupe des cadors du général, et assez largement puisque ses rivaux sont relégués dans une fourchette de trente-cinq (Porte) à quarante-deux secondes (Contador et Fuglsang).

Pour Porte, l'addition est salée

La route est encore très longue jusqu'à Paris, mais ce déboire ne sera pas facile à récupérer, surtout face à une équipe disposant d'une telle force de frappe. Difficile en revanche de dire si le Britannique a creusé cet écart sur sa puissance ou sur une prise de risque supérieure, sans doute un peu des deux. Si la meute de ceux qui rêvent de lui faire la peau se tient en une poignée de secondes, la pilule n'est pas la même à avaler pour tous. Une petite gorgée d'eau suffira pour Romain Bardet. Le Français peut souffler un grand coup : il n'a rien hypothéqué de ses chances au général dans ce chrono qu'il craignait. Pour Richie Porte, l'addition est plus salée. L'Australien n'a jamais été en mesure de titiller Froome et, davantage encore que l'écart, c'est une nouvelle fois sa fragilité mentale qui interpelle. Le leader de BMC a avoué à l'arrivée avoir été « *pétrifié* » sur les quatorze kilomètres du parcours, et il va devoir soigner rapidement sa nervosité.

JEAN-LUC GATELLIER,
L'Équipe du 2 juillet 2017

CLASSEMENT

1re étape, Düsseldorf - Düsseldorf
(c.l.m. ind., 14 km)

1	Thomas (GBR, SKY)	16' 4''
2	Küng (SUI, BMC)	à 5''
3	Kiryienka (BLR, SKY)	à 7''

Dans une ambiance crépusculaire, Geraint Thomas perce les nuages et ouvre la voie aux Sky.

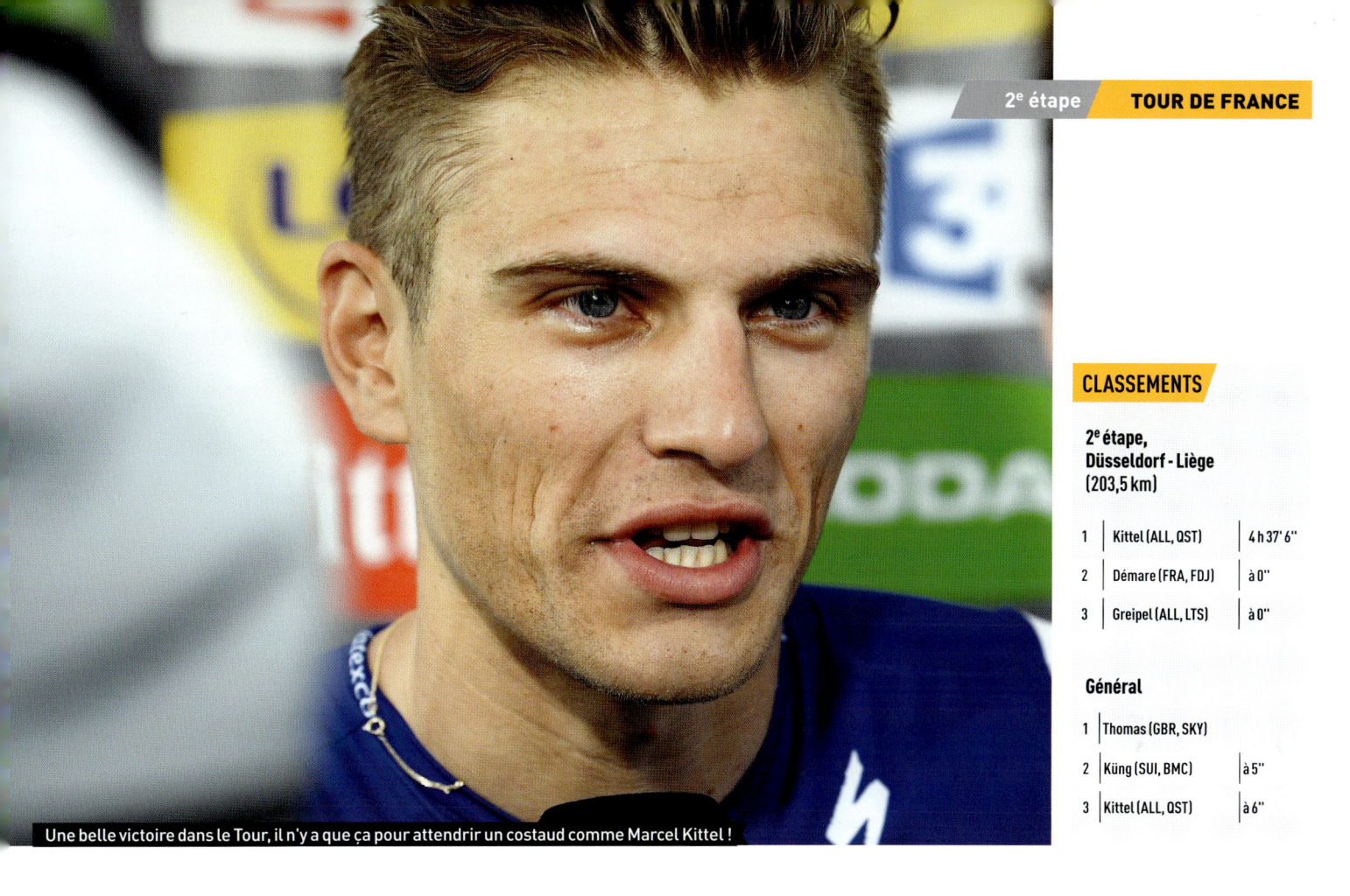

2ᵉ étape — **TOUR DE FRANCE**

Une belle victoire dans le Tour, il n'y a que ça pour attendrir un costaud comme Marcel Kittel !

CLASSEMENTS

2ᵉ étape, Düsseldorf - Liège (203,5 km)

1	Kittel (ALL, QST)	4 h 37' 6''
2	Démare (FRA, FDJ)	à 0''
3	Greipel (ALL, LTS)	à 0''

Général

1	Thomas (GBR, SKY)	
2	Küng (SUI, BMC)	à 5''
3	Kittel (ALL, QST)	à 6''

Kittel vole, Froome chute

Christopher Froome à terre, ses adversaires se sont montrés frileux et ont refusé de l'attaquer. Marcel Kittel, lui, ne s'est pas fait prier pour enlever le premier sprint.

Christopher Froome était à terre, à trente kilomètres de l'arrivée, et ses rivaux ont préféré négocié avec le doigté d'ambassadeurs de l'ONU une résolution de non-agression et attendre un bristol d'invitation pour attaquer. Pourtant, Contador et Quintana ont déjà prouvé qu'ils peuvent se comporter comme dans un saloon. Le premier avait flingué Andy Schleck en plein saut de chaîne dans le port de Balès lors du Tour 2010 ; le second avait dégainé face à Uran dans la descente du Stelvio, pourtant neutralisée, dans le Giro 2014. Quant à Porte, il avait promis qu'il ferait payer à Froome son comportement du Dauphiné, responsable selon lui de sa défaite, mais sans doute l'Australien, « pétrifié » la veille dans le chrono de Düsseldorf, était-il déjà bien heureux d'en être sorti sans trop de dommages.

Car cela a tapé fort, et sans prévenir, dans un virage à droite plombé par de grosses flaques d'eau, alors que le peloton se faisait rincer par un ciel de tristesse depuis plusieurs dizaines de bornes et tenait au bout d'une laisse d'environ deux kilomètres l'échappée des rookies Offredo, Pichon, Boudat et

1

La victoire de Marcel Kittel est la première dans le Tour de France d'un coureur muni de freins à disque, arrivés sur les courses sur route en 2015.

Phinney, partis dès le coup de pistolet. La colonne Sky, postée en troisième position, a été la première à aller s'échouer sur l'îlot directionnel qui scindait la route, y compris le Maillot Jaune Geraint Thomas qui repartit fissa, sans attendre son leader. Romain Bardet et ses gardes du corps furent les dominos suivants dans la gamelle, mais le Français, touché à un genou et aux côtes, ne se montrait pas inquiet. Chris Froome pas beaucoup plus. La libellule de Sky s'est râpé le bas du dos et la fesse droite, mais après un changement de vélo ses molosses Knees et Kwiatkowski le tractèrent jusqu'aux faubourgs du peloton, dix kilomètres plus loin.

Les larmes de Kittel

Reste qu'il y avait sans doute une trentaine de secondes à ramasser, à peu de choses près l'addition que Froome avait présentée samedi dans le chrono, et le triple vainqueur du Tour venait de connaître son premier moment de faiblesse de cette édition 2017.

Pour ce qui est du premier sprint, le gang des grosses cuisses mit du temps à récupérer Phinney et Offredo, qui résistèrent jusqu'à la flamme rouge. Comme en 2013 à Bastia et en 2014 à Harrogate, Marcel Kittel scora d'entrée, et ses larmes à l'arrivée rappelèrent que gagner une étape du Tour, même quand on a déjà connu ce bonheur à neuf reprises, fera toujours céder bien des digues.

ALEXANDRE ROOS, *L'Équipe* du 3 juillet 2017

TOUR DE FRANCE — 3e étape

Sagan, qui d'autre ?

Sur les hauteurs de Longwy, Peter Sagan s'est baladé pour dompter la côte des Religieuses, où les favoris du général se sont neutralisés.

La pente de la côte des Religieuses est dodue comme les deux choux à la crème superposés de la pâtisserie du même nom, avec des courbes à plus de quinze pour cent qui n'attendaient qu'à se faire croquer par les puncheurs, mais ces derniers ont préféré une procession d'enfants de chœur dans ces lacets qui abritaient au XVIIe siècle le couvent des sœurs de la congrégation de Notre-Dame et se hissent désormais jusqu'aux fortifications construites par Vauban, au milieu de bâtisses tristounes crépies d'un beige charbonné par les années.
Forcément, le seul qui n'a pas pu se tenir à carreau, c'est Peter Sagan, et le champion du monde n'a jamais besoin de beaucoup forcer son talent pour cela. À un peu plus de cinq cents mètres de la ligne, il vint se poster pépère en tête de meute, jeta quelques regards de sale gosse dans le rétroviseur, histoire de faire dégoupiller ses adversaires, et faillit même payer son effronterie en déchaussant au moment où il appuya fort sur les pédales. Le Slovaque avait tellement de marge qu'il put relancer son sprint et contenir jusqu'au bout la remontée sur sa droite de Michael Matthews.
Dans ce genre d'arrivées en bosse, comme à Cherbourg en 2016, Peter Sagan est devenu quasi injouable, même s'il lui est évidemment arrivé de plier les ailes, au Havre par exemple, l'an passé, face à Stybar. On se demande bien ce qu'il pourra inventer pour la suite du Tour, au delà de compléter son chapelet de victoires – il en est désormais à huit – et d'égaler à Paris le record du nombre de maillots verts d'Erik Zabel (six), deux horizons aussi dégagés que les plaines du Midwest.

Calmejane se montre

Les puncheurs de la trempe de Van Avermaet et Gilbert ont donc manqué de jus pour secouer les Religieuses, mais il faut dire que l'étape les avait limés. Plus de deux cents bornes vers la France, depuis la Belgique et à travers le Luxembourg, ses maisons orange pétard aux jardinets entretenus à la pince à épiler, et un parcours vallonné qui laissait peu de répit.
Lilian Calmejane se sentait à l'aise dans cette succession de bosses, et, à soixante bornes de l'arrivée, il se lança à l'assaut de l'échappée, mâcha tout cru ses compagnons et ouvrit la route pendant une dizaine de kilomètres avant que le peloton ne siffle la fin de la récré.
Richie Porte fut lui aussi victime de démangeaisons. L'Australien se retrouva en tête dans la côte des Religieuses, avec Alberto Contador calé dans sa roue, et il décida d'allumer une première mèche, juste pour voir. L'offensive n'allait pas bien loin, mais au moins le leader de BMC a pris les choses en main.

ALEXANDRE ROOS, *L'Équipe* du 4 juillet 2017

Peter Sagan commence sa moisson de points pour le maillot vert… qui prendra fin le lendemain !

CLASSEMENTS

**3e étape,
Verviers – Longwy
(212,5 km)**

1	Sagan (SLQ, BOH)	5 h 7'19''
2	Matthews (AUS, SUN)	à 0''
3	D. Martin (IRL, QST)	à 0''

Général

1	Thomas (GBR, SKY)	
2	Froome (GBR, SKY)	à 12''
3	Matthews (AUS, SUN)	à 12''

4ᵉ étape — TOUR DE FRANCE

Démare surgit du chaos

Premier vainqueur français d'un sprint dans le Tour depuis 2006, Arnaud Démare a survolé un final de bandit, où Peter Sagan, exclu de la course, a mis à terre Mark Cavendish.

Ce fut un test cardiaque extrême. Nos petits cœurs battaient au rythme de celui d'un champion du monde d'apnée, pas loin de l'état végétatif et du filet de bave du réveil de sieste, bercé par cette douce procession à travers la Lorraine où il ne se passait rien, si ce n'est cette vaine échappée de Guillaume Van Keirsbulck que le peloton tenait tranquillement au bout de sa canne à pêche, quand soudain la tachycardie nous foudroya. L'essaim d'abeilles du Tour venait de débouler dans Vittel et ce fut une baston de rue qui a dû effrayer les peignoirs blancs de la ville thermale. D'abord un premier gros fatras à plus d'un kilomètre de l'arrivée, dans lequel le Maillot Jaune Geraint Thomas, notamment, voltigea. Puis un sprint de survivants qui se construisit dans le chaos. Et à un peu moins de deux cents mètres de la ligne, Peter Sagan qui, sur la droite de la route, ferma la porte à Mark Cavendish de deux gestes du coude. Le Britannique vola dans les protections, rebondit sur la route et sécha John Degenkolb et Ben Swift qui partirent dans un triple salto qui leur aurait valu un 10 en plongeon synchronisé. Impressionnant de puissance et de dextérité, Arnaud Démare s'extirpa indemne de la bagarre et remporta le sprint avec deux vélos d'avance. Mais la zone d'arrivée s'enflamma de la furie des dirigeants de Dimension Data, l'équipe de Mark Cavendish. Une heure plus tard, alors que le bolide de l'île de Man sortait du camion médical, le bras en écharpe mais sans fracture à ce moment-là (une fracture à l'omoplate droite sera finalement décelée), Philippe Marien, le président du jury, annonçait que Sagan était exclu du Tour, estimant qu'il avait mis en danger la vie de plusieurs coureurs.

L'intention de Sagan n'est pas établie

Le Slovaque a fauté, c'est indéniable, mais fallait-il pour autant opter pour la plus lourde des sanctions ? Un jugement est forcément affaire d'interprétation et les commissaires ont dû se triturer la matière grise avant de décider de virer la star du peloton, mais l'intention des gestes du coude n'est pas établie. L'ourson slovaque n'est pas facile à bouger dans un sprint, son agilité sur un vélo le pousse à prendre des risques, mais son bulletin scolaire n'est raturé que de petits écarts de comportement.

L'exclusion du champion du monde éclipsa le retentissement de la victoire d'Arnaud Démare. Le Picard a effacé des tablettes onze ans de disette pour le sprint français dans le Tour, depuis Jimmy Casper en 2006 à Strasbourg. À vingt-cinq ans, Démare semble avoir atteint sa maturité physique et renforcé sa confiance de plusieurs couches de Kevlar.

ALEXANDRE ROOS,
L'Équipe du 5 juillet 2017

54,5 km/h
La vitesse à laquelle Mark Cavendish roulait quand il a chuté.

Pendant que Peter Sagan glisse des mots doux à Mark Cavendish, Arnaud Démare (manche bleue) s'apprête à surgir pour l'emporter.

CLASSEMENTS

4ᵉ étape, Mondorf-les-Bains - Vittel (207,5 km)

1	Démare (FRA, FDJ)	4 h 53' 54"
2	Kristoff (NOR, KAT)	à 0"
3	Greipel (ALL, LTS)	à 0"

Général

1	Thomas (GBR, SKY)	
2	Froome (GBR, SKY)	à 12"
3	Matthews (AUS, SUN)	à 12"

TOUR DE FRANCE — 5ᵉ étape

Les chevaux sont placés

La Planche des Belles Filles a dessiné une première hiérarchie : Froome déjà en jaune, Porte et Bardet en embuscade, Quintana hésitant, et Aru, vainqueur, en agitateur.

Avec ses à peine mille mètres d'altitude et ses six bornes de pente, la Planche des Belles Filles ne sera jamais une terreur du Tour de France, mais le champignon des Vosges a encore joué son rôle à merveille dans la 5ᵉ étape. Celui de la souffleuse qui épousette le classement général des noms de coureurs qu'on est obligés de rechercher sur Google pour connaître leur palmarès.

La Planche est une directrice de casting qui, chaque fois que le Tour l'emprunte, répartit les rôles et soulève le capot des meilleurs grimpeurs pour révéler ce qu'ils ont dans le ventre. À ce petit jeu, le personnage principal du feuilleton demeure quoi qu'on en dise Christopher Froome.

Le Britannique a dégourdi ses baguettes mal cuites à deux reprises dans la montée finale, à moins de deux kilomètres du sommet, et cela a suffi à faire fumer les moteurs de Jakob Fuglsang, Alberto Contador et Nairo Quintana. Ainsi qu'à prendre le Maillot Jaune à son équipier Geraint Thomas, leader depuis Düsseldorf et qui avait été le dernier à l'escorter. La tunique reste donc dans la maison Sky et l'idée qu'elle ne la quitte plus jusqu'à Paris, dans deux semaines et demie, n'est pas si démente.

Il y a évidemment le théorème de la Planche, qui énonce que celui qui est en jaune en son sommet – Wiggins en 2012, Nibali en 2014 – le sera également sur les Champs-Élysées. Mais aussi le théorème Froome : le triple vainqueur du Tour n'a lâché le maillot qu'une fois, en 2015, pas malheureux que Tony Martin le porte trois jours avant de le lui redonner.

Surtout, il reste une impression. Froome a déjà prouvé qu'il était le plus rapide contre la montre parmi les favoris, picots sous la combinaison ou pas, et il y a encore un chrono à disputer, à Marseille, l'avant-dernier jour. Dans les Vosges, il n'a certes pas réussi à larguer Porte, Bardet ou Dan Martin, mais derrière l'attaque de Fabio Aru, c'est lui qui a fait le ménage et un terrain bien plus favorable s'annonce dans trois jours.

Les BMC éjectés comme des petits garçons

Sans forcer, Froome a déjà creusé des écarts, près d'une minute sur Contador et Quintana. Le Colombien, avec un Giro dans les chaussettes, devra sans doute attendre les Pyrénées, voire les Alpes en troisième semaine, pour espérer chatouiller le nouveau Maillot Jaune, dont la garde rapprochée a encore été la plus puissante hier. Au pied du col, les Sky ont en effet éjecté comme des petits garçons les BMC des premières places.

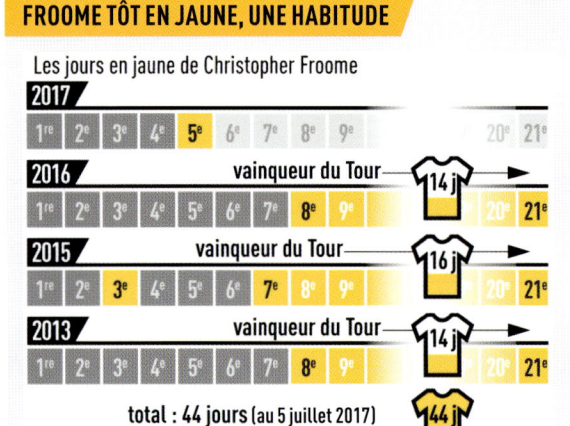

Fabio Aru peut sourire, il a enlevé à la Planche des Belles Filles une des étapes les plus convoitées.

FROOME TÔT EN JAUNE, UNE HABITUDE

Les jours en jaune de Christopher Froome

2017 — 5ᵉ
2016 — vainqueur du Tour — 8ᵉ, 9ᵉ — 14 j
2015 — vainqueur du Tour — 3ᵉ, 7ᵉ — 16 j
2013 — vainqueur du Tour — 8ᵉ, 9ᵉ — 14 j

total : 44 jours (au 5 juillet 2017) — 44 j

1 carré correspond à une étape

5ᵉ étape — TOUR DE FRANCE

Le Maillot Jaune Geraint Thomas à la recherche d'une victoire d'étape ? Non, un équipier modèle au service de son leader Chris Froome (maillot blanc).

Richie Porte avait envoyé au casse-pipe ses équipiers dans la plaine, leur a fait tirer la langue derrière l'échappée (Boasson Hagen, Gilbert, Voeckler, Périchon, Van Baarle, Bakelants, De Gendt, Delage), alors que cette responsabilité revenait aux « Brits », et tout ça pour un résultat qu'on a pu deviner : plus un équipier dans la Planche, pas de victoire d'étape et le leader de BMC se fait en plus griller par Froome pour la troisième place et les quatre secondes de bonification. L'Australien est en jambes, c'est indéniable, mais il va devoir apprendre à jouer plus finement s'il veut titiller son ancienne équipe.

Il pourrait trouver en Fabio Aru un allié privilégié. Dans cette 5ᵉ étape, l'Italien, déjà vainqueur d'une Vuelta (2015), a signé son acte de naissance dans le Tour. Le Sarde a scié les pattes de tout le monde à 2,5 km du sommet et résisté dans le mur final et ses passages à 20 %. Le voilà à seulement quatorze secondes de la tête au général, mais, surtout, le Tour tient en lui le trublion qui pourrait faire dérailler les trains Sky et BMC. Froome, conscient de la menace, a déjà prévenu qu'il ne lui laisserait plus un centimètre.

ALEXANDRE ROOS, *L'Équipe* du 6 juillet 2017

CLASSEMENTS

5ᵉ étape, Vittel - La Planche des Belles Filles (160,5 km)

1	Aru (ITA, AST)	3 h 44' 6''
2	D. Martin (IRL, QST)	à 16''
3	Froome (GBR, SKY)	à 20''

Général

1	Froome (GBR, SKY)	
2	Thomas (GBR, SKY)	à 12''
3	Aru (ITA, AST)	à 14''

Pinot sans illusion

Il était chez lui, mais Thibaut Pinot n'a pas pu tenir la roue des meilleurs. À cinq kilomètres du sommet, le Franc-Comtois a mis le clignotant pour finalement terminer à plus de quatre minutes. Le matin, il était pourtant très motivé. « *Il trépignait d'impatience,* raconte son directeur sportif, Thierry Bricaud. *Mais il savait que cette étape arrivait un peu tôt pour lui.* » Après le Giro, Pinot voulait profiter de cette première semaine pour reprendre le rythme, avant de se montrer en deuxième et troisième semaines. « *Le Tour vient de commencer, je ne vais pas baisser les bras,* assurait-il. *J'espère me faire plaisir le week-end prochain.* » Pinot a visiblement coché l'arrivée aux Rousses, seule étape de montagne avant les Pyrénées.

ROBIN WATTRAINT, *L'Équipe* du 6 juillet 2017

TOUR DE FRANCE — 6e étape

Kittel mate Démare

Après le chaos de Vittel, le sprint a été pur à Troyes. L'Allemand a repris le dessus sur le Français et signé sa deuxième victoire.

Les commissaires de l'Union cycliste internationale ont dû avoir une montée de température à l'arrivée à Troyes et mouiller d'un ruisseau de sueur leur chemisette bleue. Pas en raison de la chaleur de sèche-cheveux qui ankylosait la préfecture de l'Aube, mais plutôt parce qu'Arnaud Démare était en train de débouler le long des barrières, sur la droite de la chaussée, à deux cents mètres de l'arrivée – cela ne vous rappelle rien ? –, et que Marco Haller, l'équipier d'Alexander Kristoff, eut le sentiment d'être gêné et fendit l'air d'un geste de protestation du bras. Allait-on voir la jurisprudence Sagan appliquée dès le premier sprint depuis l'exclusion du champion du monde dans la 4e étape ? Le jury put s'éponger tranquillement sous les arbres qui bordaient le boulevard d'arrivée, il n'aurait pas à sortir sa règle pour taper sur les doigts du maillot vert, car il n'avait pas fauté.

Mais l'ombre de l'affaire Sagan flotte encore sur le peloton. Le débat n'est toujours pas éteint et l'équipe Bora-Hansgrohe a fait appel devant le Tribunal arbitral du sport pour réclamer une illusoire réintégration de Sagan dans le Tour, arguant d'un vice de procédure, mais la plus haute juridiction sportive a déjà balayé d'un revers de communiqué la possibilité d'enclencher une procédure d'urgence.

Concurrence sous camisole

Sagan ne reviendra donc pas se mêler à la suite de la baston qui s'annonce entre Arnaud Démare et Marcel Kittel. Après trois sprints dans ce Tour, les deux bulldozers ont placé la concurrence sous camisole et, si l'on hésite encore sur le match qui se dessine pour le classement général, celui sur les arrivées massives est désormais limpide : c'est un duel franco-allemand qui se profile. À Troyes, Marcel Kittel, déjà vainqueur à Liège, a repris la main en scorant plein centre et assez facilement, alors que son rival avait tenté de trouver l'ouverture sur la droite. L'Allemand, vingt-neuf ans, a modifié son approche du sprint par petites touches et décidé de lâcher les chevaux plus tard, vexé de se faire si souvent cueillir par Mark Cavendish dans le Tour l'an passé. Et puis, le sprinteur de Quick-Step a le poids de l'expérience de son côté, avec désormais onze victoires d'étape au compteur, quand Démare a connu son dépucelage en la matière il y a deux jours.

Le Français se déplaçait encore dans le final de Troyes avec la vitesse et l'agilité d'une bille de flipper, mais il est désormais face à un nouveau défi. Il lui reste à dominer Kittel dans un sprint « propre », à le faire plier dans un combat direct. À Vittel, Démare avait levé les bras, mais Kittel avait été retardé par la première chute et n'avait donc pas pu engager le bras de fer.

ALEXANDRE ROOS, *L'Équipe* du 7 juillet 2017

11 à 1

Le nombre de victoires de Marcel Kittel face à Arnaud Démare dans des étapes se terminant au sprint depuis 2012.

CLASSEMENTS

6e étape, Vesoul - Troyes (216 km)

1	Kittel (ALL, QST)	5 h 5' 34''
2	Démare (FRA, FDJ)	à 0''
3	Greipel (ALL, LTS)	à 0''

Général

1	Froome (GBR, SKY)	
2	Thomas (GBR, SKY)	à 12''
3	Aru (ITA, AST)	à 14''

On serre les dents et on fait brûler les cuisses à l'arrivée de l'étape de Troyes. Arnaud Démare (g.) et André Greipel (c.) s'inclinent devant la puissance de Marcel Kittel (d.).

7ᵉ étape — TOUR DE FRANCE

Pour quelques nanosecondes !

Six millimètres, c'est tout ce qu'il y avait hier entre Marcel Kittel, désormais triple vainqueur d'étape, et Edvald Boasson Hagen à l'arrivée.

Ce fut un long éloge de la langueur, deux cent treize kilomètres à attendre une nanosecousse pour pouvoir échapper à la léthargie, à scruter ce petit vent taquin qui léchait les flancs des coureurs à certains endroits dans l'espoir qu'il se pousse du col pour scier le peloton, à analyser la topographie de cette boucle finale autour de Nuits-Saint-Georges dans l'illusion que la première équipe de flahutes venue réveille la classe endormie d'un coup de bordure d'école. Mais non, rien, alors il ne restait plus qu'à disserter sur l'indice de crème solaire et des choses moins avouables, ainsi qu'à réviser les grands crus de Bourgogne quand le Tour entrait dans un chapelet de villages dont les seuls noms allumèrent les zones les plus fébriles de notre cerveau : Gevrey-Chambertin, Morey-Saint-Denis, Vougeot...

Qui a dit que l'arbitrage vidéo ne servait à rien ? Seule la photo-finish a pu départager Marcel Kittel (1ᵉʳ plan) et Edvald Boasson Hagen.

Démare éjecte Bouhanni

Un supplice achevé à six kilomètres de la ligne, alors qu'un sprint massif s'organisait sur une chaussée si large qu'elle pourrait faire décoller un Airbus A 380, poussé d'un vent qui soufflait cette fois dans le dos. Un paradis pour les cuissots en inox de Marcel Kittel (29 ans), mais l'Allemand dut tout de même s'employer pour mater le revenant Edvald Boasson Hagen. Deux cent treize bornes pour moins de six millimètres d'écart sur la ligne d'arrivée, ou comment réinventer une définition à la fois de la cruauté et de la futilité. Impossible d'établir qu'il s'agit là d'un record, car la précision des outils de chronométrage s'est affinée au fil des années, mais le plus petit écart mesuré jusque-là était de 0,0008

34,84 %
Le pourcentage de victoires des coureurs allemands lors des 66 sprints massifs des 10 derniers Tour de France.

CLASSEMENTS

**7ᵉ étape,
Troyes - Nuits-Saint-Georges
(213,5 km)**

1	Kittel (ALL, QST)	5 h 3' 18"
2	Boasson Hagen (NOR, DDD)	à 0"
3	Matthews (AUS, SUN)	à 0"

Général

1	Froome (GBR, SKY)	
2	Thomas (GBR, SKY)	à 12"
3	Aru (ITA, AST)	à 14"

seconde entre Weening et Klöden en 2005 à Gérardmer. À Nuits-Saint-Georges, il fut de 0,0003 seconde, une crotte de souris qui permit à Kittel de glaner une troisième victoire d'étape en sept jours, sur les bases de son millésime 2014 (3 en 4 jours), et empêcha Boasson Hagen de cajoler son équipe Dimension Data après l'abandon de son leader Mark Cavendish, à Vittel. Surtout, le Norvégien, double vainqueur d'étape en 2011, aurait pu renaître dans le Tour après s'être fait concasser pendant cinq saisons dans la lessiveuse Sky. Tout ça pour un écart de la taille d'une mouche.

À propos de petites bêtes, Nacer Bouhanni avait l'air d'une abeille excitée par le parfum sucré d'une menthe à l'eau dans le sprint. Arnaud Démare éjecta le bolide de Cofidis d'un solide coup d'épaule, un classique des sprints, mais qui témoigne tout de même d'un climat électrique entre les deux clans. Les commissaires ont voulu apaiser les esprits et ont décidé d'infliger une amende de deux cents francs suisses aux deux coureurs, soit une dissuasion aussi efficace que si le Lesotho menaçait d'entrer en guerre contre les États-Unis de Donald Trump.

ALEXANDRE ROOS, *L'Équipe* du 8 juillet 2017

TOUR DE FRANCE 8ᵉ étape

Calmejane préfère les Rousses

Auteur d'un début de carrière fracassant, Lilian Calmejane a remporté une étape de guerrier pour son premier Tour.

En voilà un qui a la tête en plomb et la langue aussi pendue que le loup de Tex Avery quand il découvrit la gironde pin-up Red. On ne parle pas ici des grimaces de Lilian Calmejane sur son vélo dans les derniers mètres, desséché par cette journée de guerrier, mais de son goût pour la jactance et cette assurance tous risques qu'il promène à vingt-quatre ans. Calmejane est un torrent du Tarn que même le barrage des Trois-Gorges ne pourrait canaliser. Dans la 8ᵉ étape, on a bien cru qu'il était encore parti pour disperser son talent aux quatre coins du peloton, comme il l'avait fait dans l'étape de Liège et à la Planche des Belles Filles, dans des attaques sans lendemain qu'on mit sur le compte de sa jeunesse et de son envie de se montrer. Mais, cette fois, il a eu raison.

De se battre comme un chien fou pour accrocher le bon wagon en début de journée, quitte à partir aboyer seul à la poursuite des échappées, puis de croire en ses forces en flinguant Gesink, Roche et Pauwels dans la montée vers la station des Rousses, à dix-huit kilomètres de la ligne. Un léger doute passa encore à cinq bornes de l'arrivée, quand il se redressa sur son vélo, paralysé par des crampes. Chaque fois qu'il tendait les jambes, ses muscles se tétanisaient, et Robert Gesink était en chasse, à moins de trente secondes de là. Mais Calmejane mata la douleur et se remit en marche pour aller décrocher le bonheur dès son premier Tour de France.

Calmejane a de la tronche

Une victoire qui doit en appeler d'autres, tant l'Albigeois de Direct Energie semble encore à l'état de nature. Pour l'instant, sa palette se cantonne beaucoup à celle du baroudeur, comme il le prouva en août dernier dans la Vuelta, pour son premier grand Tour, avec une victoire au sommet du pic de Teixido, mais rien ne dit que les réglages fins ne lui ouvriront pas d'autres horizons et que les années ne

20,7 km/h
La vitesse à laquelle Lilian Calmejane a gravi l'ultime ascension, la Combe de Laisia Les Molunes (11,7 km à 6,4 %).

Lilian Calmejane est aux anges. Après une étape dans sa 1ʳᵉ Vuelta, en 2016, il récidive dans son 1ᵉʳ Tour.

8ᵉ étape — **TOUR DE FRANCE**

Au sein de l'échappée, Lilian Calmejane est aux avant-postes. L'Albigeois s'est senti pousser des ailes dans la montée vers Les Rousses.

l'assécheront pas (1,84 m pour 69 kg pour le moment) pour lui permettre de progresser en grimpette. Le voir jouer des classements généraux dans les saisons à venir n'est donc pas exclu.

Surtout, Calmejane a de la tronche et, bien qu'il n'ait pas encore goûté à la pression qui colle au Tour, il ne se pose aucune question existentielle. Bref, il a tout pour s'imposer comme un autre leader du cyclisme français.

Une révélation, le jour même où d'autres cadors tricolores sont, eux, restés à l'ombre. Thibaut Pinot n'a pas retrouvé ses jambes (76ᵉ à 15'14") et il faudra sans doute encore patienter. Warren Barguil a tout tenté à l'avant de la course, mais il est un peu désolant de le voir rogner son registre de la sorte, lui qui avait fini 14ᵉ de son premier Tour en 2015. Le grimpeur breton mit le frein à main dans la montée finale, rincé par une journée qui avait matraqué le peloton, courue avec la poignée d'accélérateur à fond et sous une touffeur qui faisait fondre le goudron à certains endroits.

La bataille avait été féroce pendant plus de soixante-dix kilomètres en début d'étape pour construire l'échappée du jour, et, ensuite, le rythme ne fléchit jamais, puisque les Sky étaient déterminés à ne pas lâcher trop de lest à quelques-uns de leurs rivaux, si bien que certains coureurs, comme Geraint Thomas, n'eurent même pas le temps de s'arrêter pour la traditionnelle pause pipi.

ALEXANDRE ROOS, *L'Équipe* du 9 juillet 2017

Petit Lilian deviendra grand

Pas plus tard qu'il y a deux jours, Lilian Calmejane avait eu ce drôle de pressentiment : « *L'équipe est dans une bonne dynamique et je suis persuadé qu'on va claquer un gros résultat d'ici la fin du Tour* », avait-il écrit sur son compte Facebook. L'Albigeois de Direct Energie voit loin. À vingt-quatre ans, pour sa deuxième année chez les pros, il compte déjà à son actif deux victoires d'étape dans des grands Tours acquises en solitaire. Avec la manière et en force. Calmejane, sept succès cette saison, prend du volume, de la valeur.

Le gars d'Albi grandit à vue d'œil. Rien d'inquiétant. Il sait où il va. Tout jeune, il s'amusait avec ses potes à mettre des bouts de cartons sur le dos en guise de dossard mais aussi dans les rayons pour faire du bruit. « *C'était notre Tour de France à nous* », expliquait-il récemment dans les colonnes de La Dépêche du Midi. Son premier grand souvenir ? La victoire de l'Italien Salvatore Commesso à Albi sur le Tour 1999. Il a aussi un vague souvenir de Thomas Voeckler en 2004, l'année où il signait sa première licence.

MANUEL MARTINEZ, *L'Équipe* du 9 juillet 2017

CLASSEMENTS

**8ᵉ étape,
Dole - station des Rousses
(187,5 km)**

1	Calmejane (FRA, DEN)	4 h 30' 29"
2	Gesink (HOL, TLJ)	à 37"
3	G. Martin (FRA, WGG)	à 50"

Général

1	Froome (GBR, SKY)	
2	Thomas (GBR, SKY)	à 12"
3	Aru (ITA, AST)	à 14"

TOUR DE FRANCE — 9e étape

Le grand ménage

Porte éliminé sur chute, Démare hors délais, Barguil battu d'un boyau par Uran, le général passé au Kärcher... L'étape a tout bouleversé, sauf le Maillot Jaune.

Il n'y a même pas eu besoin d'offensives de grande envergure, juste de lancer le peloton sur ces routes étroites du massif du Jura et de l'essorer dans une succession de cols impitoyables où l'on ne savait pas s'il fallait plus craindre la montée ou la descente. L'usure ferait le reste et déciderait sur quelle face la piécette lancée en début d'étape atterrirait.
Celle de Richie Porte est retombée du mauvais côté, dans la périlleuse descente du mont du Chat. Il dégomma au passage Dan Martin, dans un carton d'une immense violence, mais le leader de BMC ne souffre « que » de fractures à la clavicule droite et au bassin. Il est difficile de dire ce qui le fit chuter, mais à ce moment de la course, à vingt-deux kilomètres de l'arrivée, tout le monde courait sur la réserve et luttait pour rester lucide. Porte est donc hors course, il a encore failli dans un grand rendez-vous, alors qu'il tenait la forme de sa carrière. Le classement général a été passé à la javel. Contador et Quintana ont encore plié les ailes. Fabio Aru reste au contact, à 18'', mais l'oisillon sarde y a laissé quelques plumes.
Pas tant dans la chicanerie qui l'opposa à Froome dans

L'étape marquée par l'ascension du mont du Chat s'est jouée à un boyau.

Barguil en pleurs après sa 2e place... Ce n'est que partie remise.

61,2 km/h
La vitesse moyenne de Romain Bardet dans la descente du mont du Chat. Le Français a même réalisé une pointe maximale à 86,8 km/h.

l'ascension du mont du Chat, quand il attaqua le Maillot Jaune au moment où ce dernier fut victime d'un ennui mécanique, au mépris de toutes les règles de bienséance – et c'est tant mieux. Non, c'est plus loin, sur le vélo, que Froome, entre-temps venu à son niveau lui remonter les bretelles, lui croqua le cerveau.
D'abord en mettant en branle sa moissonneuse-batteuse dans les deux derniers kilomètres du col pour rappeler qu'il restait le plus fort. Rigoberto Uran, Romain Bardet et Dan Martin faisaient du ski nautique dans sa roue. Aru, lui, craqua d'abord, avant de recoller dans la douleur avant le sommet.

Barguil en chiala
Dans la descente, quand Bardet se fit la malle, Froome mit la pression à ses compagnons et leur réclama de l'aide. Aru et son lieutenant, Jakob Fuglsang, auraient très bien pu envoyer bouler le Maillot Jaune, mais les deux Astana s'exécutèrent comme des garçons bien élevés. Aru, qui n'avait pas été loin de se faire péter les contours dans la montée, était sans doute trop content d'être encore là et, en quelques kilomètres, c'est comme si ses ambitions avaient été rongées par les événements : il ne courait plus avec l'idée de se payer Froome mais avec celle de préserver sa place sur le podium.

9ᵉ étape — TOUR DE FRANCE

Porte, la grosse frayeur

Il fallait voir le directeur sportif de BMC Fabio Baldato, le visage blême, sur le bord de la route, pour imaginer ce que l'image de la chute de Richie Porte dans la descente du mont du Chat avait pu provoquer comme frayeur au sein de l'équipe américaine. L'Italien était marqué par cet accident spectaculaire, avant d'être vite rassuré en constatant que son coureur était conscient. Ce qui était la première nouvelle qu'il voulait avoir : « *On a craint le pire, mais il a tout de suite réagi quand on lui a parlé. C'est terrible pour lui que tout s'envole ainsi ; il avait tellement préparé ce Tour de France. C'est une bien triste journée pour lui.* »

PHILIPPE LE GARS,
L'Équipe du 10 juillet 2017

Romain Bardet fut victime de ces manœuvres, repris à deux kilomètres de la ligne, mais le Français sortit la tête haute de cette journée foldingue qui envoya douze coureurs à la maison, dont Arnaud Démare et trois de ses équipiers, arrivés dix-neuf minutes au delà des délais.
Bardet a encore prouvé qu'il était un coureur total, qui n'eut pas peur d'envoyer ses lieutenants mettre le feu à la descente du col de la Biche, à plus de 110 km de Chambéry, avant de jouer sa carte dans le final. Le voilà sur le podium, à 51" de Froome, et il n'a pas à se cacher.
Le leader d'AG2R La Mondiale repensera peut-être au moment où il rejoignit Warren Barguil, à 11 km de l'arrivée, et le lâcha instantanément plutôt que d'essayer de sceller une alliance jusqu'à la ligne.
Mais rien ne dit que le Breton aurait eu le jus pour l'aider dans son entreprise. Barguil avait passé toute la journée à l'avant et, décrampé, il eut l'intelligence de se caler dans les roues du train royal du Maillot Jaune pour préparer son sprint. Qu'il crut remporter devant Rigoberto Uran. Après quelques minutes d'hésitation, la photo-finish donna un avantage d'un cheveu au Colombien. Barguil en chiala.

ALEXANDRE ROOS,
L'Équipe du 10 juillet 2017

CLASSEMENTS

9ᵉ étape, Nantua - Chambéry (181,5 km)

1	Uran (COL, CDT)	5 h 7' 22"
2	Barguil (FRA, SUN)	
3	Froome (GBR, SKY)	t. m. t.

Général

1	Froome (GBR, SKY)	
2	Aru (ITA, AST)	à 18"
3	Bardet (FRA, ALM)	à 51"

Le Tour est fini pour Richie Porte, mais sa vie est sauve.

TOUR DE FRANCE — 10e étape

Kittel tout puissant

Le peloton a repris la route après la journée de repos sans faire monter la tension d'entrée. Et à la fin, c'est Marcel Kittel qui gagne.

Longueur : 178 km. Échappés : Offredo et Gesbert, repris à 7 km. Vainqueur : Marcel Kittel. On pourrait s'arrêter là tant la 10e étape a été aride, disserter sur l'habitat troglodytique en Dordogne, avantages et inconvénients, ou la digestion de magret de canard sur la banquette arrière d'un véhicule climatisé, mais ce serait vache pour Marcel Kittel.

Yoann Offredo a poussé un petit coup de gueule sur le plateau de France 2 après l'étape, regrettant que ses camarades aient joué petits mollets mais, à écouter certains coureurs, un jour, c'est trop dur, le lendemain, c'est trop mou, et à vrai dire le peloton avait bien le droit de prolonger le roupillon de la journée de repos après la double torgnole qu'il a prise le week-end dernier dans le Jura. Et puis la toute-puissance de Marcel Kittel et de ses Quick-Step incite plutôt à baisser le glaive qu'à tenter de partir en guerre contre le cuirassé allemand.

Le Dolph Lundgren du sprint est donc allé cueillir son quatrième succès d'étape avec une pâquerette entre les dents, et le contraste avec sa victoire précédente faisait mal à la rétine. À Nuits-Saint-Georges, il y a cinq jours, Kittel avait battu Edvald Boasson Hagen de moins de six millimètres. À Bergerac, il y avait un train de marchandises d'écart avec le reste de la meute.

50e jour en jaune pour Froome

Depuis le départ du Tour, le plateau de sprinteurs a été nettoyé au white spirit, avec les départs de Mark Cavendish, Peter Sagan et Arnaud Démare, et ceux qui restent, les Greipel, Kristoff ou Degenkolb, donnent l'impression d'avancer comme des Trabi face à la locomotive Kittel. Quant à Nacer Bouhanni, le seul moment où il a dérangé l'Allemand, c'est à sept kilomètres de la ligne, quand il a échangé des poussettes avec son équipier Jack Bauer, ce qui lui valut une minute de pénalité au classement général – mais, étrangement, aucune sanction pour le Néo-Zélandais.

Dans le sprint, le Vosgien avait vite mis le clignotant, trop juste, et cela se voyait davantage maintenant qu'il n'a plus le paravent Démare pour occuper le public français. Marcel Kittel est donc parti pour une sacrée moisson et il pourrait effacer des tablettes celle de Mark Cavendish en 2009 (six victoires au sprint), d'autant qu'il lui reste sur le papier quatre opportunités.

À propos de statistiques, Christopher Froome a passé sa cinquantième journée en jaune dans le Tour de France, et a égalé Jacques Anquetil. S'il garde sa tunique jusqu'à Paris, il doublera Miguel Indurain.

ALEXANDRE ROOS,
L'Équipe du 12 juillet 2017

CLASSEMENTS

10e étape, Périgueux - Bergerac (178 km)

1	Kittel (ALL, QST)	1 h 1'
2	Degenkolb (ALL, TFS)	
3	Groenewegen (HOL, TLJ)	t. m. t.

Général

1	Froome (GBR, SKY)	
2	Aru (ITA, AST)	à 18''
3	Bardet (FRA, ALM)	à 51''

À Domme, en Dordogne, le peloton a à peine pris le temps de contempler la cité médiévale.

Froome a rejoint Anque[til]
Top 5 des jours en jaune

- Merckx — 96 jours
- Hinault — 75
- Indurain — 60
- Anquetil, Froome — 50

11ᵉ étape — **TOUR DE FRANCE**

Marcel Kittel court une roue au-dessus de ses adversaires dans le Tour de France 2017. Et de cinq pour l'Allemand !

Marcel les harcèle !

Sous des dehors de routine et une nouvelle victoire de Marcel Kittel, l'étape a fait des dégâts chez les favoris, notamment les Astana de Fabio Aru.

Dans ce long bâillement de plus de 200 kilomètres entre Eymet et Pau, où l'on frôla la luxation de la mâchoire, la bataille des Pyrénées s'est en fait déjà engagée, sans que les cow-boys du général n'aient besoin de sortir leur calibre. Alors que le peloton n'avait pas répondu à l'appel de Yoann Offredo, la veille, pour lancer la journée nationale de l'échappée et préférait jouer au tir à la corde avec les trois courageux du jour – Bodnar, Marcato, Backaert –, des secousses sont venues « croche-patter » des prétendants à la victoire, et c'est Fabio Aru qui semble avoir perdu ce round préliminaire.

Le grimpeur sarde, 2ᵉ du général, n'est pas allé au tapis, mais son équipe, Astana, a souffert. Une première gamelle au niveau du ravitaillement, à Labastide-d'Armagnac, à 100 kilomètres de la ligne, a en effet fait trébucher deux de ses lieutenants, Dario Cataldo et Jakob Fuglsang.

Leaders à terre

Le premier n'est jamais reparti, touché au poignet gauche, et c'est une perte pour Aru, dont la formation avait déjà du mal à tenir la comparaison avec la « Sky Force ». Le second est allé au bout de l'étape, mais son bras gauche était abîmé de deux petites fractures, au coude et au poignet. Le Danois, 5ᵉ du général, devrait tout de même prendre le départ à Pau, car l'échéance est trop importante, mais rien ne dit qu'il pourra escorter son leader bien longtemps, et la stratégie de l'équipe kazakhe, qui visait à prendre en tenaille Christopher Froome, a donc du plomb dans l'aile.

D'autres leaders partirent au sol. Alberto Contador, à deux reprises, qui pourrait donc avoir du mal à se lancer dans une opération résurrection dans ce Tour, mais surtout Romain Bardet, qui est tombé à une cinquantaine de bornes de l'arrivée. Le Français n'est pas sérieusement touché, mais il devra peut-être serrer les dents pour effacer le souvenir de cette chute.

Ah oui, à Pau, Marcel Kittel a encore écœuré la concurrence. Cinq victoires en onze étapes. Maciej Bodnar a eu beau offrir ses poumons lors d'un raid en solo dans le final pour tenter de contrecarrer les plans de l'Allemand, le geste de la journée a été signé d'Edvald Boasson Hagen. Le Norvégien a levé le bras en franchissant la ligne... en troisième position. Comme s'il avait gagné le sprint de sa catégorie. Trois étages en dessous de celle de Marcel Kittel.

ALEXANDRE ROOS, *L'Équipe* du 13 juillet 2017

CLASSEMENTS

11ᵉ étape, Eymet – Pau (203,5 km)

1	Kittel (ALL, QST)	4 h 34' 27''
2	Groenewegen (HOL, TLJ)	
3	Boasson Hagen (NOR, DDD)	t. m. t.

Général

1	Froome (GBR, SKY)	
2	Aru (ITA, AST)	à 18''
3	Bardet (FRA, ALM)	à 51''

MARCEL KITTEL CHASSE LES RECORDS

Nombre de victoires d'étape dans un même Tour de France (depuis la guerre, 1947).

Au sprint

1	Cavendish	6
2	**Kittel**	**5**
-	Maertens	5
4	Cipollini	4
-	Greipel	4

TOUR DE FRANCE — 12ᵉ étape

300 mètres qui changent tout

Chris Froome a perdu pied. L'appétit de ses rivaux est rouvert, à commencer par Aru, nouveau leader, et Bardet, le plus fort à la pédale et vainqueur.

Christopher Froome aura donc passé deux cent quatorze bornes à se faire tracter par les remorqueurs de la Sky pour finalement patiner sur le goudron frais de l'altiport de Peyragudes au moment du décollage. À trois cents mètres de la ligne, quand Fabio Aru lui vola la priorité dans l'ordre d'envol, le Britannique cala en effet au démarrage et les quelques hectomètres restants furent un supplice.

La rampe de lancement, avec ses passages à 16 %, ne collait certes pas vraiment à ses qualités, lui qui n'a jamais été un grand puncheur, mais tout de même, le Britannique a forcément pris un coup de machette dans la cervelle alors qu'il n'avait jamais laissé le Maillot Jaune dans le Tour au terme d'une étape de montagne.

Surtout, avant le départ, les questions sur sa forme grattouillaient autant qu'une poussée d'urticaire. Froome n'a toujours pas réussi à scier les cannes de ses rivaux dans une montée – il avait construit son avance à la faveur du chrono de Düsseldorf (6ᵉ) et d'une copie tactique sans ratures –, et il a même perdu du temps sur les deux arrivées au sommet de ce Tour, à la Planche des Belles Filles (3ᵉ derrière Aru et Dan Martin) et à Peyragudes. Alors est-il seulement en mesure de briser la mutinerie qui est en train de naître ?

Les Sky ont roulé comme des dragsters et, dans Balès puis Peyresourde, Froome avait encore autant de gardes du corps autour de lui que Donald Trump à son arrivée à Orly, mais il a été incapable de finir le boulot. La stratégie des « boys » de Dave Brailsford consistait-elle simplement à asphyxier le peloton et à annihiler les éventuelles attaques, comme à l'époque de Bradley Wiggins ? Froome avait-il programmé de tout dynamiter dans Peyresourde ? Mais a-t-il senti bien avant le tremplin de Peyragudes qu'il valait mieux rester à la niche ? Ou pis. Les Sky ont-ils roulé pleins gaz dans le final pour masquer des faiblesses connues de leur leader ?

Bardet de confiance

Quoi qu'il en soit, le plan a capoté et à voir Mikel Landa, le dernier « escort » de Froome qui le précéda même sur la ligne, gesticuler comme une abeille en manque de pollen à l'arrivée, un pan de la sérénité de la ruche Sky s'est envolé.

Jusqu'au pied du raidard de Peyragudes, les rivaux de Froome donnèrent l'impression de renoncer face à l'étau des Sky et de ne vouloir se disputer que la victoire d'étape, loin d'imaginer

Le mur de Peyragudes effrayait le peloton ? Romain Bardet n'en a fait qu'une bouchée et s'est rapproché du Maillot Jaune.

12ᵉ étape — **TOUR DE FRANCE**

Chris Froome en difficulté en montagne : une image trop rare pour ne pas marquer les esprits. Romain Bardet, lui, est déjà loin devant !

qu'ils pourraient autant raboter leur débours au général sur une rampe si courte. Fabio Aru est le nouveau leader du Tour et, comme à la Planche des Belles Filles, où il leva les bras, il voltigeait dans les Pyrénées, mais il doit désormais assumer ce nouveau statut, alors que son lieutenant, Jakob Fuglsang, est à la peine après sa chute d'il y a deux jours.

Romain Bardet, lui, a remporté une victoire d'étape de prestige mais, surtout, il a encore renforcé sa confiance de quelques couches de plomb. Jusque-là, on vantait la finesse tactique du Français, son goût du risque, ses qualités de descendeur. Il s'est imposé à la pédale, en force brute, le cerveau débranché au moment de déboîter Aru. Le grimpeur d'AG2R réduit chaque jour l'espace qui le sépare du Maillot Jaune – il est à 25" de l'Italien – et repousse ses limites. Il est dans le match pour remporter le Tour de France dans dix jours, ce qui donne toujours un peu le frisson, mais n'étonne plus personne.

ALEXANDRE ROOS,
L'Équipe du 14 juillet 2017

CLASSEMENTS

12ᵉ étape, Pau - Peyragudes (214,5 km)

1	Bardet (FRA, ALM)	5 h 49' 38"
2	Uran (COL, CDT)	à 2"
3	Aru (ITA, AST)	à 2"

Général

1	Aru (ITA, AST)	
2	Froome (GBR, SKY)	à 6"
3	Bardet (FRA, ALM)	à 25"

3

Romain Bardet a remporté au moins une étape dans trois Tours de France successifs.

Froome n'avait « plus les jambes »

Chris Froome a mis un costaud en grande difficulté hier, mais il y est parvenu après la ligne d'arrivée. Il n'avait cette fois plus besoin de passer par le podium et il a donc filé sur son vélo pour monter jusqu'au bus de Sky. Comme son garde du corps devait l'accompagner en courant, le malheureux a bien failli y laisser un poumon... À côté, Mikel Landa semblait beaucoup plus frais et tournait tranquillement les jambes pour récupérer sur les rouleaux, devant des supporters basques qui le félicitaient bruyamment. Landa, quatrième, était très fort.

Visage encore crispé, Froome est entré dans le bus Sky avec le Maillot Jaune et il en est ressorti avec la même tunique blanche que ses équipiers. Il n'est toutefois pas devenu un coureur lambda, car il a analysé son étape devant une foule de journalistes aimantés par son moment de faiblesse. *« C'était une journée difficile pour moi, surtout dans le final. Mes équipiers ont fait un travail formidable, mais je n'avais pas les jambes dans ce final vraiment dur. C'est aussi simple que ça »*, a-t-il reconnu.

ANTHONY CLÉMENT,
L'Équipe du 14 juillet 2017

TOUR DE FRANCE — 13ᵉ étape

Guerre de positions

La redoutable étape de Foix s'est muée en une bataille tactique que les Sky ont remportée. Warren Barguil n'a pas manqué l'opportunité de remporter le bouquet.

Ce devait être une étape de cancres en jeans troués, un chaos de cent kilomètres où tout le monde aurait oublié sa leçon, mais la bataille s'est finalement transformée en un bras de fer tactique. Les Sky, échaudés par la claque de jeudi à Peyragudes, où Chris Froome cala pour la première fois, envoyèrent Mikel Landa en éclaireur, dès les premières pentes du col de Latrape, la plus digeste des trois ascensions du jour.

Le mouvement s'enclencha à merveille et, dans les lacets du sauvage et sublime col d'Agnes, Landa trouva en Alberto Contador l'allié idoine, qui ne rechignerait pas à la tâche. Si bien que le Maillot Jaune du roi Aru vacilla un instant virtuellement, puisque l'écart avec les deux fuyards couvrait presque le débours de Landa au général (2'55").

Ce fut Chris Froome lui-même qui sabota l'opération. Le Britannique n'avait pas l'air bien à l'aise dans le raidard de Péguère, mais il alluma tout de même deux mèches dans le dernier kilomètre, plutôt que de laisser Aru, Bardet et consorts se fatiguer à la poursuite de Landa. Après tout, le triple vainqueur du Tour reste l'unique leader de sa formation et il n'avait pas à se soucier de son équipier à l'avant. Il préféra suturer son orgueil après le revers de jeudi et rappeler à ses rivaux qu'ils n'auraient pas sa peau avec un couteau à beurre. Et puis, en ne laissant pas trop de mou à Landa, Froome s'est épargné un remake de la guerre intestine qui l'opposa à Bradley Wiggins en 2012.

Barguil, méchant coureur!

Quoi qu'il en soit, on promettait l'enfer aux Sky vers Foix, et c'est eux qui ont repris la main. Parce que Landa s'est rapproché du podium, et que

Il faut compter sur Warren Barguil dans le Tour. Le Breton fait désormais le pois!

16

Warren Barguil est le 16ᵉ coureur français à s'imposer dans le Tour le jour de la fête nationale depuis l'après-guerre (1947).

cela fait un loup de plus à surveiller dans la bergerie, que Froome reste le leader virtuel du Tour en raison du chrono final à Marseille, et que les autres ont perdu une belle occasion de le faire plier. Fabio Aru et Romain Bardet sont face au même dilemme : moins bons rouleurs, ils doivent encore repousser le Britannique, les opportunités vont commencer à manquer et les différences de niveau entre les leaders sont si infimes qu'il faut s'y prendre au tractopelle pour creuser des écarts. Romain Bardet a tenté de sortir dans la descente finale, mais son équipe n'a pas pesé sur l'étape comme on l'escomptait, et c'est Warren Barguil qui a repris le flambeau de la vague bleue. Le grimpeur breton a beau avoir une bobine de gamin qu'on croirait crayonnée pour un album de Johan et Pirlouit, une voix d'enfant de chœur qu'on entendrait bien entonner un *Gloria in excelsis deo*, il est à vingt-cinq ans un méchant coureur. Qui a appris à se canaliser et qui est désormais capable de mater des roublards de la trempe de Contador, Quintana et Landa, comme dans le final tortueux de Foix.

ALEXANDRE ROOS,
L'Équipe du 15 juillet 2017

CLASSEMENTS

13ᵉ étape, Saint-Girons - Foix (101 km)

1	Barguil (FRA, SUN)	2 h 36' 29"
2	Quintana (COL, MOV)	
3	Contador (ESP, TFS)	t. m. t.

Général

1	Aru (ITA, AST)	
2	Froome (GBR, SKY)	à 6"
3	Bardet (FRA, ALM)	à 25"

Froome tricote

Chris Froome a volé la vedette aux puncheurs et à Michael Matthews, vainqueur à Rodez, en reprenant le Maillot Jaune à Fabio Aru.

Qui aurait cru que l'étape de Rodez et sa « côtelette » de Saint-Pierre, même pas six cents mètres mais presque 10 % de pente moyenne – qui allaient sacrer Michael Matthews roi des puncheurs –, feraient autant de dégâts que la grande étape des Pyrénées vers Peyragudes ? Chris Froome y a même repris davantage de temps (24") qu'il n'en avait perdu sur Fabio Aru il y a trois jours (20") et le revoilà déjà en jaune.

Les apothicaires en ont pris plein la tronche ces derniers jours dans les commentaires, et pourraient être tentés de lancer une *class action* pour défendre leur profession, mais, finalement, ce Tour ne se jouera-t-il pas sur un décompte de granules homéopathiques ? Le final de Rodez a remis en lumière un autre incontournable du Tour : on ne le gagne pas sans une équipe de costauds à ses côtés. Fabio Aru n'avait plus un équipier pour l'escorter vers le tremplin final, et au pied de la côte, la messe était dite.

L'Italien était bien trop loin pour pouvoir remonter, et le peloton était un tortillard qui se prenait pour un TGV et décrochait les wagons au fil de la pente. Certes, la perte du Maillot Jaune est sans doute un soulagement pour Aru, car les Astana sont incapables d'assumer le poids de la course, mais y voir une stratégie relève de l'absurde dans la mesure où, dans ce cas, le Sarde n'aurait pas voulu laisser tant de secondes dans la bataille. Il est plus probable qu'Aru ait manqué de jus dans une fin d'étape rendue rugueuse bien avant Rodez et payé ses efforts de la veille, dans l'étape de Foix, où il avait eu à anesthésier toutes les attaques de ses rivaux.

Une copie tactique parfaite

Forcément, le contraste avec les Sky désorbitait les yeux. Dans les derniers kilomètres, les boys de Froome prirent les opérations en main, renvoyèrent à leurs crayons BMC et Quick-Step, qui bossaient pour leur puncheur, et les grandes carcasses de Kiryienka et Kwiatkowski dressèrent un mur pour protéger leur leader du vent qui soufflait gentiment de côté.

Dans le raidard, les deux golgoths se rendirent compte que le millepatte géant était en train de perdre des éléments et exhortèrent Froome à vider son réservoir jusqu'à la ligne.

Encore une fois, le Britannique, 7e de l'étape, rendait une copie tactique parfaite. Froome va devoir tenter de conserver son Maillot Jaune sans être le plus fort, mais sur son expérience et sa stratégie. Un registre qu'il n'a jamais éprouvé puisque lors de ses trois sacres, il a toujours donné envie à ses concurrents, à un moment ou à un autre, de prendre leur retraite immédiatement.

ALEXANDRE ROOS, *L'Équipe* du 16 juillet 2017

Quand Chris Froome a un Maillot Jaune à reprendre, ses poursuivants sont à la peine...

CLASSEMENTS

14e étape, Blagnac - Rodez (181,5 km)

1	Matthews (AUS, SUN)	4 h 21' 56"
2	Van Avermaet (BEL, BMC)	m. t.
3	Boasson Hagen (NOR, DDD)	à 1"

Général

1	Froome (GBR, SKY)	
2	Aru (ITA, AST)	à 18"
3	Bardet (FRA, ALM)	à 23"

UN QUATUOR DANS UN MOUCHOIR

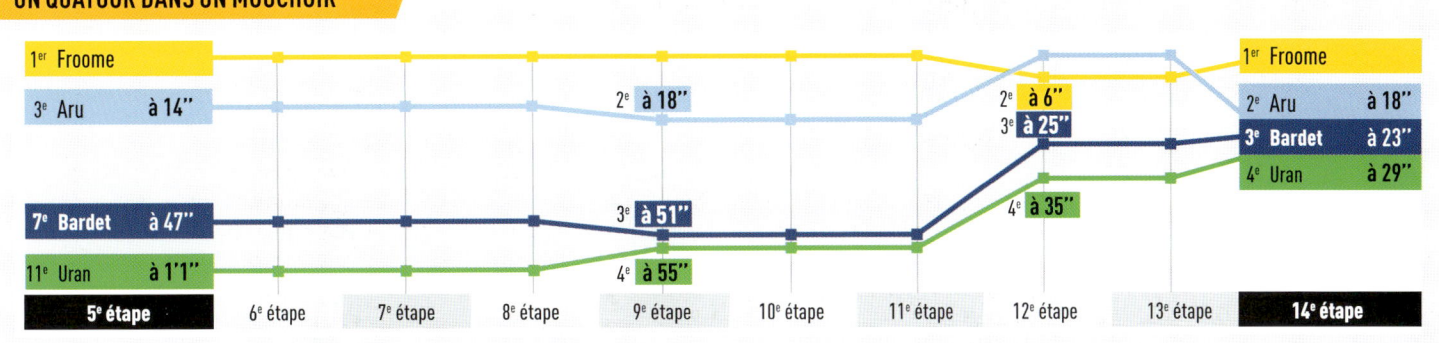

TOUR DE FRANCE — 15ᵉ étape

Pour sa septième participation au Tour de France, le Néerlandais Bauke Mollema remporte enfin son étape au terme d'un raid solitaire.

Coup de chance

Romain Bardet et les AG2R ont fait suer Chris Froome, qui a connu un incident mécanique. Mais son équipe a fait la différence pour tout neutraliser.

Il y a le frisson, chaud comme le soleil qui desséchait encore un peu plus les herbages des plateaux d'Aubrac et abricotait les joues de tous ces lève-tôt venus tracter de leurs encouragements le gars du coin – Romain Bardet – dans l'espoir qu'il renverse le Tour sur ses terres. Et il y a la réalité, froide comme une nouvelle technologie ou un capteur de puissance. Romain Bardet a appris que, s'il est tentant de trouver le réconfort dans le premier, comme contre une bouillotte un soir d'hiver, il n'y a que la seconde qui compte ; qu'il est facile de se laisser endormir par la chaleur du Tour, mais qu'il n'y a que le sang-froid qui permet de le gagner. Et Chris Froome a encore prouvé, au moment où il prit une cassure puis subit un incident mécanique, qu'il est un reptile en la matière. Comme dans l'étape de Chambéry, les AG2R étaient à la manœuvre et cela confirmait que Bardet se positionnait comme le général de l'opposition. Ce Tour serait un match entre les AG2R et les Sky, entre lui et Froome, et les autres prétendants, qui doivent naviguer sans un bataillon fiable à leurs côtés, tenteraient d'en tirer quelque bénéfice.

CLASSEMENTS

15ᵉ étape, Laissac-Sévérac L'Église - Le Puy-en-Velay (189,5 km)

1	Mollema (HOL, TFS)	4 h 41' 47''
2	Ulissi (ITA, UAD)	à 19''
3	Gallopin (FRA, LTS)	m. t.

Général

1	Froome (GBR, SKY)	
2	Aru (ITA, AST)	à 18''
3	Bardet (FRA, ALM)	à 23''

Injouable

Car ce type de petites secousses est tout ce qui leur reste face au bulldozer Sky, encore écœurant au moment des pépins du Maillot Jaune. L'écart avec le groupe des leaders augmenta pourtant jusqu'à cinquante secondes, mais les coureurs de l'équipe britannique « chenillèrent » tranquillement pour le combler. Il faut dire que le casting qui épaula Froome donne envie d'aller pleurer directement dans les jupons de sa mère. Un ancien champion du monde et vainqueur de classiques, Michal Kwiatkowski, se sacrifia et lui donna sa roue ; un ancien champion du monde du chrono, Vasil Kiryienka, et deux coureurs qui pourraient être leaders dans d'autres formations, Sergio Henao et Mikel Nieve, pétrolèrent pour le ramener et, pour finir, on fit se relever du groupe Bardet Mikel Landa, qui est sans doute aussi fort que tous les autres dans ce Tour et fut encore une fois rappelé à sa servitude, pour le dernier coup de reins.

Injouable, et il n'y aurait plus rien à faire dans les pourcentages les plus sévères de Peyra Taillade. Encore une grosse occasion de déstabiliser le Maillot Jaune envolée. Il n'y a que l'isolement qui pourra faire vaciller Chris Froome.

Dans leur grande mansuétude, les Sky n'avaient tout de même pas cédé à la gloutonnerie et avaient laissé partir une échappée, dans laquelle Warren Barguil s'était évidemment glissé. Cette fois, le Zébulon de ce Tour ne put revenir sur Bauke Mollema, qui résista en solo pendant vingt bornes et prouva donc qu'on peut sortir du Giro et tout de même avoir de bonnes jambes.

ALEXANDRE ROOS, *L'Équipe* du 17 juillet 2017

16e étape — TOUR DE FRANCE

Le vent se lève

Dans la vallée du Rhône, les Sky de Christopher Froome ont monté une bordure qui a piégé quelques adversaires. Le Tour se joue sur tous les terrains cette année !

CLASSEMENTS

16e étape, Le Puy-en-Velay – Romans-sur-Isère (165 km)

1	Matthews (AUS, SUN)	3 h 38' 15''
2	Boasson Hagen (NOR, DDD)	
3	Degenkolb (ALL, TFS)	t. m. t.

Général

1	Froome (GBR, SKY)	
2	Aru (ITA, AST)	à 18''
3	Bardet (FRA, ALM)	à 23''

61

En étant 61e au classement général, **Axel Domont** est le coureur le moins bien placé d'AG2R La Mondiale, la formation la plus homogène du Tour.

Les veilles d'étapes de montagne sont l'équivalent d'une pesée avant un championnat du monde de boxe. Les coureurs ne s'y échangent pas forcément des gnons (encore que…), mais ils font déjà fumer leurs naseaux et sentir leur souffle sur la nuque de leurs adversaires. Précisément ce qui s'est déroulé entre Le Puy-en-Velay et Romans-sur-Isère.

Après s'être cassé les pattes sur les petites routes de Haute-Loire et d'Ardèche, où les stratèges de Sunweb s'appliquèrent à dégommer Marcel Kittel pour offrir à Michael Matthews une deuxième victoire d'étape et un rapproché au maillot vert, le peloton plongea dans la vallée du Rhône, où le soleil mordait comme un crotale et le vent passait un baume apaisant sur les peaux rougies. Surtout, il faisait danser les arbres, soufflait de côté et se tenait prêt à tailler des haies dans la file de coureurs qui s'aventurait dans la cuvette rhodanienne.

C'est toujours la même chose avec les bordures, on sait qu'elles guettent, mais il n'y a jamais de place pour tout le monde dans l'entonnoir. Cette fois, ce sont les Sky de Christopher Froome qui prirent l'initiative de passer au chinois leurs adversaires, à une quinzaine de bornes de l'arrivée, et un Quick-Step, Dan Martin, en fut la principale victime. Le monde à l'envers tant l'équipe flamande est traditionnellement experte quand il s'agit de climatiser le peloton. L'Irlandais se démena avec son allure de Gavroche, un laborieux qui se bat chaque jour avec une certaine idée du panache pour aller arracher quelques secondes, mais cette fois, il fut rappelé à sa condition, perdit plus de cinquante secondes sur la ligne, ainsi que sa place dans le top 5.

Bardet sauvé par son flahute

Dans la bordure, les grimpeurs les plus légers se faisaient bouger comme des mouches dans le brassage d'un réacteur de Boeing, et Louis Meintjes, 8e du général, s'y brûla les ailes. Romain Bardet, lui, a bien failli laisser quelques plumes dans la mêlée, et il prit un gros coup de chaud à la cafetière quand il vit l'élastique lâcher devant lui au moment de l'accélération des Sky. Mais Oliver Naesen traînait par là, mit son leader sur son porte-bagages et le ramena avec les costauds. Comme quoi, il faut toujours un bon Flahute avec soi quand le vent souffle comme sur les côtes d'Ostende. Naesen venait tout simplement de sauver la place de Bardet sur le podium du Tour de France.

Reste donc à tenter de lire les intentions de Sky dans ce mouvement. Tout avait été planifié par les Britanniques, et l'on peut y voir le désir de pratiquer un cyclisme total, de porter le corps-à-corps sur tous les terrains, dans la mesure où ce Tour s'est jusque-là joué partout, et pas seulement en montagne.

ALEXANDRE ROOS, *L'Équipe* du 19 juillet 2017

Le coup (de bordure) est parti tout seul et beaucoup se sont retrouvés sans munitions.

TOUR DE FRANCE — 17e étape

État d'urgence

La première étape des Alpes n'a rien bouleversé, mais Romain Bardet s'est fait doubler par Rigoberto Uran et Chris Froome n'a pas cillé.

On pensait que le Galibier serait le théâtre idéal pour le vernissage des nouvelles ambitions des rivaux de Christopher Froome, qu'il serait un laboratoire de cerveaux en fusion capables d'échafauder des plans si machiavéliques qu'ils pourraient postuler au concours Lépine. Mais, non, sa Majesté des Alpes n'aura exposé qu'un tableau déjà connu et confirmé les mêmes tendances observées depuis le départ de Düsseldorf. À savoir que les ascensions ne sont pas le terrain le plus propice pour creuser les écarts dans ce Tour, que l'écrémage au général se fait par l'arrière, à coups de seconde et au prix des défaillances ou des pépins des uns et des autres, et que tout ce petit monde se tient dans un périmètre de cabine téléphonique.

Romain Bardet n'a ainsi pas dévié de la philosophie qui l'anime depuis bientôt trois semaines. Dès qu'il en a l'occasion, le grimpeur d'AG2R sort les couteaux. Ce fut le cas dans les derniers kilomètres de l'ascension du Galibier, où il planta deux lames bien tranchantes. Mais la longue descente vers Serre-Chevalier devait le desservir, et, surtout, il avait deux gardes du corps qui le collaient comme deux mouches excitées par un morceau de sucre. L'une jaune, Christopher Froome, l'autre verte, Rigoberto Uran.

Aru à la rue

Le leader de Sky ne laissa pas un centimètre au Français et, vissé sur sa selle, il aurait pu monter des œufs en neige en dix secondes avec le battement de ses jambes tellement il moulinait vite. Le Maillot Jaune avait décidé de poser une compresse d'éther sur tous les mouvements pour anesthésier ses adversaires, et c'est légitime dans sa position. Bardet fut en revanche contrarié par le comportement d'Uran, qui refusa de l'aider à harceler Froome, à moins qu'il n'en ait tout simplement pas eu les moyens. Le Colombien resta planqué dans les roues, et le seul moment où il accéléra, ce fut pour aller cueillir les bonifi-

CLASSEMENTS

17e étape, La Mure - Serre-Chevalier (183 km)

1	Roglic (SLV, TLJ)	5h 7'41''
2	Uran (COL, CDT)	à 1'13''
3	Froome (GBR, SKY)	à 1'13''

Général

1	Froome (GBR, SKY)	
2	Uran (COL, CDT)	à 27''
3	Bardet (FRA, ALM)	à 27''

En descente, Chris Froome donne le ton pour ne pas se laisser surprendre par Romain Bardet et Rigoberto Uran.

cations de la deuxième place à Serre-Chevalier, derrière Primoz Roglic. Rescapé de l'échappée dans laquelle Alberto Contador signa sans doute son chant du cygne dans le Tour, le Slovène, ancien sauteur à skis, décolla dans le Galibier pour atterrir en position télémark à Serre-Chevalier, après avoir avalé la descente grâce à ses qualités de rouleur. Quand Romain Bardet courait pour gagner le Tour de France, Rigoberto Uran, lui, se battait donc pour la deuxième place, ce qui est la meilleure façon d'inviter Froome à préparer son discours de victoire sur les Champs-Élysées.

Dans l'opération du Galibier, Romain Bardet n'a pas tout perdu, puisque ses attaques éjectèrent Fabio Aru du peloton. L'Italien se déhanchait comme une danseuse du Moulin rouge sur son vélo, qui semblait peser trente kilos, pour tenter de revenir, mais il perdit autant dans la montée que dans la descente du Galibier, et il paraît désormais râpé par les trois semaines de course.

ALEXANDRE ROOS, *L'Équipe* du 20 juillet 2017

58 Le nombre de fois que le Galibier a été escaladé par le Tour depuis **1911**, année de sa première ascension. C'est le col le plus souvent franchi par le peloton de la Grande Boucle.

Thibaut Pinot à la peine en montagne. Une image inhabituelle.

Pinot paie la note

En bon supporter du Paris-SG, Thibaut Pinot aurait sûrement puisé un peu plus de motivation dans la pluie de sifflets que le Stade-Vélodrome s'apprêtait à faire tomber à l'annonce de son nom, lors du chrono final (il avait provoqué les Marseillais en lâchant sur Eurosport que, grâce au Tour, l'enceinte serait enfin pleine...). Mais « son corps l'a lâché », explique Julien, son frère et entraîneur. Fiévreux, le grimpeur de la FDJ, 52e au général, à plus d'une heure et demie de Froome, a dévissé dès les premières rampes de la Croix de Fer au côté de Marcel Kittel. Un étrange compagnon de galère pour le Franc-Comtois qui, d'habitude, ne voit l'Allemand qu'au podium signature. Quelques kilomètres plus loin, il a quitté le Tour par la porte de derrière.

Venu pour décrocher une victoire d'étape, voire le maillot à pois, Thibaut Pinot repart le moral et le corps en miettes. « *J'ai honte*, disait-il. *Il y a un mois, je jouais avec les meilleurs et pour un podium au Giro, et là, je me bats vraiment pour ne pas entrer dans le gruppetto.* » Le quatrième du dernier Giro n'a jamais été en mesure de se confronter aux meilleurs. « *C'est certain, il n'y aura plus deux grands Tours à la suite* », conclut Thibaut Pinot.

GILLES SIMON, *L'Équipe* du 20 juillet 2017

TOUR DE FRANCE | 18ᵉ étape

Warren Barguil vient d'écrire une page de l'histoire du Tour de France : il restera à jamais le premier vainqueur au sommet de l'Izoard.

Les grandes espérances

Romain Bardet ne gagnera pas le Tour cette année, l'Izoard n'a pas suffi, mais il a fait jeu égal avec Chris Froome. Et Warren Barguil a enlevé sa deuxième étape.

Il n'a pas pu s'en empêcher, le Zébulon du Tour, son ressort le démangeait trop, et il déteste rouiller dans les roues de ses adversaires. Alors, à six kilomètres du sommet de l'Izoard, Warren Barguil est parti rebondir à l'avant. La puce à pois rouges faucha ce qui restait de l'échappée et alla croquer Darwin Atapuma, surcuit comme un agneau de sept heures. Un petit frisson passa dans le dos du Breton quand le bras de fer s'engagea derrière dans le groupe des favoris, mais Barguil parvint à planter son drapeau en haut de l'Izoard, à 2 360 mètres d'altitude. Il avait déjà sécurisé son maillot à pois de meilleur grimpeur du Tour en cours d'étape, après le passage du col de Vars, mais il avait encore les crocs. Deuxième victoire d'étape dans cette édition après son succès à Foix. Et une reconquête qu'il n'aurait imaginée il y a deux mois, quand il soignait un trait de fissure au bassin, ou même en début de Tour, dans la Planche des Belles Filles, quand il ne pouvait exister qu'en faisant coucou à la caméra au moment où il était largué.

Depuis, Warren Barguil a enchaîné les symboles comme on prépare une visite présidentielle pour tisser une relation aussi solide qu'une cotte de mailles avec le public français : vainqueur d'étape un 14 juillet et porteur d'une tunique qui le propulse directement dans la catégorie chouchou.

18e étape — TOUR DE FRANCE

Barguil, la classe d'un obstiné

CLASSEMENTS

18e étape, Briançon – Izoard (179,5 km)

1	Barguil (FRA, SUN)	4 h 40'33"
2	Atapuma (COL, UAD)	à 20"
3	Bardet (FRA, ALM)	à 20"

Général

1	Froome (GBR, SKY)	
2	Bardet (FRA, ALM)	à 23"
3	Uran (COL, CDT)	à 29"

Il faut juste faire un petit retour en arrière pour comprendre que Warren Barguil est un coureur hors du commun, aller du côté de Grenade pour une étape anodine de la Vuelta, son premier grand Tour en 2013. À la veille de la première journée de repos, le débutant breton (21 ans à l'époque) est râpé total, victime d'une énorme chute. Il peut à peine tenir debout. Pour son staff, pas la peine d'aller plus loin. Vingt-quatre heures plus tard, du côté de Saragosse, après être passé aux soins, il s'en va faire une sortie d'entraînement avec ses coéquipiers. « Ce n'est pas la peine de dire à un Breton, aussi jeune soit-il, qu'il est préférable de se reposer », souriait à l'époque, son directeur sportif Christian Guiberteau. Ensuite, le Morbihannais ne s'est pas vu trop grand, il s'est juste senti un peu incompris. Il sait qu'il a vécu une saison 2015 difficile avec un premier Tour de France dans la souffrance au terme duquel il avouera avoir disputé l'épreuve avec une fracture au niveau d'un genou. Dur au mal. Et puis arrive le 23 janvier 2016, cet accident sur les routes d'entraînement du côté de Calpe (Espagne) avec ses coéquipiers qui l'a traumatisé. Il s'en tire avec une fracture du scaphoïde droit mais pense toujours qu'il est miraculé. Aujourd'hui, Warren Barguil est toujours le même mais plus tout à fait pareil. Vainqueur de deux étapes, maillot à pois, le coureur de Sunweb est la révélation de ce Tour.

MANUEL MARTINEZ, *L'Équipe* du 21 juillet 2017

Froome pas le plus fort ?

La ferveur autour de Barguil ne peut en revanche faire d'ombre à ce qu'est en train de réaliser Romain Bardet. Le grimpeur d'AG2R La Mondiale s'est encore dépouillé pour attaquer Chris Froome, à trois kilomètres du sommet, et prendre quatre secondes de bonifications sur la ligne ainsi que la deuxième place du général à Rigoberto Uran. On pourrait chipoter sur la stratégie de son équipe, qui embraya avant l'Izoard, sans causer de dégâts dans la maison Sky, et ne fut pas en mesure de faire décoller son leader, mais après tout qu'est-ce que cela aurait changé ? Bardet n'avait pas les cannes pour décramponner le Maillot Jaune. Point barre. Le rêve de remporter le Tour s'est sans doute envolé dans la dernière étape de montagne, mais Bardet est toujours en lice pour monter pour la deuxième année de suite sur le podium à Paris, ce qu'aucun Français n'a réalisé depuis vingt ans.

Chris Froome, lui, a bien tenté de se dégourdir les pattes dans l'Izoard, mais une fois encore, il ne fut pas assez tranchant pour creuser l'écart. À trois jours de l'arrivée sur les Champs-Élysées, le leader des Sky est en passe de relever le défi le plus compliqué de sa carrière : remporter le Tour de France sans avoir gagné la moindre étape de montagne et sans être forcément le plus fort. Avant le départ de Düsseldorf, Froome se plaignait du faible kilométrage contre la montre du parcours, mais, ironie de l'histoire, c'est sur ces deux « petits » chronos qu'il devrait bâtir son quatrième sacre dans le Tour.

ALEXANDRE ROOS, *L'Équipe* du 21 juillet 2017

5 Le nombre de victoires d'étape françaises dans ce Tour 2017 (Démare, Calmejane, Bardet et Barguil [x 2]). Il faut remonter à l'année 2012 pour voir les Français à pareille fête.

Mikel Landa escorte Chris Froome, Rigoberto Uran et Romain Bardet dans la montée de l'Izoard.

TOUR DE FRANCE — 19e étape

Une si longue attente

Edvald Boasson Hagen a renoué avec le succès dans le Tour, après des années à contre-emploi à tenir un rôle d'équipier chez Sky.

Forcément, Edvald Boasson Hagen (30 ans) attendait ça depuis belle lurette. Car lorsqu'on a déjà remporté des étapes dans le Tour, comme ce fut le cas pour lui en 2011 à Lisieux puis à Pinerolo, en Italie, sous les couleurs de l'équipe Sky, on espère forcément que l'histoire se répétera. Depuis six ans, le Norvégien, multiple champion de son pays sur route et contre la montre, a poursuivi sa moisson de bouquets, mais plus jamais sur le Tour. Jusqu'à Salon-de-Provence, où il s'est imposé en solitaire, après avoir parfaitement manœuvré en abordant du bon côté un rond-point dans le final pour surprendre les derniers coureurs de l'échappée initiale.

« *J'avais étudié le final de l'étape,* se régalait-il à expliquer. *Sur ce rond-point, je savais que je devais passer par la droite car c'était le chemin le plus court.* » Le Norvégien de Dimension Data n'a pas volé sa victoire. En fait, depuis le départ de Düsseldorf, il a tourné autour à plusieurs reprises, comme à Rodez et à Pau (à chaque fois 3e), à Romans-sur-Isère (2e), mais surtout à Nuits-Saint-Georges à l'arrivée de la 7e étape, où seule la photo-finish l'avait privé de la victoire aux dépens de Marcel Kittel. « *C'est vraiment fantastique ce qui m'arrive,* disait le coureur de Lillehammer. *Il y a tellement longtemps que j'attendais une nouvelle victoire sur le Tour.* »

À ses débuts pros au sein de la formation Team Columbia, certains n'hésitaient pas à dire que le Norvégien était un phénomène, né pour gagner. Il savait à peu près tout faire et bien le faire. En 2010, les recruteurs de l'équipe Sky repéraient la pépite des fjords et l'enrôlaient. L'affaire était fructueuse puisqu'il s'imposait à deux reprises dans le Tour l'année suivante, mais ses espoirs de devenir un jour un leader de la formation britannique s'arrêtaient là. « *Je ne regrette pas ce passage chez Sky, même si la situation pour moi a été bouchée un moment.* »

Des bouts droits pour Wiggins

Pendant quatre ans, Boasson Hagen s'est contenté de tirer des bouts droits pour Bradley Wiggins et Chris Froome, sombrant dans un rôle d'équipier pas en adéquation avec son talent. Le coureur norvégien a fini par se lasser de ce statut mal ajusté à sa pointure. L'arrivée des Sud-Africains de MTN-Qhubeka (devenu Dimension Data) dans le peloton en 2015 lui a offert une issue, il n'a pas hésité...

Malheureusement, une mauvaise chute lors de Gand-Wevelgem 2015 allait perturber sa première saison sous ses nouvelles couleurs. Mais il saura rebondir l'année suivante, en 2016, avec une 5e place à Paris-Roubaix et une victoire d'étape au Dauphiné. Depuis le départ de la Grande Boucle 2017, depuis l'abandon de Mark Cavendish, Boasson Hagen a repris goût à la course, au Tour, où il voulait tant gagner à nouveau.

MANUEL MARTINEZ, *L'Équipe* du 22 juillet 2017

CLASSEMENTS

19e étape, Embrun - Salon-de-Provence (222,5 km)

1	Boasson Hagen (NOR, DDD)	5 h 6' 9''
2	Arndt (ALL, SUN)	à 5''
3	Keukeleire (BEL, ORS)	à 17''

Général

1	Froome (GBR, SKY)	
2	Bardet (FRA, ALM)	à 23''
3	Uran (COL, CDT)	à 29''

Souvent placé, rarement gagnant, Edvald Boasson Hagen n'avait plus levé les bras dans le Tour de France depuis 2011.

20e étape — TOUR DE FRANCE

Pour Romain Bardet, la montée vers Notre-Dame-de-la-Garde ressemblait à un chemin de croix.

La grande frayeur

Romain Bardet a connu sa pire journée dans le Tour, mais a sauvé sa place sur le podium, sur la plus haute marche duquel Chris Froome montera pour la 4e fois.

Il faudra rendre hommage à l'esprit tordu qui décréta un jour que la frontière entre la troisième et la quatrième place marquait celle entre les vainqueurs et les perdants, entre les sourires et les pleurs, car c'est ce qui maintint le suspense jusqu'au bout et poussa Romain Bardet à se faire péter les contours dans le dernier zigzag avant d'entrer dans le Stade Vélodrome. Ce Tour de France aura été une longue dissertation sur l'infiniment petit, mais, à Marseille, il fallut encore ajuster le microscope. Si les six secondes que Bardet avait à défendre au départ du chrono sur Rigoberto Uran appartenaient au monde des Lilliputiens, la seconde que le Français parvint à maintenir sur Mikel Landa relevait de la microbactérie après trois semaines de course.

Elle lui permit de rester sur le podium du Tour, plus qu'une consolation après avoir connu sa pire journée sur le vélo depuis le départ de Düsseldorf. Car, au bout de quelques kilomètres, il n'y avait cette fois pas besoin d'une loupe pour comprendre que Bardet ne ferait pas le match avec Uran pour la deuxième place, et encore moins avec Chris Froome. Le grimpeur d'AG2R La Mondiale se fit bouger dès le départ par le vent le long du port, et la côte vers Notre-Dame-de-la-Garde allait lui briser les cannes. Bardet se bagarrait avec son vélo, en danseuse presque tout le long de la montée, quand le Maillot Jaune fonçait derrière lui comme un aéroglisseur dans la pente, assis sur sa selle et en appui sur ses prolongateurs. Il n'aurait pas fallu cinq cents mètres de plus pour que la mante religieuse britannique croque le criquet français.

Froome intraitable

À l'arrivée, Romain Bardet avait les amygdales qui pataugeaient dans la déception, ce qui prouve bien quel type de coureur il est devenu et le genre d'attentes qu'il a suscitées. Il était là pour remporter le Tour de France, rien d'autre, mais la contre-performance de Marseille ne peut effacer les trois semaines qui l'ont précédée. Surtout, l'Auvergnat confirme une montée en puissance linéaire dans le Tour, depuis qu'il l'a découvert en 2013 (15e du classement général final), et s'installe sur la durée dans le paysage. Il devra en revanche trouver des solutions pour gommer ses lacunes en chrono, car elles continueront de freiner ses ambitions, et le parcours ne comprendra pas chaque année un si faible kilométrage contre la montre (36,5 km cette année).

C'est exactement le problème inverse pour Chris Froome. Le leader de Sky, intraitable parmi les favoris à Düsseldorf et Marseille, a utilisé le levier des chronos pour bâtir son quatrième sacre dans le Tour de France, sans victoire d'étape cette fois, puisqu'il fut battu hier par Maciej Bodnar, qui s'est consolé d'avoir été repris à quelques hectomètres de la ligne, l'autre jour, à Pau.

ALEXANDRE ROOS, *L'Équipe* du 23 juillet 2017

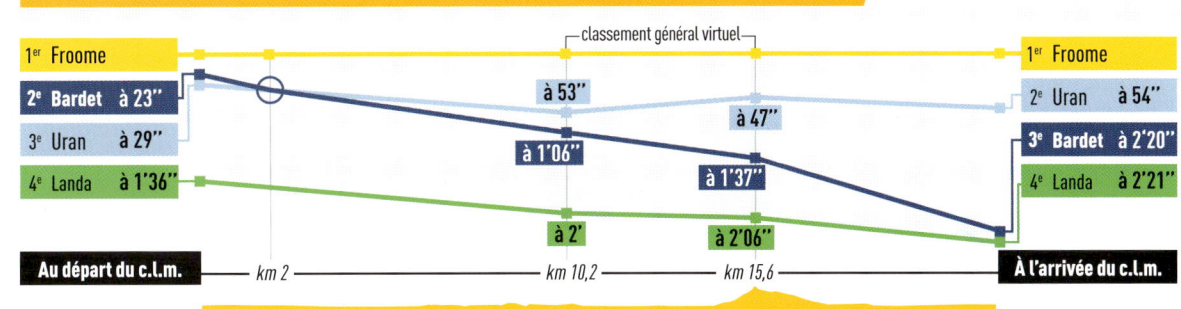

CLASSEMENTS

20e étape, Marseille - Marseille (c.l.m. ind., 22,5 km)

1	Bodnar (POL, BOH)	28'15"
2	Kwiatkowski (POL, SKY)	à 1"
3	Froome (GBR, SKY)	à 6"

Général

1	Froome (GBR, SKY)	
2	Uran (COL, CDT)	à 54'
3	Bardet (FRA, ALM)	à 2'20"

ÉVOLUTION DU CLASSEMENT GÉNÉRAL AU FIL DU CONTRE-LA-MONTRE DE MARSEILLE

— classement général virtuel —

Au départ du c.l.m. :
- 1er Froome
- 2e Bardet à 23"
- 3e Uran à 29"
- 4e Landa à 1'36"

km 2 :
- Bardet à 53"
- Uran à 1'06"
- Landa à 2'

km 10,2 :
- Bardet à 47"
- Uran à 1'37"
- Landa à 2'06"

À l'arrivée du c.l.m. :
- 1er Froome
- 2e Uran à 54"
- 3e Bardet à 2'20"
- 4e Landa à 2'21"

TOUR DE FRANCE — 21e et dernière étape

Le maître du temps

Alors que Dylan Groenewegen enlevait le sprint sur les Champs-Élysées, Chris Froome remportait son 4e Tour.

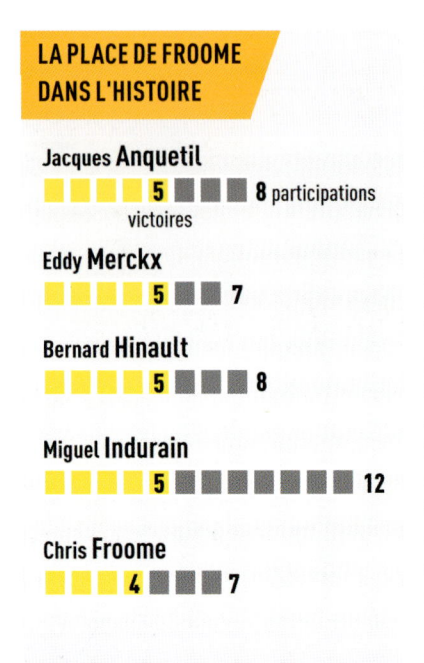

LA PLACE DE FROOME DANS L'HISTOIRE

Jacques Anquetil
5 victoires — 8 participations

Eddy Merckx
5 — 7

Bernard Hinault
5 — 8

Miguel Indurain
5 — 12

Chris Froome
4 — 7

On aura toujours le cœur dans une boîte d'allumettes au moment d'entendre Christopher Froome s'appliquer à lâcher quelques mots en français au pied du podium des Champs-Élysées. Parce que cela signifie qu'il faut refermer la malle à jouets du Tour de France, y faire tenir tout ce carnaval et y ranger les images de l'acrobate Sagan qui déchausse en plein sprint, des visages de grands-pères des coureurs pris dans la chute vers Liège, ou de l'acrobate bis Richie Porte qui exécute une quadruple boucle piquée au-dessus de la chaussée du mont du Chat. Mais aussi parce qu'après chacun de ses succès le Britannique lance des hameçons pour tenter d'aimanter les passions, et il continue de mouliner dans le vide en retour. C'est le mystère Froome, quadruple vainqueur du Tour, poli comme une lady distinguée, qui trouve même des circonstances atténuantes à ceux qui le sifflent, mais dont le feu ne prend jamais.

Il n'empêche, si Chris Froome règne sur la plus grande course cycliste du monde, ce n'est pas pour rien et, au fil des années, il montre que sa caboche de moineau déplumé compte autant que les pales d'hélicoptère qui lui servent de guiboles. Le dynamiteur des premiers sacres (2013 et 2015) a laissé place au joueur de poker, capable de bluffer son monde, comme cette année dans Peyresourde, où il masqua son état à ses rivaux alors qu'il était en train de se faire exploser la cafetière. Et puis il est devenu l'Harpagon du peloton. Quand il place une trentaine de secondes dans son coffre-fort, comme après le chrono de Düsseldorf, il faudrait ressusciter Albert Spaggiari pour les lui reprendre.

Mater les jeunots

Reste à savoir si Froome, 32 ans, va commencer à être ébranlé par les secousses et pourra continuer à mater le clan des jeunots. Ces derniers ont eux aussi quelques interrogations à lever. Nairo Quintana, longtemps dauphin officiel de Froome, perd son temps dans les querelles internes de son équipe Movistar et le choix de doubler Giro et Tour aura été un fiasco. Romain Bardet, lui, sait désormais dans quelle cour il joue, tout là-haut, mais il va lui falloir trouver des solutions pour sortir de son impasse contre la montre. Il restera ensuite à voir quel type de pagaille Tom Dumoulin, vainqueur du Giro, peut mettre sur le Tour de France. Et si la réduction des équipes à huit coureurs à partir de l'an prochain pourra briser le bulldozer Sky. Mais pour cela, il faudra attendre un an et rouvrir la boîte à jouets.

ALEXANDRE ROOS, *L'Équipe* du 24 juillet 2017

Le peloton du Tour de France passe sous la verrière du Grand Palais, futur site olympique de Paris 2024, sans vraiment prendre le temps d'en admirer l'architecture…

21ᵉ et dernière étape — **TOUR DE FRANCE 2017**

Ce n'est pas l'école des fans, mais presque. Sur le podium des Champs-Élysées, tout le monde est ravi, de Chris Froome (c.) à Rigoberto Uran (g.) et Romain Bardet (d.).

Chris Froome :
« Dans Peyresourde, j'aurais pu perdre le Tour »

CLASSEMENTS

21ᵉ et dernière étape, Montgeron - Paris Champs-Élysées (103 km)

1	Groenewegen (HOL, TLJ)	2 h 25' 39''
2	Greipel (ALL, LTS)	à 0''
3	Boasson Hagen (NOR, DDD)	à 0''

Tour de France (3 540 km) Final

1	Froome (GBR, SKY)	86 h 20' 55''
2	Uran (COL, CDT)	à 54''
3	Bardet (FRA, ALM)	à 2' 20''

« Vous avez remporté ce Tour d'une manière différente des trois premiers, en étant plus défensif. L'aviez-vous anticipé ?

Chris Froome : Oui, on s'attendait à une course serrée cette année, à cause du parcours. J'ai dû adapter ma façon de courir en fonction de mes rivaux, pour trouver la meilleure façon de les battre.

Auriez-vous pu tout perdre dans la 12ᵉ étape, à Peyragudes ?

Oui, si deux ou trois de mes rivaux m'avaient attaqué dans Peyresourde, j'aurais perdu beaucoup plus que vingt secondes, ç'aurait pu être une minute ou plus, et j'aurais pu perdre le Tour. S'ils m'attaquaient là, je savais que je n'aurais pas pu suivre. Je demandais déjà à mes équipiers de ralentir un peu, pour me rendre les choses plus faciles. Après, je savais que dans Peyragudes, on ne pourrait plus freiner les attaques de tout le monde. Je m'en suis bien sorti, j'ai réussi à cacher ma défaillance jusqu'à la dernière montée.

Diriez-vous que vous avez été le plus fort dans ce Tour ou le plus intelligent ?

Je dirais que j'ai été le plus constant. J'ai eu une mauvaise journée, mais en dehors de ça, j'ai été régulier, et c'est la clef sur une course de trois semaines.

Vous n'avez pas réussi à créer d'écarts en montagne, comment l'expliquez-vous ?

Je crois que le parcours, avec peu d'arrivées au sommet et plusieurs arrivées en descente, nous a rendus tous beaucoup plus méfiants. Avec si peu d'opportunités, si tu te trompais de stratégie, que tu attaquais trop tôt, tu payais plein pot parce que tout était tellement resserré entre nous. Je crois que tout le monde avait peur de vraiment puiser dans ses réserves pour creuser des différences, et c'est en grande partie à cause du parcours.

Propos recueillis par ALEXANDRE ROOS,
L'Équipe du 24 juillet 2017

TOUR DE FRANCE — Les adieux de Thomas Voeckler

Un dernier pour la route

Thomas Voeckler a mis un terme à sa carrière à trente-huit ans, à l'issue de son quinzième Tour de France. Il a confié ses impressions à *L'Équipe*…

Comme un pape à l'hôtel. « Je soupçonne les assistants de me mettre de côté la meilleure chambre tous les soirs à l'hôtel. Cette année, j'avais juste demandé à être seul pour ne pas déranger un collègue avec toutes les sollicitations que je ne manquerais pas d'avoir pour mon dernier Tour. Mais de là à avoir les chambres les plus confortables… Je crois que même Jean-René *(Bernaudeau)* n'est pas aussi bien logé que moi. »

Les chaussettes de Lilian. « J'avais promis à Lilian *(Calmejane)* que s'il prenait le maillot blanc ou le maillot à pois, je lui offrirais une paire de chaussettes blanches de ma réserve personnelle. J'avais négocié l'an passé de pouvoir utiliser des blanches à la place de celles aux couleurs de l'équipe, noir et jaune. Le blanc est davantage dans la culture cycliste. Je sais que Lilian est aussi très attaché à ces détails. Il a parfaitement rempli sa mission *(maillot à pois une journée après la 8ᵉ étape)*, je lui ai donc offert une paire de chaussettes comme promis. Le sponsor a bien compris le symbole. »

Les mots de Jean-René. « Je me suis souvenu d'un échange avec Jean-René avant le Tour. Il parlait d'une étape qu'il aurait pu gagner à l'Alpe-d'Huez s'il n'avait pas eu un problème de braquet. Il me disait que finalement ça n'avait rien changé à sa vie, à partir du moment où il s'est senti heureux après sa carrière. Moi aussi, j'ai eu ma part avec quatre victoires d'étape plus le Maillot Jaune. Je ne venais pas à ce Tour pour gagner absolument. Je suis surtout heureux d'avoir pu tenir la route physiquement. Je ne voulais pas faire le Tour de trop. »

La frayeur dans Péguère. « J'ai toujours dit que le Tour de France n'est pas si dur à courir, que tous les coureurs peuvent le finir sauf maladie ou chute. Dans la descente du mur de Péguère, lors de la 13ᵉ étape, j'ai bien cru que mon Tour allait s'arrêter là. On était à quelques-uns dans un petit groupe juste devant le gruppetto, à 75 km/h, quand le boyau de ma roue avant a explosé. J'ai hésité une fraction de seconde à me coucher ou à virer sur le bas-côté en herbe pour retrouver de l'adhérence avec le risque de basculer dans le ravin. Je m'entends encore me dire : *"Voilà, ton Tour de France ne va pas s'achever sur les Champs-Élysées, mais dans cette descente."* C'est passé

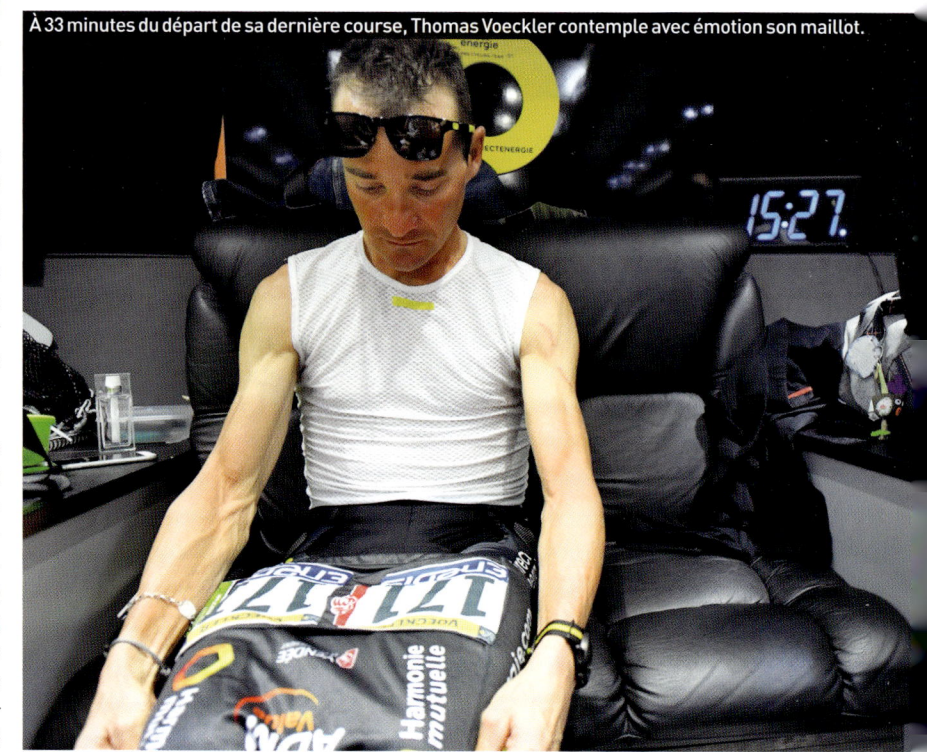

Épaules basses et langue tirée en plein effort, Thomas Voeckler fidèle à lui-même jusqu'à la fin.

À 33 minutes du départ de sa dernière course, Thomas Voeckler contemple avec émotion son maillot.

Les adieux de Thomas Voeckler — **TOUR DE FRANCE**

Voeckler superstar : sur le bord de la route, tout le monde aime Thomas, même le sosie (non officiel et en retard d'une équipe) de Peter Sagan.

inaperçu, il n'y avait aucune caméra. Seuls Roche et Kiryienka, qui étaient avec moi, ont assisté à la scène. Kiryienka, avec qui je n'échange pas beaucoup habituellement, est venu me voir le lendemain pour me dire à quel point lui aussi avait eu peur… »

L'hommage de Contador. « À trois jours de l'arrivée à Paris, Alberto Contador est venu me voir pour me dire qu'il avait pris beaucoup de plaisir à rouler avec moi pendant toutes ces années. On peut penser ce qu'on veut de lui, mais moi j'ai beaucoup admiré son état d'esprit d'attaquant ces derniers temps. Beaucoup de coureurs de son rang sont bien plus attentistes à cet âge *(34 ans)*. J'ai beaucoup aimé qu'il vienne me parler sans qu'aucune caméra ou appareil-photo ne soit là. C'était discret mais sincère. Je ne m'y attendais pas et je lui ai répondu que le plaisir était partagé. Ce geste ne m'a pas laissé insensible. »

Alex, mon masseur. « Je connais Alex *(Alexandre Bousseau)*, mon masseur, depuis qu'il est arrivé comme stagiaire pro chez nous. Comme avec Perrig *(Quéméneur)* et Yannick *(Rebouilleau, l'autre masseur)*, on a des relations qui dépassent celles du boulot. On n'a jamais de mots de travers, on est toujours bien ensemble. Une tape sur l'épaule, une bise, un regard suffisent pour qu'on se comprenne. Ils sont comme moi, ils n'ont pas voulu montrer leurs sentiments durant ce Tour, surtout vers la fin. Je ne suis pas quelqu'un qui aime les protocoles, je suis assez pudique et je ne voulais pas que la fin de ma carrière ressemble à une cérémonie. »

Le dernier soir. « Comme sur le vélo, où je me donne à 100 %, quand je fais la fête, je n'aime pas être le dernier. Cette fête à Paris était peut-être particulière, mais j'y ai mis du cœur, comme d'habitude. Ma femme me connaît, le lendemain je suis assez difficile à bouger, ça n'a pas manqué. Heureusement que mes beaux-parents étaient venus, ils se sont occupés des enfants. »

PHILIPPE LE GARS,
L'Équipe du 25 juillet 2017

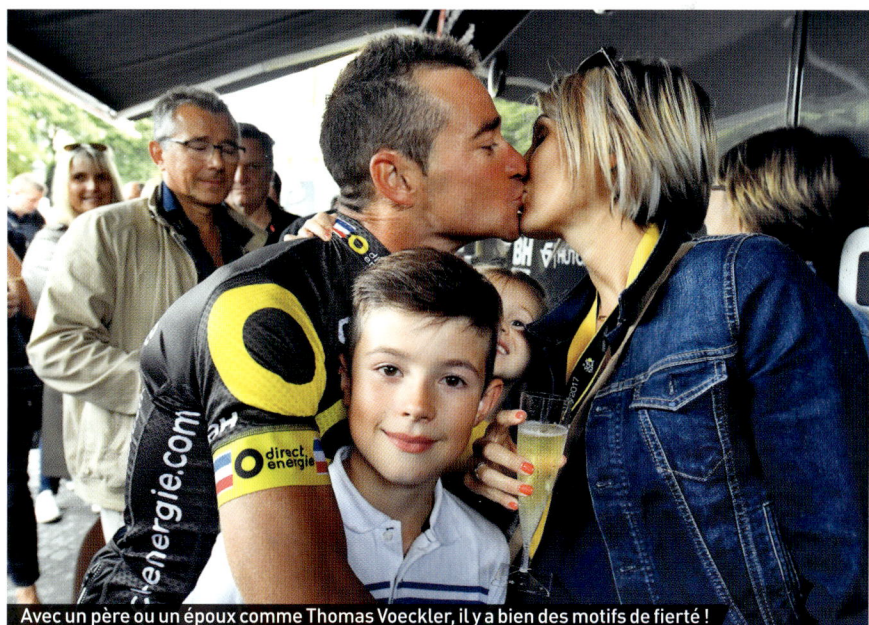

Avec un père ou un époux comme Thomas Voeckler, il y a bien des motifs de fierté !

THOMAS VOECKLER ET LE TOUR

15 participations aucun abandon

4 victoires d'étape (1 en 2009, 1 en 2010, 2 en 2012)

20 jours en jaune (10 jours en 2004, 10 jours en 2011)

Vainqueur du classement du meilleur grimpeur en 2012

Jean-René Bernaudeau ouvre le champagne pour son champion.

CLASICA SAN SEBASTIAN

Kwiatkowski, retour sur investissement

Le Polonais a été récompensé par son équipe du travail effectué dans le Tour pour Chris Froome. Tony Gallopin est de nouveau 2e à Saint-Sébastien.

Derrière son visage poupon aux yeux bleus translucides, Michal Kwiatkowski, vingt-sept ans, est un fin stratège, sans états d'âme. Dans les rues de Saint-Sébastien au Pays basque espagnol, à l'avant-dernier passage sur les bords de la Concha bondée de vacanciers, il aurait très bien pu se laisser

Difficile de trouver des routes plates pour faire du vélo au Pays basque... c'est aussi ce qui fait le charme de la Clasica San Sebastian.

CLASICA SAN SEBASTIAN

convaincre qu'une victoire d'un de ses coéquipiers basques, Mikel Landa ou Mikel Nieve, aurait fière allure. Même pas. Le Polonais était venu là pour gagner et rien ne pouvait le faire changer d'avis, pas même la tentative d'intimidation de Landa qui sortit seul du peloton dans la rude montée de Murgil à tout juste dix kilomètres du but. Kwiatkowski savait que, sur sa forme du Tour, il avait les moyens de ses ambitions, conscient aussi que la Sky lui devait bien ce coup de main pour services rendus auprès de Chris Froome pendant le Tour de France. *« Je ne réclame jamais rien*, expliquait l'ancien champion du monde. *Je considère plutôt que c'est l'équipe qui m'a fait confiance en me donnant cette responsabilité de travailler pour Chris en juillet. J'ai beaucoup appris durant ces trois semaines, notamment comment agir en leader d'équipe. »*

CLASSEMENT

Clasica San Sebastian (231 km)

1	Kwiatkowski (POL, SKY)	5 h 52' 53''
2	Gallopin (LTS)	
3	Mollema (HOL, TFS)	t. m. t.

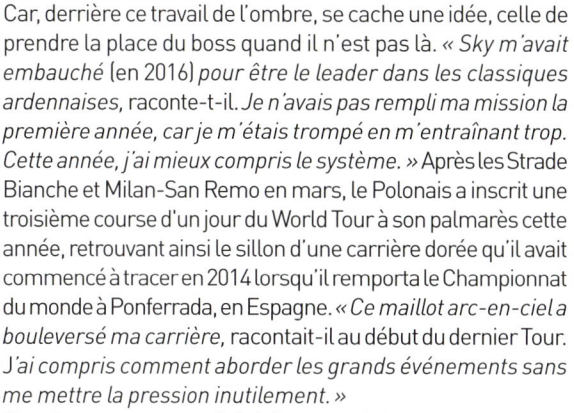

Car, derrière ce travail de l'ombre, se cache une idée, celle de prendre la place du boss quand il n'est pas là. *« Sky m'avait embauché* (en 2016) *pour être le leader dans les classiques ardennaises*, raconte-t-il. *Je n'avais pas rempli ma mission la première année, car je m'étais trompé en m'entraînant trop. Cette année, j'ai mieux compris le système. »* Après les Strade Bianche et Milan-San Remo en mars, le Polonais a inscrit une troisième course d'un jour du World Tour à son palmarès cette année, retrouvant ainsi le sillon d'une carrière dorée qu'il avait commencé à tracer en 2014 lorsqu'il remporta le Championnat du monde à Ponferrada, en Espagne. *« Ce maillot arc-en-ciel a bouleversé ma carrière*, racontait-il au début du dernier Tour. *J'ai compris comment aborder les grands événements sans me mettre la pression inutilement. »*

C'est justement cette sérénité et cette clairvoyance en course qui font de lui un coureur hors norme, capable, par exemple, de laisser le sprint se lancer tout en s'adressant à Mikel Landa dans l'oreillette pour lui donner ses dernières consignes.

La raison plutôt que les sentiments

Le Basque n'avait pas eu besoin de ces quelques mots pour évaluer le coup de pédale de son coéquipier polonais, lequel était revenu comme une balle sur le trio de tête qui ouvrait la route et dont faisait partie Tony Gallopin et Bauke Mollema, dans la dernière descente vers Saint-Sébastien. *« Avant, il y avait eu Gianni* (Moscon) *qui lui aussi a fait un super travail*, affirmait Kwiatkowski après l'arrivée. *Toute l'équipe a été formidable, Mikel* (Landa) *s'est sacrifié pour moi dans le final, il m'a attendu dans le*

8

Il faut remonter huit ans en arrière, à l'édition 2009, pour retrouver un podium sans aucun coureur espagnol dans la Clasica San Sebastian.

groupe des trois échappés sans prendre de relais. Il savait que j'allais revenir. C'est aussi ça, l'esprit d'équipe. On était tellement persuadés qu'on allait gagner que rien ne pouvait nous arriver. »

Il était aussi important de redonner la main à l'ancien champion du monde en passe de renouveler son contrat et auquel il fallait donc donner des gages pour l'avenir. Tant pis pour la fibre basque et pour Landa ou Nieve, qui rêvaient eux aussi de gagner devant leur public, mais la raison valait plus que les sentiments. C'est cette puissance de feu des Sky qui a brûlé les ailes de Tony Gallopin, lauréat de l'épreuve en 2013. Le Français de Lotto-Soudal pensait avoir fait le plus dur en prenant la roue de Mikel Landa dans la dernière bosse puis en le contrant avant le sommet. Il savait alors qu'il était le plus rapide au sprint, même après le retour de Bauke Mollema, le vainqueur sortant. Mais c'était compter sans la malice de Kwiatkowski. *« En le voyant revenir, j'ai pris un coup au moral*, avouait le Français, deuxième comme l'an passé. *Ça a été dur à digérer, car les deux Sky ont commencé à jouer avec nous. Il ne fallait pas laisser partir Landa et en même temps on savait que Kwiatkowski était le plus rapide. Je n'avais pas trop le choix. »*

PHILIPPE LE GARS, *L'Équipe* du 30 juillet 2017

Le Tour d'Espagne offre des paysages somptueux pour des étapes d'une extrême exigeance. En direction de Xorret de Cati, le peloton se régale en attendant la grande bataille.

TOUR D'ESPAGNE

Le Tour de France avait montré que l'enchaînement de deux grands Tours était un pari difficile. Nairo Quintana et Thibaut Pinot, qui arrivaient alors des routes du Giro, en avaient fait l'amère expérience. Pourtant dans la Vuelta, Chris Froome, déjà lauréat en juillet, a vaincu le signe indien en réalisant un doublé inédit depuis 1978 et le triomphe de Bernard Hinault dans le Tour de France et le Tour d'Espagne la même année.

TOUR D'ESPAGNE — 1re étape

C'est pour se battre contre le temps que le peloton est entré dans l'arène, à Nîmes.

Dennis leader, Froome prend une option

Rohan Dennis, de la formation BMC, vainqueur du chrono par équipes, a endossé le premier maillot rouge. Froome devance ses principaux rivaux.

Comme on pouvait s'y attendre, la formation américaine BMC s'est imposée lors du contre-la-montre par équipes inaugural de la Vuelta, disputé dans les rues de Nîmes. L'Australien Rohan Dennis a donc pu endosser le premier maillot rouge de cette édition 2017. Une simple consolation après le contrôle positif de Samuel Sanchez avant le départ, qui était le coureur désigné par ses dirigeants pour passer la ligne en tête si rien ne s'était passé. *« Toute l'équipe a gagné aujourd'hui,* disait le premier leader de la Vuelta, déjà Maillot Jaune lors de la première étape sur le Tour 2015. *Je prends tous les honneurs mais il ne faut pas oublier que c'est un effort collectif. »*

Bardet, perdant du jour

En ce qui concerne les favoris de cette édition 2017, Chris Froome, dont l'équipe a terminé à la quatrième place, a déjà pris une petite option sur ses principaux rivaux. Derrière le Britannique, les frères Adam et Simon Yates et le Colombien Esteban Chaves n'ont perdu que huit secondes, alors que l'Italien Vincenzo Nibali a concédé vingt-deux secondes, Alberto Contador vingt-six, Fabio Aru trente-deux, et que Romain Bardet, le principal perdant du jour, a lâché trente-sept secondes. *« Je suis heureux d'avoir pu faire de petites mais d'importantes différences sur mes concurrents les plus sérieux »*, estimait Chris Froome à l'arrivée.

Au niveau des surprises, il faut noter la belle performance de la formation Quick-Step Floors, qui a pris la deuxième place de l'étape, ce qui permet à Julian Alaphilippe de pointer à la dixième place du général, et la surprenante troisième place de l'équipe Sunweb, qui hisse Warren Barguil au seizième rang.

MANUEL MARTINEZ,
L'Équipe du 20 août 2017

CLASSEMENTS

**1re étape,
Nîmes - Nîmes**
(c.l.m. par équipes, 14 km)

1	BMC (USA)	15' 58"
2	Quick-Step Floors (BEL)	à 6"
3	Sunweb (ALL)	m. t.

Général

1	Dennis (AUS, BMC)	
2	Oss (ITA, BMC)	
3	Roche (IRL, BMC)	t. m. t.

3e étape — TOUR D'ESPAGNE

Froome, ça promet

Tandis que la victoire d'étape revenait à Vincenzo Nibali, le Britannique se chargeait de dynamiser la course et endossait le maillot rouge.

Le Tour d'Espagne a quitté le territoire français pour s'engouffrer dans la touffeur de la principauté d'Andorre où le thermomètre est monté jusqu'à 37 degrés. Au bout de trois jours de course, le peloton de cette édition 2017 a donc établi un premier contact avec la montagne. Trois cols figuraient au programme, dont le dernier situé à sept kilomètres seulement du terme de l'étape, à Andorre-la-Vieille. La course a tenu déjà toutes ses promesses et il s'avère clairement que Chris Froome n'est pas venu pour enfiler des perles. À l'évidence, cette année, il tient vraiment à faire sienne cette Vuelta qui lui a échappé par trois fois d'un rien.

Depuis le départ de Nîmes, le Britannique ne cache pas qu'il souhaite réaliser le doublé Tour de France-Vuelta. Dans la 3e étape, le leader de la formation Sky a placé un premier grand coup d'accélérateur en faisant tourner comme aux plus beaux jours ses jambes d'échassier, dans son style bien caractéristique, les yeux rivés sur son capteur de puissance.

Froome a finalement terminé troisième de l'étape, derrière l'Italien Vincenzo Nibali et l'Espagnol David De La Cruz. Juste devant Romain Bardet. Mais, surtout, il a pris la tête du classement général, ce qu'il n'a su faire qu'une seule fois dans le passé, et pour une seule journée (2011).

« Obligé de gueuler pour les freiner »

Sur la route d'Andorre, le quadruple vainqueur du Tour s'est franchement donné les moyens de revivre cet instant dont il rêvait tant. Son équipe, remarquable, notamment dans la dernière montée de l'Alto de la Comella, lui a donné un sacré coup de main avant que le patron n'achève le travail. *« Mes coéquipiers ont réalisé un travail fantastique,* reconnaissait le leader de la Sky. *Dans la dernière montée, j'ai même été obligé de gueuler pour les freiner. »* Avant cela, Froome était même allé chercher deux petites secondes de bonifications lors du sprint intermédiaire situé à l'entrée de la Principauté. *« Il n'y a pas de petits profits,* souriait-il. *Je me souviens que lors de ma première Vuelta (2011), la victoire finale ne s'était jouée que pour seulement treize secondes. »*

Froome tient les comptes et une forme qui semble promettre d'autres grands moments. À un peu plus de sept kilomètres du but, le Britannique a porté une accélération foudroyante à laquelle seul pouvait répondre le Colombien Esteban Chaves. On en oublierait presque Vincenzo Nibali, qui a remporté l'étape en surprenant les principaux favoris dans les derniers mètres. L'Italien avait pourtant souffert dans la montée de Comella avant de réaliser une impressionnante descente et de revenir sur la fin sur le groupe Froome.

MANUEL MARTINEZ, *L'Équipe* du 22 août 2017

CLASSEMENTS

3e étape, Prades - Andorre-la-Vieille (158,5 km)

1	V. Nibali (ITA, TBM)	4 h 1' 22''
2	De La Cruz (ESP, QST)	
3	Froome (GBR, SKY)	t. m. t.

Général

1	Froome (GBR, SKY)	
2	De La Cruz (ESP, QST)	à 2''
3	Roche (IRL, BMC)	m. t.

Quand Chris Froome accélère, on grince des dents chez ses rivaux, et ça fait des dégâts !

TOUR D'ESPAGNE — 5e étape

Bardet, la thèse de l'accident

Le leader de la formation AG2R La Mondiale a perdu près d'une minute sur Froome et Chaves. Mais il ne souhaitait pas dramatiser.

En attendant le verdict final du Tour d'Espagne, Bernard Hinault reste toujours le dernier coureur de l'histoire à avoir réalisé le doublé Tour de France-Vuelta la même année (1978). Pour cette 5e étape, Jean-Pierre Le Godec, le mécanicien de toutes ses campagnes, ami et confident, se trouvait du côté d'Alcossebre, où il vit depuis une dizaine d'années. Le mécano breton nous avait alors prévenus que les rampes qui mènent à l'ermitage de Santa Lucia, terme de cette étape, allaient sûrement en surprendre plus d'un. Car si l'organisation avait annoncé une pente moyenne dans ce mur d'un peu moins de quatre kilomètres, elle avait juste omis de préciser que la portion finale présentait des passages allant jusqu'à 22 %.

Pas dans le livre de route

Avant l'étape, Chris Froome, plus leader que jamais et bien décidé à rendre caduc, cette année, l'exploit réalisé par le « Blaireau » il y a trente-neuf ans, avait bien pris soin d'analyser le tracé. « *Je n'ai pas été surpris par le mur qui s'est dressé dans le dernier kilomètre puisque le sujet avait été abordé le matin au briefing* », souriait le Britannique, parvenu au sommet en compagnie d'un Alberto Contador retrouvé après son échec en Andorre, mais aussi d'un épatant Esteban Chaves. Et surtout, Froome se fit le plaisir de créer des écarts avec plusieurs de ses adversaires directs : Tejay Van Garderen, Adam Yates, Fabio Aru, Vincenzo Nibali et surtout Romain Bardet. Sur cette surprenante montée finale de Santa Lucia, le leader de la formation AG2R La Mondiale, qui avait pourtant passé les cols andorrans sans encombre il y a trois jours, a laissé quelques plumes. À l'arrivée, c'est près d'une minute perdue sur le duo Froome-Chaves. « *Romain n'avait pas de grandes sensations*, affirmait Julien Jurdie, son directeur sportif. *Il n'y a pas d'explication précise, mais on va dire qu'il a eu un petit coup de moins bien. Il a un peu buté dans le mur, mais d'autres ont également été surpris par la dureté de ce col. Ce n'est pas du tout ce qui était indiqué sur le livre de route et beaucoup se sont fait avoir. C'est une bataille de perdue mais la guerre n'est pas finie.* »

Trente-neuvième de l'étape, Romain Bardet pointe désormais à la douzième place du général, à plus d'une minute et demie de Chris Froome. Reste que le Français préférait ne pas se focaliser sur ce contrecoup inattendu. « *Il est clair que cette étape ne restera pas dans les annales en ce qui me concerne*, avouait-il. *Je vais prendre cette Vuelta au jour le jour et je vais bien voir ce qui se passe. J'avoue que la journée a été difficile, mais il n'y a rien de dramatique. La route jusqu'à Madrid est encore longue. J'ai appris à gérer les journées difficiles sur les grands Tours. Je reste motivé pour la suite.* »

MANUEL MARTINEZ, *L'Équipe* du 24 août 2017

CLASSEMENTS

5e étape, Benicassim - Alcossebre (173 km) :

1	Lutsenko (KAZ, AST)	4 h 24' 58''
2	Kudus (ERY, DDD)	à 42''
3	M. Soler (ESP, Mov)	à 56''

Général

1	Froome (GBR, SKY)	
2	Van Garderen (USA, BMC)	à 10''
3	Chaves (COL, ORS)	à 11''

Romain Bardet arbore la mine des mauvais jours. Le Français a connu une étape galère.

6e étape — **TOUR D'ESPAGNE**

C'est Contador qui régale

L'Espagnol a une nouvelle fois mis le feu à la course et créé un moment de panique chez les favoris, à la notable exception de Froome.

Au soir de la troisième étape, du côté d'Andorre, Alberto Contador semblait avoir tiré un trait définitif sur ce qui est annoncé comme sa dernière Vuelta et course de sa carrière. Sur les pentes du col de Comella, l'Espagnol avait été irrémédiablement lâché, le corps affaibli par de douloureux maux d'estomac. Ce jour-là, il avait rallié l'arrivée avec plus de deux minutes trente de retard sur Froome, Chaves, Nibali, Aru ou Bardet. Et il craignait que son Tour d'Espagne ne se transforme en un véritable chemin de croix. « *Je ne m'étais jamais senti aussi mal de toute ma carrière*, avait-il dit. *Je n'avais plus de forces. J'étais mort. Je me suis accroché mais l'addition aurait pu être plus lourde.* »

Mais Contador a des ressources et un mental à toute épreuve. Dès mercredi, à l'occasion de l'étape qui menait jusqu'à la très exigeante arrivée à l'ermitage de Santa Lucia, le Madrilène a porté une attaque franche au plus fort de la pente, à laquelle n'ont pu répondre que Chris Froome et Esteban Chaves. Dans cet épisode, Fabio Aru, Adam Yates, Vincenzo Nibali et Romain Bardet laissèrent quelques plumes. « *Alberto a connu un passage difficile en Andorre, mais ce n'était plus le même aujourd'hui*, disait Froome au soir de cette 5e étape. *C'est révélateur de la ténacité qui le caractérise. Je suis sûr qu'il luttera et donnera tout jusqu'à la fin.* »

Une attaque à moitié pensée

Sans être devin, le Britannique connaît son rival espagnol qui a déjà su le dominer sur la Vuelta, comme en 2014. Au cours d'une étape qui a fait la part belle à une échappée matinale finalement dominée jusqu'à la ligne par le Polonais Tomasz Marczynski, de Lotto-Soudal, le fait important s'est produit dans le groupe des poursuivants. Dans la montée du port de Garbi, à une quarantaine de kilomètres de l'arrivée, Contador a ressenti des démangeaisons. Il portait alors une attaque sèche, puis une deuxième, jusqu'à n'avoir plus que Froome, Van Garderen et Betancur dans sa roue. « *Je connaissais ce col, court mais dur*, commentait Contador. *Je savais qu'en attaquant là, il y aurait des dégâts.* » Aru, Nibali, Chaves et Yates ont eu effectivement des sueurs froides et ont dû s'employer avant de revenir sur Contador et Froome juste avant l'arrivée. « *Cette attaque était à moitié pensée*, souriait l'Espagnol. *C'est juste dommage qu'il n'y ait pas eu plus de collaboration entre nous car les autres ne seraient peut-être pas revenus. Mais la Vuelta n'est pas terminée et je vais essayer de continuer à prendre du plaisir.* » Une phrase qui n'annonce rien de bon pour les principaux favoris, à l'exception peut-être de Froome, qui semble inébranlable depuis le départ.

MANUEL MARTINEZ,
L'Équipe du 25 août 2017

CLASSEMENTS

6e étape, Vila-Real – Sagunt (204,4 km)

1	Marczynski (POL, LTS)	4 h 47' 2''
2	Poljanski (POL, BOH)	
3	Mas (ESP, QST)	t. m. t.

Général

1	Froome (GBR, SKY)	
2	Chaves (COL, ORS)	à 11''
3	Roche (IRL, BMC)	à 13''

Alberto Contador (d.) qui tient tête à Chris Froome, une performance pas forcément attendue qui ravit ses supporters.

TOUR D'ESPAGNE — 8ᵉ étape

Alaphilippe, retour en force

Le Français de l'équipe Quick-Step a réalisé un sacré numéro et s'est adjugé sa première victoire en Espagne. Une résurrection après des mois de galère.

De son propre aveu, Julian Alaphilippe avait plutôt coché sur son agenda tout neuf de la Vuelta la 9ᵉ étape qui va mener à la Cumbre del Sol, une bosse de quatre kilomètres avec une pente moyenne de 9 % et des passages à 21 %, similaire à celle de Xorret de Cati. Les organisateurs du Tour d'Espagne sont passés maîtres dans l'art de dénicher des verrues improbables et d'en faire des arrivées d'étape. Mais ce n'est pas Alaphilippe qui viendra s'en plaindre.

« Tenir jusqu'au replat »

Pour sa première participation au Tour d'Espagne, le Montluçonnais a procédé à la manière d'un vieux briscard au moment d'aborder les plus durs pourcentages de la montée finale accompagné par le seul Rafal Majka, coureur d'expérience (27 ans) et rarement pris à défaut sur ce genre d'arrivée en grands Tours. Mais Alaphilippe avait les jambes pour faire tourner la tête du Polonais. « *Ces derniers jours, je ne me sentais pas vraiment au mieux*, admettait le Français. *Mais, aujourd'hui, j'ai dit à mes coéquipiers que j'étais bien et je me suis glissé dans l'échappée. J'ai essayé de me ménager toute la journée en passant quelques relais mais sans me mettre dans le rouge. Dans le final, Majka a parfaitement manœuvré. Il a tenté de me lâcher à plusieurs reprises mais je me suis arraché. J'avais souvenir que mon directeur sportif m'avait dit qu'il y avait un replat à trois bornes de l'arrivée et je devais tenir jusque-là.* » Alaphilippe n'avait pas vraiment de mots pour expliquer sa première grande victoire sur un grand Tour. « *Je ne me suis pas spécifiquement préparé pour cette Vuelta, je voulais surtout recourir*, confiait-il. *Je savoure car je ne m'attendais pas à obtenir un succès si vite.* »

MANUEL MARTINEZ, *L'Équipe* du 27 août 2017

CLASSEMENTS

8ᵉ étape, Hellin - Xorret de Cati (199,5 km)

1	J. Alaphilippe (QST)	4 h 37' 55"
2	Polanc (SLV, UAE)	à 2"
3	Majka (POL, BOH)	m. t.

Général

1	Froome (GBR, SKY)	
2	Chaves (COL, ORS)	à 28"
3	Roche (IRL, BMC)	à 41"

Proposez une belle bosse en fin d'étape et vous verrez Julian Alaphilippe surgir pour l'emporter !

Barguil hors course

Warren Barguil a été viré de la course par son équipe pour ne pas avoir respecté les consignes.

Coup de théâtre, Warren Barguil n'a pas été autorisé par son équipe, Sunweb, à prendre le départ de la 8ᵉ étape de la Vuelta. Motif ? Le coureur français n'avait pas respecté, la veille, les consignes de ses dirigeants d'attendre son leader désigné, le Néerlandais Wilco Kelderman, retardé dans le final de l'étape par une crevaison. « *Wilco a crevé à vingt kilomètres de l'arrivée et on nous a demandé de tenir nos positions dans le peloton en attendant la suite*, expliqua le coureur breton. *On pensait qu'il était en mesure de rentrer, notamment dans la dernière bosse du parcours. Mais, à cinq kilomètres de l'arrivée, on nous a demandé de nous relever pour l'attendre. Sam Coomen s'est relevé et j'ai décidé de ne pas le faire.* » Le choix du Morbihannais a été lourd de conséquences, alors qu'il pointait à la treizième place du général, à 1'40" de Chris Froome. Hier, sur les coups de 13 heures, Barguil a pris un avion à Alicante en direction de Nantes..

MANUEL MARTINEZ, *L'Équipe* du 27 août 2017

9e étape — TOUR D'ESPAGNE

Chris Froome en mode « cannibale ». Non content de porter le maillot rouge de leader, le Britannique se met en devoir de gagner des étapes.

Froome est injouable

Le Britannique a remporté un premier succès et conforté un peu plus encore son maillot de leader.

L'édition 2017 de la Vuelta est encore loin d'être achevée, mais il semble que Chris Froome soit devenu un homme pressé. Car depuis le départ de Nîmes, le Britannique aura eu cette simple politesse de laisser endosser le maillot rouge de leader du Tour d'Espagne à l'Australien Rohan Dennis et au Belge Yves Lampaert, une petite journée chacun. Depuis lundi dernier, au soir de l'étape d'Andorre-la-Vieille, il arbore fièrement cette tunique qu'il compte bien emmener jusqu'à Madrid. En Espagne, Froome est gentil avec tout le monde, sourit à volonté et parvient même, le matin au pied du bus, à chiper un poil de popularité à l'intouchable Alberto Contador. En revanche, sur le terrain, il est bel et bien le numéro un. Il s'est imposé au sommet de Cumbre del Sol – là-même où il avait terminé deuxième derrière Tom Dumoulin il y a deux ans – après avoir porté une accélération foudroyante dans les derniers hectomètres. Et il a signé là son premier succès d'étape de la saison. Esteban Chaves a bien tenté de s'accrocher, avant de s'essouffler juste avant la ligne. Pour l'heure, le Colombien de la formation Orica-Scott semble bien rester le seul, parmi les favoris de cette Vuelta, à faire illusion derrière le taulier de l'équipe Sky, qui le devance de trente-six secondes au général. Et si les bonnes volontés semblent certaines chez Vincenzo Nibali, Fabio Aru, Adam Yates, Alberto Contador ou Romain Bardet, on ne peut que constater que les pattes ont du mal à tourner à la vitesse de celles du quadruple vainqueur du Tour.

Boys, boys, boys

« *C'est incroyable, j'ai l'impression de me sentir nettement mieux que sur le Giro et je n'arrive pas à prendre sa roue* », expliquait Nibali au sujet du leader de la Vuelta. Pour beaucoup déjà, la route jusqu'à Madrid va commencer à paraître longue. « *Froome dégage une impression de force et de sérénité dingues*, avouait Alberto Contador, qui a fini par lâcher quelques secondes sur le Britannique. *Il possède également une équipe extrêmement difficile à surprendre.* » Les « boys » de Chris Froome réalisent en effet un travail remarquable depuis le départ de la course. Au point que le chef n'oublie jamais de les remercier. « *L'équipe a de nouveau effectué un boulot fantastique*, répétait-il à l'envi. *Ensuite, j'ai choisi le bon moment pour attaquer en me souvenant de ce qui s'était passé en 2015, lorsque j'avais échoué à deux mètres de la ligne et que Tom Dumoulin m'avait devancé.* » À l'instant de la première journée de repos, à Alicante, il semble bien que la seule interrogation qui agite les suiveurs est d'essayer de deviner qui sera le dauphin du Britannique à Madrid.

MANUEL MARTINEZ, *L'Équipe* du 28 août 2017

CLASSEMENTS

9e étape, Orihuela - Cumbre del Sol (176 km)

1	Froome (GBR, SKY)	4 h 7'13''
2	Chaves (COL, ORS)	à 4''
3	Woods (CAN, CDT)	à 5''

Général

1	Froome (GBR, SKY)	
2	Chaves (COL, ORS)	à 36''
3	Roche (IRL, BMC)	à 1'5''

TOUR D'ESPAGNE — 10e étape

Avec sa carrure de pistard, Nicolas Roche sait aussi monter les cols. Le voilà sur le podium provisoire !

Le bon coup de Roche

L'Irlandais de BMC a repris 29 secondes aux favoris, au terme d'une étape de moyenne montagne remportée par Matteo Trentin. Le voilà dans le même temps que Chaves.

Pour la première fois depuis le départ de l'épreuve, le 19 août à Nîmes, la pluie a fait son apparition au départ de l'étape à Caravaca de la Cruz. L'échappée, qui a mis longtemps à se dessiner et où se trouvaient notamment les Français Alexandre Geniez, Arnaud Courteille et Julien Bernard, est allée au bout. L'Italien Matteo Trentin, déjà vainqueur de la 4e étape à Tarragone, a disposé facilement de l'Espagnol José Joaquin Rojas, son dernier compagnon de fugue.

Dans la sinueuse et dangereuse descente du col du Collado Bermejo, situé à une vingtaine de kilomètres de l'arrivée à Alhama de Murcie, l'Italien Vincenzo Nibali a semé la zizanie et obligé l'équipe Sky et son leader Chris Froome à prendre tous les risques pour ne pas être surpris.

Bardet laisse filer

À l'arrivée, le Britannique était soulagé de ne pas s'être fait piéger. « Lorsque j'ai vu l'équipe Barhain-Merida se mettre à l'avant dans la montée du col, je me doutais bien que Nibali allait tenter quelque chose dans la descente, déclara Froome. Heureusement, on a su réagir. » La bonne opération du jour a toutefois été réalisée par Nicolas Roche, qui a pu reprendre vingt-neuf secondes sur le groupe des principaux favoris et revenir ainsi à trente-six secondes au général, dans le même temps que l'actuel deuxième de la Vuelta, Esteban Chaves. Quant à Romain Bardet, il a « laissé filer » et pointe désormais à plus de vingt et une minutes de Froome au général. Peut-être pour mieux se mettre en lumière avec la première grande arrivée en montagne au sommet de Calar Alto, sur les hauteurs d'Almeria.

MANUEL MARTINEZ,
L'Équipe du 30 août 2017

CLASSEMENTS

10e étape, Caravaca Jubilar - Alhama de Murcie (164,8 km)

1	Trentin (ITA, QST)	3 h 34' 56''
2	Rojas (ESP, MOV)	à 1''
3	Roson (ESP, CajaRural)	à 19''

Général

1	Froome (GBR, SKY)	
2	Chaves (COL, ORS)	à 36''
3	Roche (IRL, BMC)	m.t.

12ᵉ étape — TOUR D'ESPAGNE

Froome limite la casse

Le Britannique a eu chaud après avoir chuté deux fois dans le final. Il s'en tire avec des égratignures et un petit débours sur ses rivaux.

Pour la première fois depuis le départ de la Vuelta, Chris Froome s'est forcé à sourire sur le podium à l'arrivée de la 12ᵉ étape. Il avait franchi la ligne les traits tirés, le maillot déchiré sur le côté gauche au niveau de l'épaule, le genou gauche également abîmé, tout comme le genou et le coude droits. À une quinzaine de kilomètres de l'arrivée, alors qu'il se trouvait au sein d'un groupe composé notamment de Nibali, Chaves, Aru et Roche, le Britannique chutait une première fois. Le temps de récupérer un nouveau vélo et de repartir, et le voilà qui se retrouvait encore à terre.

Depuis sa prise de pouvoir sur cette Vuelta, le leader de la Sky avait pour habitude de prendre son temps avant de venir répondre aux questions des médias. Cette fois, Froome avait hâte de rejoindre son hôtel situé à plus d'une heure de route. En salle de presse le quadruple vainqueur du Tour évacuait l'affaire en moins de cinq minutes chrono. « *Ma première chute s'est produite à la sortie d'un virage, lorsque j'ai perdu ma roue avant*, dit-il. *Puis, cinq cents mètres plus loin, c'est à nouveau la roue avant qui s'est dérobée au moment de prendre un autre virage. Je tiens à remercier Mikel Nieve et Wout Poels qui ont été fantastiques. Grâce à eux, je limite les dégâts. Je ne sais pas si ça s'est un peu relevé ou pas devant après ma chute. J'étais juste concentré à essayer de rentrer ou de perdre le moins de temps possible. Merci et bonsoir.* »

Contador sème la zizanie

Froome peut adresser de chaleureux remerciements à ses coéquipiers qui ont mené une chasse incroyable pour tenter de rentrer sur le groupe Nibali-Chaves, et ont finalement limité la casse en ne déboursant que vingt secondes à l'arrivée. Nibali, toujours deuxième du général, en a profité pour revenir à cinquante-neuf secondes du Britannique. « *On a bien vu que Froome avait chuté*, avouait sur la ligne Pello Bilbao, coéquipier espagnol de Fabio Aru chez Astana. *Il y a eu un moment de flottement et puis on nous a dit à l'oreillette qu'il fallait continuer à rouler car Contador était devant et qu'il présentait un danger pour le général.* » Car, bien avant la double glissade de Froome et sous des températures caniculaires qui rendaient la course soporifique, Alberto Contador avait pris l'initiative de semer la zizanie en plaçant une attaque sèche, à vingt-trois kilomètres du but, dès le pied du Puerto del Torcal, dernière difficulté de la journée. « *Le scénario s'est déroulé bien mieux que prévu*, expliquait "le Pistolero", qui a franchi la ligne avec vingt-deux secondes d'avance sur Nibali et quarante-deux sur Froome. *J'ai d'abord parlé à Nicolas Roche pour qu'il attaque avec moi, mais il était juste. Alors je ne me suis pas relevé.* »

MANUEL MARTINEZ, *L'Équipe* du 1ᵉʳ septembre 2017

Alerte rouge pour Chris Froome. En dépit de deux grosses chutes, le leader s'en tire bien.

CLASSEMENTS

12ᵉ étape, Motril - Antequera (161,5 km)

1	Marczynski (POL, LTS)	3 h 56' 45''
2	Fraile (ESP, DDD)	à 52''
3	Rojas (ESP, MOV)	m. t.

Général

1	Froome (GBR, SKY)	
2	Nibali (ITA, TBM)	à 59''
3	Chaves (COL, ORS)	à 2' 13''

TOUR D'ESPAGNE | 13e étape

Hat-trick pour Trentin

Le sprinteur italien a signé à Tomares sa troisième victoire dans la Vuelta 2017.

Quand il s'était imposé à Tarragone, le 22 août, lors de la quatrième étape de la Vuelta, Matteo Trentin avait été heureux de remercier à sa manière son équipe Quick-Step Floors avant de s'en aller à la fin de la saison pour rejoindre la formation Orica-Scott. Depuis, l'Italien, en l'absence de sprinteurs de renom sur ce Tour d'Espagne, s'est improvisé comme le roi de l'emballage final dès que l'occasion peut se présenter, comme à Alhama de Murcie, mardi, ou encore hier dans les rues de Tomares, dans la banlieue de Séville. « *Je ne pouvais pas tirer ma révérence à l'équipe qui m'a donné ma chance chez les pros il y a sept ans autrement que de cette manière* », a commenté Trentin, qui a donc signé sa troisième victoire sur cette Vuelta, la quinzième pour la formation Quick-Step sur les trois grands Tours cette saison.

Journée tranquille pour Froome

Au lendemain d'une belle frayeur en raison de deux chutes, le leader Chris Froome, les deux genoux et le coude gauche bandés, a passé une journée tranquille avant d'aborder les étapes de montagne de la Pandera et de la Sierra Nevada. « *Je sais que deux journées extrêmement difficiles nous attendent, mais il faudra rester vigilant et je reste confiant*, disait le Britannique. *On s'attend à ce que des coureurs comme Nibali ou Contador tentent de mettre le feu, mais toute l'équipe sait quoi faire. La Pandera est un col extrêmement difficile qu'il faudra bien gérer pour ne pas se mettre en difficulté. Ensuite, l'étape de la Sierra Nevada sera très courte et il faut donc s'attendre à ce qu'elle soit très nerveuse, sans doute dès le début.* »

MANUEL MARTINEZ,
L'Équipe du 2 septembre 2017

3

Avec ses bouquets récoltés dans la Vuelta 2017, pour sa première participation, Matteo Trentin compte des victoires dans les trois grands Tours :
Tour de France (2 victoires),
Tour d'Italie (1 victoire) et
Tour d'Espagne (4 victoires).

CLASSEMENTS

13e étape, Coin - Tomares (197 km)

1	Trentin (ITA, QST)	4 h 25' 13"
2	Moscon (ITA, SKY)	
3	S. Andersen (DAN, SUN)	t. m. t.

Général

1	Froome (GBR, SKY)	
2	Nibali (ITA, TBM)	à 59'
3	Chaves (COL, ORS)	à 2' 13"

Et de trois pour Matteo Trentin ! Malgré une quatrième victoire, à Madrid, il ne gardera pas le maillot vert.

15e étape — TOUR D'ESPAGNE

Superman s'appelle Lopez

Le jeune Colombien à l'histoire tourmentée a remporté sa deuxième victoire d'étape et se rapproche au général. Un prodige est en passe d'éclore.

Au soir de la troisième étape, du côté d'Andorre, Alberto Contador va mettre un terme à sa carrière avec un statut de superstar. Partout dans ce Tour d'Espagne, il est ovationné. C'est aussi un attaquant-né : on l'a encore vu à l'œuvre, à plus de vingt kilomètres de l'arrivée, au sommet de la Sierra Nevada, lorsqu'il s'est lancé dans un assaut désespéré. Un nouveau coup pour rien, mais l'intention était belle. Vincenzo Nibali, revenu la veille à 55'' de Froome au général, a bien essayé aussi à dix bornes du but. Il est rentré dans le rang jusqu'à payer un débours de 6'' sur le leader de la Vuelta.

La machine Sky a donc parfaitement fonctionné et Chris Froome n'a plus mal nulle part. Il roule vers son premier sacre sur la Vuelta et le doublé Tour-Vuelta. Le Britannique tient la baraque au moment où Miguel Angel Lopez, vingt-trois ans, met le nez à la fenêtre, comme pour rendre la course encore plus attractive.

Mieux que bosser dans les champs

La perle d'Astana a remporté sa deuxième étape sur l'épreuve. Jour après jour, il étonne. Il pointe désormais à la 6ᵉ place du général. « *Une journée magnifique* », se contentait-il de commenter. Pourtant, Lopez commence à affoler. Car le Colombien n'est pas n'importe qui. Depuis son succès dans le Tour de l'Avenir en 2014 et son passage chez les pros avec Astana, le parcours du coureur de Sogamoso n'a pas été de tout repos. En Colombie, on l'appelle « Superman ». Depuis que le Sud-Américain chétif a été agressé par deux individus à Bogota alors qu'il effectuait une sortie d'entraînement, en 2013. « *Ils ont sauté sur moi pour me voler mon vélo*, se souvient-il. *Je me suis défendu et ils sont partis en courant.* » Lopez ne dit pas que, ce jour-là, il a reçu deux coups de couteau dans la jambe droite. « *Tout le monde aurait fait la même chose pour sauver son vélo*, raconte-t-il. *Le vélo était un moyen de transport. Un jour, il y avait une fête près de la maison avec une course. L'inscription était de 10 000 pesos. Un politique du coin en campagne l'a payée pour moi. J'ai gagné. Je me suis dit que tenter l'aventure dans le vélo pouvait être mieux que bosser dans les champs. J'ai eu de la chance et du soutien. Mon père ne voyait pas le vélo comme un métier. J'étais bon à l'école, il voulait que je passe mon bac, mais il a vu que j'étais pris de passion pour ce sport.* »

L'histoire de Superman Lopez est aussi singulière que celle de Quintana, dont les journalistes colombiens disent qu'il ne lui arrive pas à la cheville. Sauf que Lopez embrasse encore souvent le bitume. « *Le jour où il ne chutera plus, il va devenir un immense champion* », estime Dimitri Fofonov, le manager sportif d'Astana.

MANUEL MARTINEZ,
L'Équipe du 4 septembre 2017

CLASSEMENTS

**15ᵉ étape,
Alcala la Real - Sierra Nevada
(129 km)**

1	M.A. Lopez (COL, AST)	3 h 34' 51''
2	Zakarin (RUS, KAT)	à 36''
3	Kelderman (HOL, SUN)	à 45''

Général

1	Froome (GBR, SKY)	
2	Nibali (ITA, TBM)	à 1' 1''
3	Zakarin (RUS, KAT)	à 2' 8''

Alberto Contador (g.) a tenté sa chance, mais c'est Miguel Angel Lopez (d.) qui l'a emporté.

TOUR D'ESPAGNE — 16ᵉ étape

Froome assure l'essentiel

Le Britannique a dominé le chrono et relégué au général Vincenzo Nibali à presque deux minutes.

Christopher Froome a sans doute fait un pas supplémentaire vers son premier sacre sur le Tour d'Espagne. Sans surprise, le Britannique a remporté le contre-la-montre de 40,2 kilomètres à Logroño, sa deuxième victoire sur cette Vuelta. En dépit d'un départ prudent, le chef de file de l'équipe Sky a parfaitement géré la deuxième partie de la course avec une moyenne à l'arrivée de plus de 51 km/h. Il a ainsi devancé le Néerlandais Wilco Kelderman de vingt-neuf secondes, Vincenzo Nibali de cinquante-sept secondes et Ilnur Zakarin et Alberto Contador de cinquante-neuf. « *Je suis très heureux de cette deuxième victoire sur cette Vuelta, c'est la seule chose qui m'intéressait aujourd'hui,* indiquait le quadruple vainqueur du Tour de France, qui devance désormais Nibali au général de presque deux minutes. *Les sensations ont été parfaites et j'ai préféré garder des forces dans la première partie pour parfaitement finir. À cinq jours de l'arrivée, je pense être dans une position confortable. J'ai, en plus, repris du temps à mes poursuivants. Mais bon, il ne faut pas oublier qu'il reste encore deux étapes très difficiles.* »

Du brutal

À commencer par ce qui attend les coureurs avec l'arrivée inédite au sommet de Los Machucos, un col de sept kilomètres avec une pente moyenne de 9 % et des passages à 28 %. « *Pour l'avoir vu, c'est franchement un véritable mur,* certifiait Froome. *Ça va être une montée brutale. La moindre baisse de régime peut s'avérer fatale. Mais je sais que, comme depuis le départ de cette Vuelta, j'ai une équipe extraordinaire à mes côtés.* » Froome n'oubliait pas non plus d'évoquer l'étape qui se terminera au sommet du légendaire Angliru. « *Là aussi, ça peut devenir un joli chantier, même si beaucoup connaissent déjà ce col,* estimait-il. *Il ne faudrait pas non plus que la météo soit défavorable.* »

MANUEL MARTINEZ, *L'Équipe* du 6 septembre 2017

4
Après sa victoire à Logroño, Chris Froome compte quatre succès en contre-la-montre individuel dans les grands Tours :
2 victoires dans le Tour de France (en 2013 et 2016) et 2 dans le Tour d'Espagne (en 2016 et 2017).

CLASSEMENTS

16ᵉ étape, circuit de Navarre - Logroño (c.l.m. ind., 40,2 km)

1	Froome (GBR, SKY)	en 47'
2	Kelderman (HOL, SUN)	à 29''
3	Nibali (ITA, TBM)	à 57''

Général

1	Froome (GBR, SKY)	
2	Nibali (ITA, TBM)	à 1'58''
3	Kelderman (HOL, SUN)	à 2'40''

Position idéale et concentration maximale : la machine Chris Froome est en route !

Une mauvaise habitude

Après une vidéo postée sur Internet, l'équipe AG2R La Mondiale a exclu Geniez et Denz pour s'être accrochés à la voiture de leur directeur sportif lors de la 15ᵉ étape.

Sur le circuit de Navarre où a eu lieu l'unique chrono individuel de la Vuelta, il n'était question que de l'équipe AG2R La Mondiale. Depuis la veille au soir, les images diffusées sur les réseaux sociaux montrant Alexandre Geniez et Nico Denz accrochés au véhicule de leur directeur sportif dans la montée finale de la 15ᵉ étape ont eu pour effet de susciter une vague d'indignation. Dans la soirée, Vincent Lavenu, le manager, prenait la décision d'exclure les deux coureurs incriminés. Après l'exclusion de Romain Bardet au début de Paris-Nice, en mars, pour avoir bénéficié de l'aide de la voiture de son équipe, ce nouvel épisode donne encore une bien mauvaise image de la formation française.

MANUEL MARTINEZ, *L'Équipe* du 6 septembre 2017

17e étape — TOUR D'ESPAGNE

Majka, Zakarin et Nibali (de g. à d.) ont découvert les pentes de Los Machucos... et ne sont pas près de les oublier.

Une colossale trouvaille

Avec des passages à 28 %, la montée inédite de Los Machucos s'est révélée terrifiante. Froome y a cédé plus de quarante secondes à Nibali.

Il paraît que, par beau temps, l'endroit est sauvage et superbe. Los Machucos, terme de la 17e étape du Tour d'Espagne, baignait dans le brouillard, son sommet arrosé par un crachin persistant. La dernière trouvaille des organisateurs, toujours prompts à transformer le moindre chemin de chèvres en une étape de la Vuelta, s'est finalement révélée terrifiante. « *C'est une montée brutale* », avait annoncé la veille Chris Froome. Le Britannique ne s'était pas trompé et l'a très vite vérifié en perdant contact dès les premiers pourcentages, tout en parvenant à sauver dans le final une journée qui aurait pu lui coûter cher. Au rayon des cols mythiques de la Vuelta, il y avait l'Angliru, le colosse des Asturies, il faut désormais se faire à l'idée que le monstre de Cantabrie existe, qu'il présente des rampes à 28 % et que, devant le spectacle offert par les coureurs, la course y retournera tôt ou tard.
L'Espagnol Oscar Freire, triple champion du monde aujourd'hui à la retraite, était le plus intrigué des spectateurs.

Le coureur de Torrelavega – plus loin dans la vallée en direction de la mer – est venu quelques fois arpenter les rampes de Los Machucos lors de ses sorties d'entraînement dans les années 2000. « *Un truc spectaculaire, unique même, que je préférais monter le moins possible* », affirme-t-il. Freire a toujours pensé que ce tronçon d'un peu plus de sept bornes, habituellement fréquenté par les troupeaux de vaches, avait tout pour constituer un parfait terrain de jeu pour une étape de la Vuelta. Finalement, il aura fallu toute l'influence de Miguel Angel Revilla, le président de la province de Cantabrie, pour persuader l'organisation de la Vuelta d'en faire un spectaculaire site d'arrivée.

Cyclos pied à terre

Le col de Los Machucos a fait son œuvre. Si son sommet culmine seulement à neuf cents mètres, sa pente se dresse souvent comme un mur infranchissable. Dès le pied, avec un panneau qui indique un « *chemin rural à 10 %* ». « *Il n'existait pas dans le commerce de panneau portant cette mention avec un pourcentage supérieur, alors ils ont mis celui-là*, sourit encore Freire. *Mais là, on est déjà dans du 20 %.* » En fait, tout semble toujours raide. Il n'y avait qu'à voir le nombre de voitures avec l'embrayage cassé, les motos à terre et l'impressionnant cortège de cyclos obligés de poser pied à terre sur les passages à 25 et jusqu'à 28 % ! Los Machucos en a surpris plus d'un. À commencer par Froome, qui a dû se résoudre à lâcher quarante-deux secondes à son dauphin Vincenzo Nibali, une bonne partie de l'avance acquise la veille contre la montre.

MANUEL MARTINEZ, *L'Équipe* du 7 septembre 2017

CLASSEMENTS

17e étape, Villadiego - Los Machucos (180 km)

1	Denifl (AUT, Aqua B. Sport)	4 h 48' 52"
2	Contador (ESP, TFS)	à 28"
3	M.A. Lopez (COL, AST)	à 1' 4"

Général

1	Froome (GBR, SKY)	
2	Nibali (ITA, TBM)	à 1' 16"
3	Kelderman (HOL, SUN)	à 2' 13"

TOUR D'ESPAGNE — 20e étape

La passion selon Contador

L'Espagnol termine sa carrière par une victoire au sommet du mythique Angliru. Il laisse une empreinte indélébile dans le cœur de ses compatriotes.

Durant trois semaines, une déferlante s'est abattue sur l'Espagne. Le responsable de ce séisme s'appelle Alberto Contador, qui part à la retraite à trente-quatre ans, après quatorze années de professionnalisme et qui a poussé l'orgueil jusqu'à remporter la plus belle des étapes au sommet de l'Angliru. Ce soir, il ne sera plus coureur mais il aura su mettre à ses pieds tout un pays à l'occasion de cette tournée d'adieu, qui s'achève par une quatrième place au général.

Clairement, il aurait préféré achever son périple par un podium, lui qui a déjà gagné trois fois l'épreuve, et il pourra nourrir bien des regrets d'avoir connu un jour sans lors de la troisième étape. « Ce contretemps me coûte sûrement un meilleur classement, admettait le Madrilène. Mais j'ai connu tellement de moments incroyables sur cette Vuelta que le classement général de ma dernière course restera anecdotique. J'ai juste envie de retenir que j'ai terminé ma carrière par une victoire au sommet de l'Angliru. Je crois qu'il n'y avait pas de meilleur endroit pour partir. »

Un dernier moment de bonheur

Depuis le départ de cette Vuelta, Alberto Contador a été le plus adulé des coureurs. En annonçant sa retraite quelques semaines après le Tour et en choisissant la Vuelta pour cadre de sa dernière course, il a fait ce qu'il fallait pour déclencher les passions. Du nord au sud, les « *Merci Alberto* », les « *Nous sommes tous Contador* » et les tonnerres d'applaudissements qui nourrissaient le passage du moindre véhicule de sa formation Trek-Segafredo avaient de quoi provoquer la chair de poule.

« J'ai un sentiment indescriptible de bonheur et pas seulement parce que j'ai gagné cette étape de l'Angliru, sanglotait presque Contador. Pendant trois semaines, le public m'a complètement comblé. Je n'ai pas de mots assez forts pour exprimer tout ce que j'ai pu ressentir. Je ne pouvais pas partir sans donner un dernier moment de bonheur aux gens. »

Sur le terrain, Contador s'est battu jusqu'au bout. D'un avis unanime, il a su rendre la course belle et attractive. Le panache a toujours été son leitmotiv et la rage de vaincre son atout majeur.

Sur le bord de la route, il n'était surtout pas question de demander à qui que ce soit si son contrôle positif au clenbutérol dans le Tour 2010 avait pu faire tache dans sa carrière. Dans l'Angliru, l'amnésie avait pris le dessus sur les mauvais souvenirs. On ne touche pas à un demi-dieu à l'heure où le cyclisme espagnol, qui n'est pas près de revoir sur les routes Alejandro Valverde, toujours convalescent, est loin d'avoir assuré son avenir. « *J'ai sans doute gagné la Vuelta, mais le véritable héros, c'est Alberto* », disait à juste titre Froome.

MANUEL MARTINEZ,
L'Équipe du 10 septembre 2017

CLASSEMENTS

20e étape, Corvera de Asturias - col de l'Angliru (117,5 km)

1	Contador (ESP, TFS)	3 h 31' 33''
2	Poels (HOL, SKY)	à 17''
3	Froome (GBR, SKY)	m. t.

Général

1	Froome (GBR, SKY)	
2	Nibali (ITA, TBM)	à 2' 15''
3	Zakarin (RUS, KAT)	à 2' 51''

6 Avec un ultime triomphe sur les pentes de l'Angliru, Alberto Contador a remporté sa sixième victoire d'étape dans le Tour d'Espagne en cinq participations.

Alberto Contador a réussi sa sortie, pour le plus grand plaisir de ses nombreux supporters.

VAINQUEUR | **TOUR D'ESPAGNE**

FROOME : « La saison la plus satisfaisante de ma carrière »

Après plus de trois semaines passées sur les routes espagnoles, Chris Froome est revenu sur une saison historique, marquée d'un doublé Tour-Vuelta, inédit depuis 1978.

Vous avez dit que cette Vuelta avait été le grand Tour le plus dur de votre carrière. Pourquoi ?
Surtout parce que j'ai eu l'impression qu'il n'y avait aucune étape de transition. Chaque journée a été une bataille pour le classement général. Il y avait toujours un petit quelque chose dans les vingt derniers kilomètres, une côte de 4e catégorie, qui pouvait piéger les leaders. Je crois aussi que la façon de courir a beaucoup pesé, c'était à fond tous les jours.

Avez-vous connu des moments difficiles mentalement ?
Ma motivation n'a jamais été aussi élevée, parce que je portais le maillot de leader, mais il y a eu des moments difficiles. Surtout après ma double chute lors de la 12e étape. Ça m'a coûté beaucoup d'énergie, je savais que les autres faisaient la course, que Contador était à l'avant, donc je me suis dit que j'allais perdre gros, je ne savais pas comment j'allais réagir en troisième semaine, si j'allais payer tous mes efforts depuis le Tour… J'ai eu du mal à garder le même niveau dans les deux, trois jours suivant cette chute.

Comment avez-vous préparé cette Vuelta après le Tour ?
J'ai simulé à l'entraînement les conditions de course de la Vuelta pour m'habituer aux cols qu'on y rencontrerait, dont les pentes sont souvent bien plus pentues que celles du Tour, avec des montées de dix à quinze minutes, courtes mais très raides. On a donc fait un bloc de deux semaines en altitude, entre le Tour et la Vuelta, à Isola 2000, pour préparer tout ça. Ça a été déterminant en première semaine.

Vous aviez déjà tenté le doublé Tour-Vuelta à plusieurs reprises. Pourquoi cela a-t-il fonctionné cette fois ?
D'abord ma préparation a été différente, je n'avais jamais réalisé un bloc spécifique comme celui dont je viens de parler. D'ordinaire, je restais à la maison, je pensais qu'il me fallait une pause entre les deux. La préparation de l'équipe a également été différente, tous les grimpeurs sont venus avec moi, à l'exception de Mikel Nieve, ça a donné un but à tout le monde, on se sentait rassemblés autour de cet objectif.

Le Giro est-il un terrain que vous voudrez explorer dans le futur ?
Oui, ce n'est pas une course sur laquelle j'ai tiré un trait. Mais il faudrait bien tout planifier pour que cela ne compromette pas mon objectif de gagner un cinquième Tour de France, qui reste ma priorité.

En signant le troisième doublé Tour-Vuelta de l'histoire, Chris Froome entre dans la légende.

CLASSEMENT

Tour d'Espagne Final
(3 324,1 km)

1	Froome (GBR, SKY)	80 h 30' 2''
2	Nibali (ITA, TBM)	à 2' 15''
3	Zakarin (RUS, KAT)	à 2' 51''

73
Le nombre de cols que Chris Froome a franchis dans le Tour et la Vuelta en 2017.

Cette saison est-elle la plus belle de votre carrière ?
Oui, c'est la plus belle, la plus satisfaisante, et de loin. J'avais deux objectifs principaux, gagner le Tour et doubler avec la Vuelta, et c'est ce que j'ai réalisé. C'est un sentiment incroyable d'accomplissement. Ça va être très dur de faire plus grand que ça.

Propos recueillis par ALEXANDRE ROOS, L'Équipe du 12 septembre 2017

FROOME REJOINT ANQUETIL ET HINAULT

Avant Chris Froome, deux coureurs seulement avaient déjà gagné le Tour et la Vuelta la même année.

Anquetil à 29 ans (en 1963)* — à sa 1re tentative

Hinault à 23 ans (en 1978)* — à sa 1re tentative

Le plus âgé… … et le plus tardif
Froome à 32 ans — à sa 5e tentative

* La Vuelta se terminait alors début mai, deux mois avant le Tour de France. Ce n'est que depuis 1995 que son départ est donné à la fin de l'été.

GRAND PRIX DE MONTRÉAL

Tony Gallopin (en rouge) et Diego Ulissi (d.) apprécient le parcours accidenté de Montréal.

Gallopin d'attaque

L'Essonnien a joué sa carte dans le final de l'épreuve canadienne, avant de capituler à 300 mètres de l'arrivée. Ulissi l'a emporté au sprint.

Il lui a manqué 300 mètres. Mais c'est parfois beaucoup, 300 mètres, même après une course de 206 kilomètres. À cet endroit, Tony Gallopin comprit que la victoire lui échapperait. Il avait attaqué à 1 500 mètres de l'arrivée et, en passant sous la flamme rouge, il tordait son bidon à la recherche des dernières gouttes d'eau, signe que son propre réservoir énergétique était vide. Plus que dix mètres d'avance dans le dernier virage en épingle à cheveux, à 600 mètres de la ligne... « *Je voulais tenter le tout pour le tout. Ou je gagnais ou j'étais sixième (du groupe de six échappés). Je ne voulais pas avoir de regrets, attendre le sprint pour faire deuxième ou troisième. J'avais à cœur de gagner alors j'ai tout tenté*, expliquait-il. *Mais il y avait plus fort que moi. Avec le vent de face dans la dernière ligne droite, c'était compliqué. C'était un sprint très long (sur une chaussée à 4 %). Bakelants est revenu le premier. Ulissi a réussi à bien rester à l'abri et, comme c'est un coureur rapide, il n'y avait pas grand-chose à faire.* »

8

Diego Ulissi est le huitième vainqueur différent du Grand Prix de Montréal en huit éditions depuis sa création en 2010.

Le coureur de Lotto-Soudal était souriant. Pas comme Jan Bakelants (4e), fâché contre le Français : « *Il ne prend pas de relais et il nous flingue* », critiquait le Belge d'AG2R La Mondiale, la future équipe de « Gallo ».

Heureux qui comme Ulissi

Jouant avec le décalage horaire, Tony Gallopin avait commencé son séjour canadien par une balade dans les rues du vieux Québec avec son épouse, la commentatrice de France Télévisions Marion Rousse. Il l'a terminé en embarquant dans un avion pour Paris, satisfait de sa semaine (9e à Québec, 6e à Montréal) et de ses sensations après un bloc important de travail dans la perspective du Mondial, le 24 septembre, à Bergen (Norvège). « *Il n'y a pas trop de secret en fin de saison pour préparer un Championnat du monde*, faisait-il observer. *Je suis reparti sur les mêmes bases que pour Ponferrada (6e, en 2014) et Richmond (7e, en 2015). Après Plouay (le 27 août), j'ai fait de grosses charges de travail, jusqu'à sept à huit heures d'entraînement. Les 278 km, il faut les avoir dans les jambes pour être capable de jouer un rôle le jour J.* »

Heureux qui comme l'Italien Diego Ulissi (28 ans) a fait un beau voyage au Canada où, cette fois, le trio des favoris – Peter

GRAND PRIX DE MONTRÉAL

Sagan, Greg Van Avermaet et Michael Matthews – ne s'est pas disputé la victoire. Dans cette course rapide, sur un circuit difficile (presque 4 000 mètres de dénivellation), ils ont manqué d'équipiers à la fin (Tom Dumoulin, en personne, s'est employé en vain pour Matthews) pour espérer effectuer la jonction avec les six derniers échappés de la journée (Ulissi, J. Herrada, Slagter, Bakelants, Mollema et Gallopin).

Ces trois-là ne se quittent pas : Van Avermaet septième, Matthews huitième et Sagan neuvième. Le double champion du monde, vainqueur à Québec, a fait le forcing à 5 kilomètres. Puis l'ourson slovaque est retourné au fond de sa tanière, dans l'immense parc du Mont-Royal où les locataires majoritaires, les écureuils, se doraient les poils au soleil.

JEAN-LUC GATELLIER, *L'Équipe* du 11 septembre 2017

CLASSEMENT

Grand prix de Montréal (205,7 km)

1	Ulissi (ITA, UAE)	5 h 22' 29''
2	J. Herrada (ESP, MOV)	
3	Slagter (HOL, CDT)	t. m. t.

Depuis 2010, le Grand Prix de Montréal permet au peloton de vivre le rêve américain.

CHAMPIONNATS DU MONDE / Élite hommes

Sagan, la saga continue

Le Slovaque est devenu le seul coureur de l'histoire à remporter trois titres mondiaux d'affilée. Julian Alaphilippe n'était pas loin de lui souffler la victoire.

Ce n'est pas parce qu'on ne connaît rien à l'histoire qu'on n'est pas capable d'y entrer par le portail d'honneur. Peter Sagan, qui n'a jamais entendu parler d'Alfredo Binda ou Rik Van Steenbergen, l'a fait à sa manière de gentil barbare, à grands coups de hache et en piétinant tout sur son passage. Le Slovaque trône désormais au panthéon des Championnats du monde, en compagnie des deux premiers nommés, d'Eddy Merckx (ah, là, ça lui dit quelque chose...) et d'Oscar Freire, tous coiffés de trois couronnes impériales. Mais il a fait un

Déjà trois maillots arc-en-ciel pour Peter Sagan... Le Slovaque a pris le pli !

Il s'en est fallu d'un demi-boyau pour qu'Alexander Kristoff (d.) ne s'impose à la maison...

Le 5e triple champion du monde

Peter Sagan est devenu le cinquième coureur de l'histoire à remporter 3 titres de champion du monde, après...

Oscar Freire (ESP)
(1999, 2001, 2004)

Eddy Merckx (BEL)
(1967, 1971 et 1974)

Rik Van Steenbergen (BEL)
(1949, 1956 et 1957)

Alfredo Binda (ITA)
(1927, 1930 et 1932)

Élite hommes | **CHAMPIONNATS DU MONDE**

peu mieux qu'eux. Il est le seul à les avoir conquises en trois années seulement : Richmond 2015, Doha 2016 et, donc, Bergen 2017. *« Je ne pense pas que cela va changer quelque chose dans le monde, mais pour moi, c'est très sympa »*, conclut Peter Ier d'une de ces pensées profondes qu'il sauce de son rire mécanique.

« On le voyait faire à moitié l'idiot »

Cette victoire-là ne restera pas comme la plus compliquée, mais probablement comme la plus difficile. À Bergen, il s'est totalement planqué avant d'émerger au dernier instant de la roue de Kristoff. *« Il a fait toute la course au milieu du peloton, on avait l'impression qu'il s'en désintéressait complètement,* résumait Tony Gallopin. *On l'entendait brailler, on le voyait faire à moitié l'idiot, descendre en queue de peloton. Et à la fin, il gagne… »*

Sur un circuit bien plus emballant qu'à Doha, le peloton faisait la sieste. À l'aube du dernier tour, on n'avait toujours pas aperçu un poil de la barbiche de Sagan. Le peloton était passé sur la ligne groupé comme un banc de harengs après avoir digéré l'échappée quand Julian Alaphilippe a séché tout le monde dans l'ultime ascension de Salmon Hill. Seul l'Italien Gianni Moscon a réussi à s'accrocher à ses rayons et les deux évadés ont basculé dans la descente avec une poignée de secondes d'avance dans les socquettes. Seulement, il y avait encore plus de dix kilomètres à avaler, et c'est sans grande surprise qu'ils furent repris à 1,2 km de l'arrivée. Pour Alaphilippe, la « colline du Saumon » était-elle placée trop loin de la mer ? Sans doute. S'il avait franchi la même bosse à deux kilomètres de la ligne, il aurait disputé la victoire à Moscon. Encore faut-il imaginer que Peter Sagan n'aurait pas appuyé un peu plus fort sur ses pédales dans la bosse. Le Slovaque gardera l'arc-en-ciel une année de plus. La série s'arrêtera là. Comment imaginer qu'il portera ce record à quatre victoires, l'an prochain, sur les sommets d'Innsbruck où 5 000 m de dénivelé sont annoncés ? Alexander Kristoff (2e) secouait sa tête de chien battu : *« Avec Sagan, on ne sait jamais… »*

GILLES SIMON,
L'Équipe du 25 septembre 2017

CLASSEMENT

Championnats du monde, course en ligne Élite hommes (267,5 km)

1	P. Sagan (SLQ)	6 h 28' 11''
2	Kristoff (NOR)	
3	Matthews (AUS)	t. m. t.

« Quand je vois comment je me suis fait mal… »

Le Français Julian Alaphilippe n'a pas été récompensé (10e) après ses deux attaques dans le final.

Parti à 10 km du but, Julian Alaphilippe a tout donné. Il ne lui a manqué que 1 200 mètres.

Dans le coin des Bleus, on refait la course, on lui dit qu'il a été formidable. Cyrille Guimard pose ses mains sur sa tête et lui donne une tape dans le dos. Julian Alaphilippe retrouve alors sa bonne humeur et raconte : *« J'ai attaqué plus fort sur les pavés que dans la côte. J'ai tout fait au sprint, j'avais 53 × 11. »*

Dans le dernier tour, Alaphilippe se détache dans la colline du Saumon, à quelques hectomètres du sommet (*« C'est long après 260 bornes… »*). En haut, il est rejoint par Gianni Moscon. Après la descente, à huit kilomètres de l'arrivée, il encourage l'Italien à en faire plus : *« Allez, à bloc, c'est toi et moi ! T'as plus de question à te poser ! »* Mais, justement, Moscon s'en pose. Matteo Trentin est une carte maîtresse de la *Nazionale* et il doit en tenir compte. Alors, il faut s'en débarrasser. Ce sera sur les pavés à 4,5 kilomètres de la fin. *« Moscon est revenu à cent mètres, je l'ai attendu, j'ai essayé de faire de l'intox, il restait deux kilomètres. Il était épuisé et moi, je ne voyais plus clair, j'avais tout donné. »*

Aux 1 200 mètres, *« quand j'ai vu Gaviria, j'avais la rage »*, lâche Alaphilippe. Le Danois Soren Kragh Andersen tente sa chance, en vain. Le Français et l'Italien sont rattrapés par le peloton. Alaphilippe se mêle au sprint avec un réservoir énergétique à sec. Il termine dixième. *« La course a été usante mais pas assez dure pour éviter un sprint. Quand je vois comment je me suis fait mal et comment ils m'ont rattrapé… Je suis déçu mais je n'ai pas de regrets. »*

JEAN-LUC GATELLIER,
L'Équipe du 25 septembre 2017

CHAMPIONNATS DU MONDE | Élite femmes

Superbe finisseuse, Chantal Blaak, la Néerlandaise qu'on n'attendait pas, est allée chercher l'or !

Orange mécanique

La Néerlandaise Chantal Blaak est devenue championne du monde de cyclisme sur route, à Bergen. L'équipe de France repart bredouille malgré une course aux avant-postes.

On s'attendait au sacre d'Anna Van Der Breggen ou d'Annemiek Van Vleuten, mais une Néerlandaise peut en cacher une autre. C'est Chantal Blaak qui s'est adjugé le maillot arc-en-ciel dans l'épreuve en ligne féminine des Championnats du monde, à Bergen, en Norvège. Katrin Garfoot (Australie) et la tenante du titre Amalie Dideriksen (Danemark) ont pris l'argent et le bronze au terme d'un sprint.

Les Pays-Bas ont dicté leur loi. Dans l'avant-dernière ascension de la Salmon Hill, la difficulté située au milieu du circuit, les Néerlandaises ont mis le peloton à genou grâce à un train soutenu. Une fois la jonction faite avec les derniers échappés, dont la Française Élise Delzenne, Blaak a placé son attaque, suivie par Audrey Cordon-Ragot et Hannah Barnes.

CLASSEMENT

Championnats du monde, course en ligne Élite femmes (152,8 km)

1	Blaak (HOL)	4 h 6' 30"
2	Garfoot (AUS)	à 28"
3	Dideriksen (DAN)	m.t.

10

Avec cette dixième victoire aux Mondiaux féminins, les Pays-Bas rejoignent la France à la première place du palmarès depuis l'origine de l'épreuve, en 1958.

Sprint pour la deuxième place

Les trois coureuses sont arrivées à prendre 40 secondes d'avance avant de repasser sur les pentes de la Salmon Hill. À son sommet, elles ont été rejointes pas un quatuor composé d'Anna Van Der Breggen, Annemiek Van Vleuten, Katarzyna Niewiadoma et Katrin Garfoot. Ce groupe de sept n'a pas vécu longtemps. Les Néerlandaises n'ont pas voulu faire le train pour les autres et ont donc laissé Blaak tenter sa chance, avec succès, en solitaire.

Van Der Breggen et Van Vleuten auraient souhaité se disputer le podium avec le doux rêve d'un triplé batave, mais le peloton des poursuivantes a avalé le groupe dans les derniers hectomètres. Les deux Néerlandaises étaient un peu courtes pour faire une médaille. Cordon-Ragot a totalement coincé après tant d'efforts. Au sprint, c'est Pauline Ferrand-Prévot qui est la meilleure Française avec une onzième place.

JEAN-BAPTISTE CAILLET, *lequipe.fr* du 23 septembre 2017

Élite femmes — **CHAMPIONNATS DU MONDE**

Le cyclisme féminin a fait recette dans les rues ensoleillées de Bergen.

« Pourquoi ça ne me sourit jamais ? »

La Française Audrey Cordon-Ragot figurait dans le groupe de tête et a longtemps cru en ses chances avant de voir le peloton débouler sur la fin.

« *Pourquoi je ne peux pas être championne du monde ? Pourquoi ça ne me sourit jamais ?* » À son retour au paddock, Audrey Cordon-Ragot (39e) était en larmes. Désespérée. Sortie dans l'avant-dernier tour avec la Néerlandaise Chantal Blaak (future vainqueur) et la Britannique Hannah Barnes, la Française était encore idéalement placée au sommet de la dernière bosse alors que quatre autres coureuses (dont deux autres Néerlandaises) avaient fait la jonction.

« À qui en faisait le moins »

Seulement voilà. Quand Blaak est repartie toute seule, un peu plus loin, ses adversaires se sont regardées. « *Je me suis dit que c'était aux autres d'y aller, qu'elles étaient plus fraîches*, plaide Cordon-Ragot. *Seulement c'était à qui en faisait le moins.* » À tel point que le peloton est revenu à 300 mètres de la ligne, balayant tout espoir de médaille.

Pauline Ferrand-Prévôt (11e), elle, est tombée au bout de 500 mètres de course. « *J'ai mis presque un tour à rentrer*, raconte-t-elle, *et je l'ai payé. À la fin, ça allait juste un peu trop vite pour moi.* »

GILLES SIMON,
L'Équipe du 24 septembre 2017

Dans le dernier tour de circuit, Audrey Cordon-Ragot occupe la tête de la course.

ILS NOUS ONT QUITTÉS

Hommages

Ferdi Kübler (SUI, 24 juillet 1919 – 29 décembre 2016)
Avec Ferdi Kübler, la Suisse perd l'un de ses héros, une figure irrécusable du cyclisme épique de l'après-guerre, célèbre pour ses envolées, ses colères cyranesques. Kübler aura pris le temps d'installer son personnage gargantuesque, doué de rouerie et capable d'exploits singuliers, ainsi deux doublés consécutifs dans le week-end ardennais (La Flèche et Liège se couraient sur deux jours). En 1950, il était devenu le premier Suisse à gagner le Tour. Sa fin de carrière est un mélange d'embellies et de coups de barre retentissants, de présomption et de morceaux de bravoure avec un sommet à Varèse en 1951, où il devance Fiorenzo Magni au sprint à l'arrivée du Championnat du monde. Sur la ligne, il affiche un visage radieux, illuminé par une joie mystique. Il vient de décrocher son Graal mais s'empresse de consoler l'Italien, en pleurs, et s'excuse « *de l'avoir battu* ». Un geste qui en dit long sur son humanité, sur cette tendresse, cette compassion qu'il témoignait certains jours à ses rivaux.
PHILIPPE BRUNEL, *L'Équipe* du 31 décembre 2016

Ferdi Kübler fut le premier Suisse à gagner de Tour de France.

Roger Walkowiak (FRA, 2 mars 1927 – 6 février 2017)
C'est à peine si l'on a remarqué que ce bon grimpeur indolent, au visage poupin, a tenu la dragée haute à Louison Bobet, en 1955, dans les cols du Dauphiné. Et c'est en désespoir de cause, « *parce qu'il faut bien bouffer* » et qu'il aime son métier, qu'il s'enquiert auprès de Geminiani, son voisin de Clermont, pour savoir s'il n'aurait pas une place pour lui. Walkowiak reçoit en paquetage deux maillots Saint-Raphaël, deux cuissards, un vélo et, pour tout salaire, cent francs de l'époque (deux euros actuels !). Il court à la musette, au service de ses leaders. Et c'est dans ce contexte de grande précarité qu'il gagne le Tour en 1956, marqué par l'absence de « patron ». « *Un Tour à la Walko* », dira-t-on pour définir un Tour au rabais, décevant, sans grand éclat où le sort de la course s'était joué à la sauvette, sur une « échappée bidon », ce qu'il réfutera. « *Je n'avais rien volé, j'avais su flairer le bon coup et ma victoire ne devait rien au hasard.* »
PHILIPPE BRUNEL, *L'Équipe* du 8 février 2017

En 1956, Roger Walkowiak avait créé la surprise en remportant le Tour de France.

Roger Pingeon (FRA, 28 août 1940 – 19 mars 2017)
Jacques Anquetil amorçait un lent déclin et son successeur commençait à percer sous les traits encore mous, imprécis, eurasiens du jeune Eddy Merckx, quand Roger Pingeon, grimpeur taciturne et cabochard, au nez aquilin, remporta le Tour de France 1967 à la surprise générale, après un raid solitaire en Belgique sur la route de Jambes. Avec un peu de chance, Pingeon aurait pu gagner trois Tours. Dès 1968, dans le « Tour de la santé » de l'après-Simpson, aux montagnes rabotées, il s'échappe sur la route d'Albi et s'octroie plus de dix minutes d'avance. Le Tour est gagné quand, à l'arrière, un motard de la télévision renverse Poulidor. Aussitôt, c'est l'hallali. Janssen, Huysmans, Bitossi, Aimar, Gonzales sonnent la charge et condamnent Roger Pingeon. En 1969, il termine deuxième derrière Merckx, qui avait bénéficié d'une mesure de clémence pour courir le Tour, après son exclusion du Giro pour dopage. Mais cette vie-là, de vagabondage et d'hôtels, lui coûtait. Souvent, il parlait de tout laisser tomber, allant jusqu'à regretter son métier de plombier-zingueur.
PHILIPPE BRUNEL, *L'Équipe* du 20 mars 2017

Roger Pingeon sous le maillot Peugeot, qu'il porta de 1965 à 1972.

ILS NOUS ONT QUITTÉS

Albert Bouvet (FRA, 28 février 1930 – 20 mai 2017)

Ancien tailleur de pavés, Albert Bouvet avait su se faire une place dans les pelotons professionnels chez Mercier, auprès de Louison Bobet, qu'il avait devancé d'un souffle dans Paris-Tours en 1956, sa plus grande victoire. C'est toutefois sur piste, en poursuite (il fut cinq fois champion de France de la spécialité), qu'il atteignait son plein rendement dans les recours émérites et lucratifs d'une carrière de pistard qui, à l'époque, pouvait nourrir son homme. Sa carrière refermée, il s'essaya au journalisme avant de rejoindre la Société du Tour. Pour beaucoup, son nom restera attaché à Paris-Roubaix au chevet duquel il s'était penché au lendemain d'une édition 1967 jugée « calamiteuse » par Jacques Goddet. « Mon cher Albert, prenez votre bâton de pèlerin, battez la campagne et recensez tous les pavés que vous trouverez. » C'est ainsi qu'Albert Bouvet avait débusqué la tranchée d'Arenberg. Pour le plus grand éloge de Paris-Roubaix et de l'Enfer du Nord, qui lui doit son appellation et sa légende.

PHILIPPE BRUNEL, *L'Équipe* du 21 mai 2017

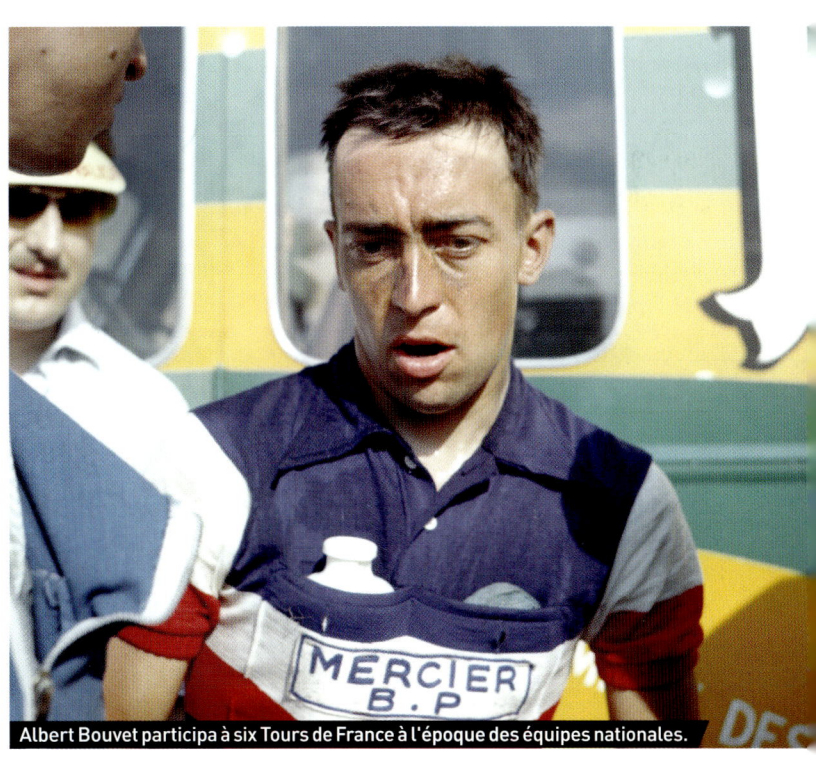

Sous les couleurs d'Astana, Michele Scarponi s'était mis au service de Nibali.

Michele Scarponi (ITA, 25 septembre 1979 – 22 avril 2017)

Son début de carrière, en 2002 chez Acqua & Sapone, promet énormément. L'année suivante, il se classe quatrième de Liège-Bastogne-Liège. Mais en 2006, c'est le coup d'arrêt : il est cité dans l'opération Puerto et écope d'une suspension de dix-huit mois qu'il purgera sans broncher, pour mieux se relancer sous le maillot de l'Androni Giocattoli. Cet épisode conditionna sa carrière, ses prudences, son goût pour les amitiés électives dans un rapport contrarié avec son milieu professionnel. En 2012, il fut déclaré vainqueur du Giro 2011, sur tapis vert (après le déclassement d'Alberto Contador). Il n'en tirait ni joie ni orgueil. Mais un brin d'amertume, conscient que tout n'était que théâtre, gabegie, illusion. Ces dernières années, il s'était métamorphosé en *gregario* de luxe pour Vincenzo Nibali, dans le Tour 2014 notamment. Scarponi a été percuté mortellement par une fourgonnette tandis qu'il s'entraînait près de chez lui.

PHILIPPE BRUNEL, *L'Équipe* du 23 avril 2017

Albert Bouvet participa à six Tours de France à l'époque des équipes nationales.

EUX AUSSI NOUS ONT QUITTÉS...

Reginald Arnold (AUS, 9 octobre 1924 – 23 juillet 2017),
Alberto Assirelli (ITA, 31 août 1936 – 1er avril 2017),
Serge Baguet (BEL, 18 août 1969 – 9 février 2017),
Attilio Benfatto (ITA, 11 mars 1943 – 5 avril 2017),
Jean Bogaerts (BEL, 19 janvier 1925 – 28 janvier 2017),
Cipriano Chemello (ITA, 19 juillet 1945 – 14 février 2017),
Giovanni Corrieri (ITA, 7 février 1920 – 22 janvier 2017),
Fernand Decanali (FRA, 8 juillet 1925 – 10 janvier 2017),
Phil Edwards (GBR, 3 septembre 1949 – 24 avril 2017),
Étienne Fabre (FRA, 5 août 1996 – 10 décembre 2016),
Jesús Galdeano (ESP, 6 janvier 1932 – 6 mai 2017),
Vicente Iturat (ESP, 22 août 1928 – 18 août 2017),
Vito Ortelli (ITA, 5 juillet 1921 – 24 février 2017),
Eddy Pauwels (BEL, 2 mai 1935 – 6 mars 2017),
Leo Peelen (HOL, 16 juillet 1968 – 24 mars 2017),
Raymond Reisser (FRA, 10 décembre 1931 – 4 avril 2017),
Piet Rentmeester (HOL, 27 août 1938 – 11 février 2017),
Luis Santamarina (ESP, 25 juin 1942 – 6 février 2017),
Edgard Sorgeloos (BEL, 14 décembre 1930 – 12 novembre 2016),
Nicole Vandenbroeck (BEL, 9 novembre 1946 – 17 avril 2017),
Graham Webb (GBR, 13 janvier 1944 – 28 mai 2017),
Stephen Wooldridge (AUS, 17 octobre 1977 – 15 août 2017),
Chad Young (USA, 8 juin 1995 – 28 avril 2017).

RÉSULTATS

ROUTE (FIN DE SAISON 2016)

Tour d'Émilie (ITA, 24 septembre, CAT. 1 HC)
1. Johan Esteban Chaves Rubio (COL, OBE) les 213 km en 5 h 7'28" ; 2. R. Bardet (FRA, ALM) à 3" ; 3. R. Uran (COL, CDT) ; 4. F. Aru (ITA, CDT) t.m.t. ; 5. J. Bakelants (BEL, ALM) à 10".

Tour de Lombardie (ITA, 1er octobre, CAT. World Tour)
1. Johan Esteban Chaves (COL, OBE), les 240 km en 6 h 26'36" ; 2. D. Rosa (ITA, AST) ; 3. R. Uran (COL, CDT) t.m.t. ; 4. R. Bardet (FRA, ALM) à 6" ; 5. D. Villella (ITA, CDT) à 1'19" ; 6. A. Valverde (ESP, MOV) à 1'24" ; 7. R. Gesink (HOL, TLJ) ; 8. W. Barguil (FRA, TGA) ; 9. A. De Marchi (ITA, BMC) ; 10. P. Latour (FRA, ALM) t.m.t.

Tour de Vendée (FRA, 2 octobre CAT. 1 HC)
1. Nacer Bouhanni (FRA, COF) les 203,8 km en 4 h 57'26" ; 2. S. Dumoulin (FRA, ALM) ; 3. B. Coquard (FRA, DEN) ; 4. R.Feillu (FRA, AUB) ; 5. B. Planckaert (BEL, WBC), t.m.t.

Paris-Bourges (FRA, 6 octobre, CAT. 1.1)
1. Sam Bennett (IRL, BOA), les 190,3 km en 4 h 38'55" ; 2. A. Porsev (RUS, KAT) ; 3. R. Barbier (FRA, RML) ; 4. M. Sarreau (FRA, FDJ) ; 5. J. Garnieri (ITA, KAT) t.m.t.

Paris-Tours (FRA, 9 octobre, CAT. 1 HC)
1. Fernando Gaviria (COL, EQS) les 252,5 km en 5 h 22'03" ; 2. A. Démare (FRA, FDJ) ; 3. J. Vangenechten (BEL, IAM) ; 4. M. Trentin (ITA, EQS) ; 5. B. Coquard (FRA, DEN) t.m.t.

Chrono des Nations (FR, 23 octobre, CAT. 1.1)
Élite : 1. Vasil Kiryienka (BLR,SKY) les 51,5 km en 1 h 04'08" ; 2. J. Castroviejo (ESP, MOV) à 5" ; 3. M. Toft Madsen (DAN, MOV) à 59" ; 4. R. Mullen (IRL, CDT) à 1'29" ; 5. J. Le Bon (FRA, FDJ) à 2'33".

PISTE (2017)

Championnats du Monde à Hong-Kong
(CHN, du 13 au 16 avril, CAT. CM)
HOMMES
Kilomètre : 1. F. Pervis (FRA) en 1'00"714 ; 2. Q. Lafargues (FRA) en 1'01"048 et T. Babek (CZE) m.t.
Américaine : 1. France (M. Kneisky, B. Thomas) ; 2. Australie (C. Meyer, C.Scotson) ; 3. Belgique (M.DePauw, K. De Ketele).
Vitesse : 1. D. Dmitriev (RUS) ; 2. H. Lavreysen (HOL) ; 3. E. Mitchell (NZL).
Omnium : 1. B. Thomas (FRA) 149 pts ; 2. A. Gates (NZL) 147 pts ; 3. A. Torres Barcelo (ESP) 138 pts.
Course aux points : 1. C. Meyer (AUS) 76 pts ; 2. K. De Ketele (BEL) 40 pts ; 3. W. Pszczolarski (POL) 40 pts.
Poursuite individuelle : 1. J. Kerby (AUS) en 4'17"068 ; 2. F. Ganna (ITA) en 4'21"299 ; 3. K. O'Brien (AUS).
Poursuite par équipes : 1. Australie (Welsford, Meyer, Porter, Yallouris O'Brien, Wight) en 3'51"503 ; 2. Nouvelle-Zélande (Gough, Bulling, Kennett, Kergosou de la Boessiere) en 3'53"979 ; 3. Italie (Consonni, Bertazzo, Ganna, Lamon, Scartezzini) en 3'56"935.
Keirin : 1. M. Awang (MAS) ; 2. F. Puerta Zapata (COL) ; 3. T. Babek (CZE).
Scratch : 1. A. Teklinski (POL) ; 2. L. Lib (GER) ; 3. C. Latham (GBR).
Vitesse par équipes : 1. Nouvelle-Zélande (Mitchell, Webster, Dawkins) ; 2. Pays-Bas (Hoogland, Laureysen, Buchli, Bos,) ; 3. France (Edelin,Vigier, Lafargue, Pervis).

FEMMES
Vitesse par équipes : 1. Russie (Shmeleva, Voynova) en 32"520 ; 2. Australie (McCulloch, Morton) en 32"649 ; 3. Allemagne (Welte, Vogel).
Course aux points : 1. E. Barker (GER) 59 pts ; 2. S. Hammer (USA) 51 pts ; 3. K. Wild (HOL) 35 pts.
Keirin : 1. K. Vogel (GER) ; 2. M. Bayona (COL) ; 3. N. Degrendele (BEL).
500 mètres : 1. D. Shmeleva (RUS) en 33"282 ; 2. M. Welte (GER) en 33"382 ; 3. A. Voynova (RUS) en 33"454.
Poursuite individuelle : 1. C.Dygert (USA) les 3 km en 3'24"641 ; 2. A. Ankudinoff (AUS) en 3'31"784 ; 3. K. Catlin (USA).
Américaine : 1. BEL (Kopecky, D'Hoore) 44 pts ; 2. Grande-Bretagne (Barker, Nelson) 34 pts ; 3. Australie (Cure, Manly) 25 pts.
Vitesse : 1. Kristina Vogel (GER) ; 2. S. Morton (AUS) ; 3. W.S. Lee (HKG).
Omnium : 1. Katie Archibald (GBR) 123 pts ; 2. K. Wild (HOL) 115 pts ; 3. A. Cure (AUS) 115 pts.
Poursuite par équipes : 1. États-Unis (Catlin, Dygert, Geist, Valente) ; 2. Australie (Cure, Ankudinoff, Manly, Wiasak) ; 3. Nouvelle-Zélande (Sheath, Buchanan, James, Nielsen, Drummond).
Scratch : 1. Rachele Barbieri (ITA) ; 2. E. Barker (GBR) ; 3. J. D'Hoore (BEL).

CYCLO-CROSS (2017)

Championnats de France, à Lanarvily
(7 et 8 janvier)
Élites hommes : 1. Clément Venturini (COF), en 1 h 05'17" ; 2. A. Jeannesson (FVC) à 3" ; 3. J. Gadret (USO Bruay-la-Buissière), à 26" ; 4. A. Falenta (VC Villefranche Beaujolais), m.t. ; 5. V. Koretzky (BH-SR Suntour-KMC), à 28".
Espoirs hommes : 1. Tony Périou (BRE) en 54'19" ; 2. C. Russo (RHA), m.t. ; 3. J. Dubau (IDF), à 2".
Juniors hommes : 1. Maxime Bonsergent (PDL), en 43'52" ; 2. A. Benoist (BRE), à 27" ; 3. N. Guillemin (BRE) à 40".
Cadets hommes : 1. Antoine Huby (BRE), en 31'25" ; 2. A. Leroux (AQU), à 13" ; 3. A. Laurance (BRE), m.t.
Élites femmes : 1. Carole Mani (FRC), en 42'28" ; 2. J. Labous (FRC), à 17" ; 3. H. Clauzel (ALS) à 23".
Juniors femmes : 1. Jade Wiel (FRC), en 37'46" ; 2. M. Galand (BRE) à 2" ; 3. É. Muzic (FRC), à 8".
Cadettes : 1. Pasquine Vandermouten (LAR), en 28'28" ; 2. M. Allione (CAZ), à 51' ; 3. L. Moullec (BRE), à 1'25".

Championnats du monde
(LUX, 29 janvier)
Élites hommes : 1. Wout Van Aert (BEL) en 1 h 02'08" ; 2. M. Van der Poel (HOL) à 44" ; 3. K. Pauwels (BEL) à 2'09" ; 4. L. Van der Haar (NED) à 2'52" ; 5. C. Van Kessel (HOL) à 3'09".
Élites femmes : 1. Sanne Cant (BEL) en 43'06" ; 2. M. Vos (HOL) à 1" ; 3. K. Nash (CZE) à 21" ; 4. L. Brand (HOL) m.t. ; 5. M. Rochette (CAN) à 36'.
Espoirs hommes : 1. Joris Nieuwenhuis (HOL) en 53'58" ; 2. F. Orts Lloret (ESP) à 1'23" ; 3. S. Wouters (HOL) à 1'29".
Juniors hommes : 1. Thomas Pidcock (GBR) en 41'24" ; 2. D. Tulett (GBR) à 38" ; 3. B. Turner (GBR) à 44".

ROUTE (2017)

Tour Down Under
(AUS, 17 au 22 janvier, CAT. World Tour)
Étapes remportées par : C. Ewan (AUS, ORS), R. Porte (AUS, BMC).
Classement final : 1. R. Porte (AUS, BMC), 19 h 55'49" ; 2. E. Chaves (COL, ORS), à 48" ; 3. J. McCarthy (AUS, BOH), à 51" ; 4. N. Haas (AUS, DDD), m.t. ; 5. D. Ulissi (ITA, UAD) à 59".

Grand Prix Cycliste La Marseillaise
(FRA, 29 janvier, CAT. 1.1)
1. Arthur Vichot (FRA, FDJ) ; 2. M. Bouet (FRA, FVC) ; 3. L. Calmejane (FRA, DEN) ; 4. J. El Farès (FRA, DMP) ; 5. T. Gallopin (FRA, LTS).

Circuit Het Nieuwsblad
(BEL, 25 février, CAT. World Tour)
1. G. Van Avermaet, (BEL, BMC), les 198,3 km en 4 h 55'06" ; 2. P. Sagan (SLQ, BOH), m.t. ; 3. S. Vanmarcke (BEL, CDT), m.t. ; 4. F. Felline (ITA, TFS), à 45 ; 5. O. Gatto (ITA, AST) à 52" ; 6. L. Rowe (GBR, SKY), m.t. ; 7. O. Naesen (BEL, ALM), m.t. ; 8. J. Stuyven (BEL, TFS), m.t. ; 9. M. Trentin (ITA, QST) à 56" ; 10. A. Petit, (FRA, DEN) à 58".

Classic Sud Ardèche
(FRA, 25 février, CAT. 1.1)
1. Marco Finetto (ITA, DMP), les 200 km en 5 h 21'09" ; 2. M. Cattaneo (ITA, ANS) ; 3. F. Gavazzi (ITA, ANS) ; 4. E. Sepulveda (ARG, FVC) ; 5. P. Latour (FRA, ALM) ; 6. A. Vichot (FRA, FDJ) ; 7. J. Simon (FRA, COF) ; 8. M. Budding (HOL, RNL) ; 9. L. Calmejane (FRA, DEN) ; 10. A. Delaplace (FRA, FVC) t.m.t.

Paris-Nice
(FRA, du 5 au 12 mars, CAT. World Tour)
Étapes remportées par : A. Démare (FRA, FDJ), S. Colbrelli (ITA, TBM), S. Bennett (IRL, BOH), J. Alaphilippe (FRA, QST), A. Greipel (GER, LTS), S. Yates (GBR, ORS), R. Porte (AUS, BMC), D. de La Cruz (ESP, QST).
Classement final : 1. S. Henao (COL, SKY) en 29 h 50'29" ; 2. A. Contador (ESP, TFS) à 2" ; 3. D. Martin (IRL, QST) à 30" ; 4. G. Izagirre (ESP, MOV) à 1' ; 5. J. Alaphilippe (FRA, QST) à 1'22" ; 6. I. Zakarin (RUS, KAT) à 1'34" ; 7. J. Izaguirre (ESP, TBM) à 1'41" ; 8. W. Barguil (FRA, SUN) à 4'07" ; 9. S. Yates (GBR, ORS) à 4'39" ; 10. T. Gallopin (FRA, LTS) à 9'14".

Tirreno-Adriatico
(ITA, du 8 au 14 mars, CAT. World Tour)
Étapes remportées par : BMC Racing Team (SUI), c.l.m. individuel, G. Thomas (GBR, SKY), P. Sagan (SLO, BOH), N. Quintana (COL, SKY), F. Gaviria (COL, QST), R. Denis (AUS, BMC).
Classement final : 1. N. Quintana (COL, MOV) en 25 h 56'27" ; 2. R. Denis (AUS, BMC) à 25" ; 3. T. Pinot (FRA, FDJ) à 36" ; 4. P. Roglic (SLV, TLJ) à 45" ; 5. G. Thomas (GBR, SKY) à 56" ; 6. T. Dumoulin (NED, SUN) à 1'01" ; 7. Castroviejo (ESP, MOV) à 1'18" ; 8. R. Uran (COL, CDT) à 1'36" ; 9. B. Mollema (HOL, TFS) à 1'38" ; 10. D. Pozzovivo (ITA, ALM) à 1'59".

Classic Loire-Atlantique
(FRA, 18 mars, CAT. 1.1)
1. L. Pichon (FRA, FVC), les 183 km en 4 h 26'19" ; 2. T. Boudat (FRA, DEN) ; 3. H. Hofstetter (FRA, COF) ; 4. E. Planckaert (BEL, SVB) ; 5. S. Dumoulin (FRA-ALM), t.m.t.

Milan-San Remo
(ITA, 18 mars, CAT. World Tour)
1. M. Kwiatkowski (POL,SKY), les 291 km en 7 h 08'39" ; 2. P. Sagan (SVK, BOH) ; 3. J. Alaphilippe (FRA, QST) t.m.t. ; 4. A. Kristoff (NOR, KAT) à 5" ; 5. F. Gaviria (COL, QST) ; 6. A. Démare (FRA, FDJ) ; 7. J. Degenkolb (GER, TFS) ; 8. N. Bouhanni (FRA, COF) ; 9. E. Viviani (ITA, SKY) ; 10. C. Ewan (AUS, ORS) t.m.t.

Tour de Catalogne
(ESP, du 20 au 26 mars, CAT. World Tour)
Étapes remportées par : 1. D. Cimolai (ITA, FDJ), BMC Racing Team (USA), c.l.m. par équipes, A. Valverde (ESP, MOV), N. Bouhanni (FRA, COF), D. Impey (RSA, ORS),

Classement final : 1. A. Valverde (ESP, MOV), en 25 h 27'15'' ; 2. A. Contador (ESP, TFS) à 1'03'' ; 3. M. Soler (ESP, MOV) à 1'16'' ; 4. A. Yates (GBR, ORS) à 1'31'' ; 5. T. Van Garderen (USA, BMC) à 1'34''.

Grand Prix E3
(BEL, 24 mars, CAT. World Tour)
1. G. Van Avermaet (FRA, BMC), les 206 km en 4 h 48'17'' ; 2. P. Gilbert (BEL, QST) ; 3. O. Naisen (BEL, ALM) t.m.t. ; 4. L. Durbridge (AUS, ORS) à 40'' ; 5. L. Postlberger (AUT, BOH) à 41'' ; 6. M. Valgren (DEN, AST) à 52'' ; 7. S. Colbrelli (ITA, TMB) ; 8. T. Boonen (BEL, QST) ; 9. D. Van Baarle (HOL, CDT) ; 10. A. Bettiol (ITA, CDT) t.m.t.

Semaine Internationale
(ITA, 23 au 26 mars, CAT 2.1)
Étapes remportées par : L. Pichon (FRA, FVC), T. Skujins (LAT, CDT), T. Boudat (FRA, DEN), L. Calmejane (FRA, DEN).
Classement final : 1. L Calmejane (FRA, DEN) en 13 h 37'51'' ; 2. T. Skujins (LAT, CDT) à 16'' ; 3. J. Roson Garcia (ESP, CJR) à 31'' ; 4. E. Bernal (COL, ANS) à 48'' ; 5. T. Rodolfo (COL, ANS) à 49''.

Gand-Wevelgem
(BEL, 26 mars, CAT. World Tour)
1. G. Van Avermaet (BEL-BMC), les 249 km en 5 h 39'05'' ; 2. J. Keukeleire (BEL, ORS) m.t. ; 3. P. Sagan (SVK, BOH) à 6'' ; 4. N. Terpstra (HOL, QST) ; 5. J. Degenkolb (GER, TFS) ; 6. T. Boonen (BEL, QST) ; 7. J. Debusschere (BEL, LTS) ; 8. M. Matthews (AUS, SUN) ; 9. F. Gaviria (COL, QST) ; 10. S. Modolo (ITA, UAE) t.m.t.

Trois Jours de La Panne
(BEL, du 28 au 30 mars, CAT. 2. HC)
Étapes remportées par : P. Gilbert (BEL, QST), A. Kristoff (NOR, KAT), M. Kittel (GER, QST), L. Durbridge (AUS, ORS).
Classement final : 1. P. Gilbert (BEL, QST), en 12 h 08'57'' ; 2. M. Brandle (AUT, TFS) à 38'' ; 3. A. Kristoff (NOR, KAT) à 43'' ; 4. S. Chavanel (FRA, DEN) à 58'' ; 5. P.-L. Perichon (FRA, FVC) à 1'39''.

Route Adélie
(FRA, 31 mars, CAT. 1.1)
1. L. Pichon (FRA, FVC), les 197,8 km en 4 h 50'12'' ; 2. C. Gautier (FRA, ALM) ; 3. J. Simon (FRA, COF) ; 4. D. Gaudu (FRA, FDJ), t.m.t. ; 5. A. Jakin (EST, AUB) à 2''.

Grand Prix Miguel Indurain
(ESP, 1er avril, CAT. 1.1)
1. S. Yates (GBR, ORS), les 186 km en 4 h 34'01'' ; 2. M. Woods (CAN, CDT) à 23'' ; 3. S. Henao (COL, SKY) m.t. ; 4. C. Verona (ESP, ORS) à 26'' ; 5. M. Soler (ESP, MOV) à 28''.

Tour des Flandres
(BEL, 2 avril, CAT. World Tour)
1. P. Gilbert (BEL, QST), les 260 km en 6 h 23'45'' ; 2. G. Van Avermaet (BEL, BMC) à 29'' ; 3. . Terpstra (HOL, QST) ; 4. D. Van Baarle (HOL, CDT), t.m.t. ; 5. A. Kristoff (NOR, KAT) à 53'' ; 6. S. Modolo (ITA, UAD) ; 7. J. Degenkolb (GER, TFS) ; 8. F. Pozzato (ITA, WIL) ; 9. S. Chavanel (FRA, DEN) ; 10. S. Colbrelli (ITA, TBM), t.m.t.

Tour du Pays basque
(ESP, 3 au 8 avril, CAT. World Tour)
Étapes remportées par : M. Matthews (AUS, SUN), M. Albasini (SUI, ORS), D. de La Cruz (ESP, QST), P. Roglic (SLV, TLJ), A. Valverde (ESP-MOV).
Classement final : 1. A. Valverde (ESP, MOV) en 2 h 41'25'' ; 2. A. Contador (ESP, TFS) à 17'' ; 3. J. Izaguirre (ESP, TBM) à 21'' ; 4. D. De La Cruz (ESP, QST) à 44'' ; 5. P. Roglic (SLV-TLJ) à 59'' ; 6. L. Meintjes (RSA, UAD) à 1'19'' ; 7. P. Konrad (AUT, BOH) à 1'40'' ; 8. S. Henao (COL, SKY) à 1'51'' ; 9. R. Uran (COL, CDT) à 1'56'' ; 10. S. Spilak (SLO, KAT) à 2'01''.

Grand Prix de l'Escaut
(BEL, 5 avril, CAT. 1.HC)
1. M. Kittel (GER, QST), les 202 km en 4 h 35'25'' ; 2. E. Viviani (ITA, SKY) ; 3. N. Bouhanni (FRA, COF) ; J .Roelandts (BEL, LTS) ;5. P. Ackerman (GER, BOH), t.m.t.

Paris-Roubaix
(FRA, 9 avril, CAT. World Tour)
1. G. Van Avermaet (BEL, BMC), les 257 km en 5 h 41'07'' ; 2. Z. Stybar (CZE, QST) ; 3. S. Langeveld (HOL, CDT) ; 4. J. Stuyven (BEL, TFS) ; 5. G. Moscon (ITA, SKY), m.t. ; 6. A. Démare (FRA, FDJ) à 12' ; 7. A. Greipel (GER, LTS) ; 8. E. Theuns (BEL, TFS) ; 9. A. Petit (FRA, DEN) ; 10. J. Degenkolb (GER-TFS), t.m.t.

Paris-Camembert
(FRA, 11 avril, CAT. 1.1)
1. N. Bouhanni (FRA, COF), les 200 km en 4 h 43'46'' ; 2. S. Dumoulin (FRA, ALM) ; 3. K. Réza (FRA, FDJ) ; 4. A. Fonseca (FRA, FVC) ; 5. R. Combaud (FRA, DMP), t.m.t.

Flèche Brabançonne
(BEL, 12 avril, CAT. 1.HC)
1. S. Colbrelli (ITA, TBM), les 197 km en 4 h 44'22'' ; 2. P. Vakoc (CZE, QST) ; 3. T. Benoot (BEL, LTS) ; 4. T. Wellens (BEL, LTS) ; 5. BJ. Lindeman (HOL-TLJ), t.m.t.

Grand Prix de Denain
(FRA, 13 avril, CAT. 1.HC)
1. A. Démare (FRA, FDJ), les 196,4 km en 4 h 30'01'' ; 2. N. Bouhanni (FRA, COF) ; 3. .S. Molano (COL, MZN) ; 4. B. Vallée (BEL, FVC) ; 5. R. Jans (BEL, WVA), t.m.t.

Tour du Finistère
(FRA, 15 avril, CAT. 1.1)
1. J. Loubet (FRA, ADT), les194 km en 4 h 48'38'' ; 2. J. Simon (FRA, COF) à 2'' ; 3. P.-R. Latour (FRA, ALM) ; 4. J. Antomarchi (FRA, RLM) ; 5. F. Backaert (BEL, WGG), t.m.t.

Amstel Gold Race
(HOL, 16 avril, CAT. World Tour)
1. P. Gilbert (BEL, QST), les 261 km en 6 h 31'40'' ; 2. M. Kwiatkowski (POL, SKY), m.t. ; 3. M. Albasini (SUI, ORS) à 10'' ; 4. N. Hass (AUS, DDD) ; 5. J. Rojas (ESP, MOV) ; 6. S. Henao (COL, SKY), t.m.t. ; 7. J. Izaguirre (ESP, TBM) à 14'' ; 8. M. Gogl (AUT, TFS) à 1'10'' ; 9. S. Colbrelli (ITA, TBM) à 1'11'' ; 10. M. Matthews (AUS, SUN), m.t.

Tro Bro Leon
(FRA, 17 avril, CAT. 1.1)
1. D. Gaudin (FRA, ADT), les 203,9 km en 4 h 50'22'' ; 2. F.Beckaert (BEL, WGG) à 2'' ; 3. B. Giraud (FRA, DMP) à 7'' ; 4. L. Pichon (FRA, FVC) ; 5. K. Le Cunff (FRA, AUB) t.m.t.

Flèche Wallonne
(BEL, 19 avril, CAT. World Tour)
1. A. Valverde (ESP, MOV), les 200,5 km en 5 h 15'37'' ; 2. D. Martin (IRL, QST) à 1'' ; 3. D. Teuns (BEL, BMC) ; 4. S. Henao (COL SKY) ; 5. M. Albasini (SUI, ORS) ; 6. W. Barguil (FRA, SUN) ; 7. M. Kwiatkowski (POL, SKY) ; 8. R. Molard (FRA, FDJ) ; 9. D. Gaudu (FRA, FDJ) ; 10. D. Ulissi (ITA, UAD), t.m.t.

Liège-Bastogne-Liège
(BEL, 23 avril, CAT. World Tour)
1. A. Valverde (ESP, MOV), les 258 km en 6 h 24'27'' ; 2. D. Martin (IRL, QST), m.t. ; 3. M. Kwiatkowski (POL, SKY) à 3'' ; 4. M. Matthews (AUS, SUN) ; 5. J. Izaguirre (ESP, TBM) ; 6. R. Bardet (FRA, ALM) ; 7. M. Albasini (SUI, ORS), t.m.t. ; 8. A. Yates (GBR, ORS) à 7'' ; 9. M. Woods (CAN, CDT) ; 10. R. Majka (POL, BOH), t.m.t.

Tour de Romandie
(SUI, du 25 au 30 avril, CAT. World Tour)
Étapes remportées par : F. Felline (ITA, TFS), M. Albasini (SUI, ORS), S. Kung (SUI, BMC), E. Viviani (ITA, SKY), S. Yates (GBR, ORS), P. Roglic (SLO, TLJ).
Classement Final : 1. R. Porte (AUS, BMC) en 17 h 16' ; 2. S. Yates (AUS, ORS) à 21'' ; 3. P. Roglic (SLO, TLJ) à 26'' ; 4. F. Felline (ITA, TFS) à 51'' ; 5. J. Izaguirre (ESP, TBM) à 1'03'' ; 6. T. Van Garderen (USA, BMC) à 1'16'' ; 7. W. Kelderman (HOL, SUN) à 1'21'' ; 8. B. Jungels (LUX, QST) à 1'22'' ; 9. J. Herrada (ESP, MOV) à 1'22'' ; 10. E. Buchmann (GER, BOH) à 1'24''.

Grand Prix de Francfort
(ALL, 1er mai, CAT. World Tour)
1. A. Kristoff (NOR, KAT), les 215,7 km en 5 h 29'32'' ; 2. R. Zabel (GER, KAT) ; 3. J. Degenkolb (GER, TFS) ; 4. J. Drucker (LUX, BMC) ; 5. P. Ligthart (HOL, RNL), t.m.t.

Le Giro 2017
(ITA, du 5 au 28mai, CAT. World Tour)
1re étape, Alghero-Olbia : 1. L. Postlberger (AUT, BOH), les 206 km en 5 h 13'35'' ; 2. C. Ewan (AUS, ORS) ; 3. A. Greipel (GER, LTS) ; 4. G. Nizzolo (ITA, TFS) ; 5. S. Modolo (ITA, UAD), t.m.t.
2e étape, Olbia-Tortoli : 1. A. Greipel (GER, LTS), les 221 km en 6 h 05'18'' ; 2. R. Ferrari (ITA, UAD) ; 3. J. Stuyven (BEL, TFS) ; 4. F. Gaviria (COL, QST) ; 5. K. Sbaragli (ITA, DDD), t.m.t. ; leader : A. Greipel (GER, LTS).
3e étape, Tortoli-Cagliari : 1. F. Gaviria (COL, QST), les 148 km en 3 h 26'33'' ; 2. R. Selig (GER, BOH) ; 3. G. Nizzolo (ITA, TFS) ; 4. N. Hass (AUS, DDD) ; 5. M. Richeze (ARG, QST), t.m.t. ; leader : F. Gaviria (COL, QST).
4e étape, Cefalu-Etna : 1. J. Polanc (POL, UAD), les 181 km en 4 h 55'58'' ; 2. I. Zakarin (RUS, KAT) à 19'' ; 3. G. Thomas (GBR, SKY) à 29'' ; 4. T. Pinot (FRA, FDJ) ; 5. D. Cataldo (ITA, AST), t.m.t. ; leader : B. Jungels (LUX,QST).
5e étape, Pedara-Messina : 1. F. Gaviria (COL, QST), les 159 km en 3 h 40'11'' ; 2. M. Mareczko (ITA, WIL) ; 3. S. Bennett (IRL, BOH) ; 4. A. Greipel (GER, LTS) ; 5. P. Bauhaus (GER,SUN), t.m.t. ; leader : B. Jungels (LUX, QST).
6e étape, Reggio Calabria-Terme Luigiane : 1. S. Dillier (SUI, BMC), les 217 km en 4 h 58'01'' ; 2. J. Stuyven (BEL, TFS) m.t. ; 3. L. Postlberger (AUT, BOH) à 12'' ; 4. S. Andreetta (ITA, BRD) à 26'' ; 5. M. Woods (CAN, CDT) à 39'' ; leader : B. Jungels (LUX, QST).
7e étape, Castrovillari-Alberabella : 1. Caleb Ewan (AUS-ORS), les 224 km en 5 h 35'18'' ; 2. F. Gaviria (COL, QST) ; 3. S. Bennett (IRL, BOH) ; 4. A. Greipel (GER, LTS) ; 5. J. Stuyven (BEL, TFS) t.m.t. ; leader : B. Jungels (LUX, QST).
8e étape, Molfetta-Peschici : 1. G. Izaguirre (ESP, MOV), les 189 km en 4 h 24'59'' ; 2. G. Visconti (ITA, TBM) à 5'' ; 3. L.L. Sanchez (ESP, AST) à 10'' ; 4. E. Battaglin (ITA, TLJ) à 12'' ; 5. M. Woods (CAN, CDT) m.t. ; leader : B. Jungels (LUX, QST).
9e étape, Montenero di Bisaccia-Blockhaus : 1. N. Quintana (COL, MOV), les 152 km en 3 h 44'51'' ; 2. T. Pinot (FRA, FDJ) à 24'' ; 3. T. Dumoulin (HOL, SUN) m.t. ; 4. B. Mollema (HOL, TFS) à 41'' ; 5. V. Nibali (ITA, TBM) à 1' ; leader : N. Quintana (COL,MOV).
10e étape, Foligno-Montefalco (c.l.m. ind.) : 1. T. Dumoulin (HOL, SUN), les 39,8 km en 50'37'' ; 2. G. Thomas (GBR, SKY) à 49'' ; 3. B. Jungels (LUX, QST) à 56'' ; 4. L.L. Sanchez (ESP-FDJ) à 1'40 ; 5. V. Kiryenka (BLR-SKY) à 2'' ; leader : T. Dumoulin (HOL-SUN).
11e étape, Florence-Bagno di Romagna : 1. O. Fraile (ESP, DDD) les 161 km en 4 h 23'14'' ; 2. R.A. Costa (POR, UAD) ; 3. P. Rol-

RÉSULTATS

land (FRA, CDT) ; 4. T. Kangert (EST, AST) ; 5. G. Visconti (ITA, TBM), t.m.t. ; leader : T. Dumoulin (HOL, SUN).
12ᵉ étape, Forli-Reggio Emilia : 1. F. Gaviria (COL, QST), les 229 km en 5 h 18'55'' ; 2. J. Mareczko (ITA, WIL) ; 3. S. Bennett (IRL, BOH) ; 4. P. Bauhaus (GER, SUN) ; 5. M. Richeze (ARG, QST), t.m.t. ; leader : T. Dumoulin (HOL, SUN).
13ᵉ étape, Reggio Emilia-Tortona : 1. F. Gaviria (COL, QST), les 167 km en 3 h 47'45'' ; 2. S. Bennett (IRL, BOH) ; 3. J. Stuyven (BEL, TFS) ; 4. R. Ferrari (ITA, UAD) ; 5. R. Gibbons (RSA, DDD), t.m.t. ; leader : T. Dumoulin (HOL, SUN).
14ᵉ étape, Castellania-Oropa : 1. T. Dumoulin (HOL, SUN), les 131 km en 3 h 02'34'' ; 2. I. Zakarin (RUS, KAT) à 3'' ; 3. M. Landa (ESP, SKY) à 9'' ; 4. N. Quintana (COL, MOV) à 14'' ; 5. T. Pinot (FRA, FDJ) à 35'', leader : T. Dumoulin (HOL, SUN).
15ᵉ étape, Valdengo-Bergamo : 1. B. Jungels (LUX, QST), les 199 km en 4 h 16'51'' ; 2. N. Quintana (COL, MOV) ; 3. T. Pinot (FRA, FDJ) ; 4. A. Yates (GBR, ORS) ; 5. D. Pozzovivo (ITA, ALM), t.m.t. ; leader : T. Dumoulin (HOL,SUN).
16ᵉ étape, Rovetta-Bormio : 1. V. Nibali (ITA, TBM), les 222 km en 6 h 24'22'' ; 2. M. Landa (ESP, SKY) m.t. ; 3. N. Quintana (COL, MOV) à 12'' ; 4. D. Pozzovivo (ITA, ALM) à 24'' ; 5. I. Zakarin (RUS, KAT) à 34'' ; leader : T. Dumoulin (HOL, SUN).
17ᵉ étape, Tirano-Canazei : 1. P. Rolland (FRA, CDT), les 219 km en 5 h 42'56'' ; 2. R. Costa (POR, UAD) à 24'' ; 3. G. Izagirre (ESP, MOV) ; 4. R. Sutherland (AUS,MOV) ; 5. M. Busato (ITA, WIL), t.m.t. ; leader : T. Dumoulin (HOL, SUN).
18ᵉ étape, Moena-Ortisel : 1. T. van Garderen (USA, BMC), les 137 km en 3 h 54'04'' ; 2. M. Landa (ESP, SKY) m.t. ; 3. T. Pinot (FRA, FDJ) à 8'' ; 4. D. Pozzovivo (ITA, ALM) m.t. ; 5. J. Hirt (CZE, CCC) à 11'' ; leader : T. Dumoulin (HOL, SUN).
19ᵉ étape, Innichen-Plancavallo : 1. M. Landa (ESP, SKY), les 191 km en 4 h 53'00'' ; 2. R. Costa (POR, UAD) à 1'49'' ; 3. P. Rolland (FRA, CDT) à 1'54'' ; 4. P. Bilbao Lopez De Armentia (ESP, AST) à 2'12'' ; 5. S. Henao (COL, SKY) à 3'06'' ; leader : T. Dumoulin (HOL, SUN).
20ᵉ étape, Pordenatone-Asiago : 1. T. Pinot (FRA, FDJ), les 190 km en 4 h 57'58'' ; 2. I. Zakarin (RUS, KAT) m.t. ; 3. V. Nibali (ITA, TBM) ; 4. D. Pozzovivo (ITA, ALM) ; 5. N. Quintana (COL, MOV), t.m.t. ; leader : T. Dumoulin (HOL, SUN).
21ᵉ étape (c.l.m. ind.) Monza-Milan : 1. J. Van Emden (HOL, TLJ), les 29,3 km en 33'08'' ; 2. T. Dumoulin (HOL,SUN) à 15'' ; 3. M. Quinziato (ITA, BMC) à 27'' ; 4. V. Kiryienka (BLR, SKY) à 31'' ; 5. J. Rosskopf (USA, BMC) à 35''.
Classement final : 1. T. Dumoulin (HOL, SUN) en 90 h 34'54'' ; 2. N. Quintana (COL, MOV) à 31'' ; 3. V. Nibali (ITA, TBM) à 40'' ; 4. T. Pinot (FRA, FDJ) à 1'17'' ; 5. I. Zakarin (RUS, KAT) à 1'56'' ; 6. D. Pozzovivo (ITA, ALM) à 3'11'' ; 7. B. Mollema (HOL, TFS) à 3'41'' ; 8. B. Jungels (LUX, QST) à 7'04'' ; 9. A. Yates (GBR, ORS) à 8'10'' ; 10. D. Formolo (ITA, CDT) à 15'17'' ; 11. J. Polanc (SLO, UAD) à 18'06'' ; 12. J. Hirt (CZE, CCC) à 20'49'' ; 13. M. Monfort (BEL, LTS) à 21'59'' ; 14. D. Cataldo (ITA, AST) à 24'40'' ; 15. S. Reichenbach (SUI, FDJ) à 28'11''.
Classement par points : F. Gaviria (COL, QST).
Meilleur grimpeur : M. Landa (ESP, SKY).
Meilleur jeune : B. Jungels (LUX, QST).
Par équipes : Movistar Team.

Grand Prix de Plumelec - Morbihan
(FRA, 27 mai, CAT. 1.1)
1. A. Vuillermoz (FRA, ALM), les 182 km en 4 h 13'30'' ; 2. J. Hivert (FRA, DEN) m.t. ; 3. S. Dumoulin (FRA, ALM) à 8'' ; 4. A. Vichot (FRA, FDJ) à 10'' ; 5. J. Simon (FRA, COF) m.t.

Boucles de L'Aulne
(FRA, 28 mai, CAT. 1.1)
1. C. Eiking Odd (NOR, FDJ), les 171,2 km en 4 h 10'24'' ; 2. D. Gaudu (FRA, FDJ) à 10'' ; 3. L. Pichon (FRA, FVC) ; 4. J. Loubet (FRA, ADT) ; 5. K. Le Cunff (FRA, AUB), t.m.t.

Critérium du Dauphiné
(FRA, du 4 au 11 juin, CAT. World Tour)
Étapes remportées par : T. de Gendt (BEL, LTS), A. Démare (FRA, FDJ), K. Bouwman (HOL, TLJ), R. Porte (AUS, BMS), P. Bauhaus (GER, SUN), J. Fuglsang (DEN, AST), P. Kennaugh (GBR, SKY).
Classement final : 1. J. Fuglsang (DAN-AST) en 29 h 05'54'' ; 2. R. Porte (AUS, BMC) à 10'' ; 3. D. Martin (IRL, QST) à 1'32'' ; 4. C. Froome (GBR, SKY) à 1'33'' ; 5. F. Aru (ITA, AST) à 1'37''.

Tour de Suisse
(du 10 au 18 juin, CAT. World Tour)
Étapes remportées par : R. Denis (AUS, BMC), P. Gilbert (BEL, QST), M. Matthews (AUS, SUN), L. Warbasse (USA, ABS), P. Sagan (SVK, BOH), D. Pozzovivo (ITA, ALM), S. Spilak (SLO, KAT), R. Dennis (AUS, BMC).
Classement Final : 1. S. Spilak (SLO, KAT) en 28 h 37'11'' ; 2. D. Caruso (ITA, BMC) à 48'' ; 3. S. Kruijswijk (HOL, TLJ) à 1'08'' ; 4. D. Pozzovivo (ITA, ALM) à 2'37'' ; 5. R. Costa (POR, UAD) à 3'09'' ; 6. J. Izzaguirre (ESP, TBM) à 3'51'' ; 7. M. Frank (SUI, ALM) à 4'00'' ; 8. M. Soler (ESP, MOV) à 4'14'' ; 9. M. Nieve (ESP, SKY) à 4'47'' ; 10. P. Bilbao Lopez De Armentia (ESP, AST) à 5'30''.

Championnats de France
(du 22 au 25 juin, à Saint-Omer)
Élite hommes
Épreuve en ligne : 1. A. Démare (FDJ), les 248 km en 5 h 54'22'' ; 2. N. Bouhanni (COF) à 2'' ; 3. Leveau (Roubaix Lille Métropole) ; 4. Perichon (FVC) ; 5. Sénéchal (COF) ; 6. Ledanois (FVC) ; 7. Barbier (ALM) ; 8. S. Dumoulin (ALM) ; 9. Offredo (WGG) ; 10. Touzé (HP BTP - Auber 93), t.m.t.
Épreuve contre la montre : 1. P. Latour (AG2R La Mondiale), les 51,6 km en 1 h 05'50'' ; 2. Paillot (Océane Top 16), à 27'' ; 3. Roux (FDJ), à 1'08'' ; 4 Sy. Chavanel (Direct Energie), à 1'20'' ; 5. Gougeard (AG2R La Mondiale), à 1'20''.
Élite femmes
Épreuve en ligne : 1. Ch. Bravard (FDJ Nouvelle Aquitaine Futuroscope), les 108,5 km en 3 h 07'25'' ; 2. Rivat-Mas (Lares-Waowdeals Women Cycling), m.t. ; 3. Bazin (SAS-Macogep), à 03'' ; 4. Zambon (Auvergne-Rhône-Alpes), à 06'' ; 5. Guilman (FDJ Nouvelle Aquitaine Futuroscope), à 1'10''.
Épreuve contre la montre : 1 A. Cordon Ragot Wiggle (High5), les 25,3 km en 35'40'' ; 2. Eraud (FDJ Nouvelle Aquitaine Futuroscope), à 1'23'' ; 3. Biannic (FDJ Nouvelle Aquitaine Futuroscope), à 1'29'' ; 4. Labous (Team Sunweb Women), à 1'44'' ; 5. Delzenne (Lotto Soudal Ladies), à 2'10''.
Espoirs hommes (le 29 juillet, à Saint-Amand-Montrond)
Épreuve en ligne : 1. V. Lafay (Bourg-en-Bresse, les 172,8 km en 4 h 26'05'' ; 2. Cosnefroy (Chambéry cyclisme), à 18'' ; 3. Touze (HP BTP Auber 93), à 23'' ; 4. Thomas (Armée de terre), à 38'' ; 5. Danes Chambéry cyclisme), à 56''.

Championnats nationaux
Afrique du Sud : Reinardt Janse van Rensburg (Dimension Data)
Allemagne : Marcus Burghardt (Bora-Hansgrohe)
Australie : Miles Scotson (BMC)
Autriche : Gregor Mühlberger (Bora-Hansgrohe)
Belgique : Olivier Naesen (AG2R-La Mondiale)
Biélorussie : Nikolai Shumov (Delio Gallina Colosio Eurofeed)
Danemark : Mads Pedersen (Trek-Segrafredo)
Érythrée : Meron Abraham
Espagne : Jesus Herrada (Movistar)
États-Unis : Joey Rosskopf (BMC)
Grande-Bretagne : Stephen Cummings (Dimension Data)
Irlande : Ryan Mullen (Cannondale-Drapac)
Italie : Fabio Aru (Astana)
Lettonie : Krists Neilands (Israel cycling academy)
Lituanie : Ignatas Konovalovas (FDJ)
Luxembourg : Bob Jungels (Quick-Step Floors
Norvège : Rasmus Tiller (Joker)
Pays-Bas : Ramon Sinkeldam (Sunweb)
Pologne : Adrian Kurek (CCC)
Portugal : Ruben Guerreiro (Trek-Segafredo)
République tchèque : Zdenek Stybar (Quick-Step Floors)
Russie : Alexander Porsev (Gazprom)
Slovaquie : Juraj Sagan (Bora-Hansgrohe)
Slovénie : Luka Mezgec (Orica-Scott)
Suède : Kim Magnusson (Tre Berg)
Suisse : Silvan Dillier (BMC)

Tour de France
(du 1ᵉʳ au 23 juillet, CAT. World Tour)
1ʳᵉ étape, Düsseldorf - Düsseldorf (c.l.m. ind.) : 1. G. Thomas (GBR, SKY), les 14 km en 16'04'48'' ; 2. S. Küng (SUI, BMC) à 5'' ; 3. V. Kiryienka (BLR, SKY) à 7'' ; 4. T. Martin (GER, KAT) à 8'' ; 5. M. Trentin (ITA, QST) à 10'' ; 6. C. Froome (GBR, SKY) à 12'' ; 7. J. Van Emden (HOL, TLJ) à 15'' ; 8. M. Kwiatkowski (POL, SKY) à 15'' ; 9. M. Kittel (GER, QST) à 16'' ; 10. E. Boasson Hagen (NOR, DDD) à 16''.
Classement général : 1. Thomas (GBR, SKY) 16' 4'' ; 2. Küng (SUI, BMC) à 5'' ; 3. Kiryienka (BLR, SKY) à 7'' ; 4. T.Martin (ALL, KAT) à 8'' ; 5. Trentin (ITA, QST) à 10'' ; 6. Froome (GBR, SKY) à 12'' ; 7. Van Emden (HOL, TLJ) à 15'' ; 8. Kwiatkowski (POL, SKY) à 15'' ; 9. Kittel (ALL, QST) à 16'' ; 10. Boasson Hagen (NOR, DDD) à 16''.
Classement par points : Thomas (GBR, SKY).
Meilleur jeune : Küng (SUI, BMC).
Par équipes : Sky.

2ᵉ étape, Düsseldorf - Liège : 1. Kittel (ALL, QST), les 203,5 km en 4 h 37' 6'' ; 2. Démare (FRA, FDJ) ; 3. Greipel (ALL, LTS) ; 4. Cavendish (GBR, DDD) ; 5. Groenewegen (HOL, TLJ) ; 6. Colbrelli (ITA, TBM) ; 7. Swift (GBR, UAD) ; 8. Bouhanni (FRA, COF) ; 9. Matthews (AUS, SUN) ; 10. P. Sagan (SLQ, BOH), t.m.t.
Classement général : 1. Thomas (GBR, SKY) 4 h 53'10'' ; 2. Küng (SUI, BMC) à 5'' ; 3. Kittel (ALL, QST) à 6'' ; 4. Kiryienka (BLR, SKY) à 7'' ; 5. Trentin (ITA, QST) à 10'' ; 6. Froome (GBR, SKY) à 12'' ; 7. Van Emden (HOL, TLJ) à 15'' ; 8. Kwiatkowski (POL, SKY) à 15'' ; 9. Boasson Hagen (NOR, DDD) à 16'' ; 10. Arndt (ALL, SUN) à 16''
Classement par points : Kittel (ALL, QST).
Meilleur grimpeur : Phinney (USA, CDT).
Meilleur jeune : Küng (SUI, BMC).
Par équipes : Sky.

3ᵉ étape, Verviers - Longwy : 1. P. Sagan (SLO, BOH), les 212,5 km en 5 h 7'19'' ; 2. Matthews (AUS, SUN) ; 3. D.Martin (IRL, QST) à 0'›› ; 4. Van Avermaet (BEL, BMC),t.m.t. ; 5. Bettiol (ITA, CDT) à 2'' ; 6. Démare (FDJ) à 2'' ; 7. Fuglsang (DAN, AST) ; 8. Thomas (GBR, SKY) ; 9. Froome (GBR, SKY) ; 10. Majka (POL, BOH), t.m.t.
Classement général : 1. Thomas (GBR, SKY) en 10 h 0'31'' ; 2. Froome (GBR, SKY) à 12'' ; 3. Matthews (AUS, SUN) à 12'' ; 4. P.Sagan (SLQ, BOH) à 13'' ; 5. Boasson Hagen (NOR, DDD) à 16'' ; 6. Latour (ALM) à 25'' ; 7. Gilbert (BEL, QST) à 30'' ; 8. Kwiatkowski (POL, SKY) à 32'' ; 9. Wellens (BEL, LTS) à 32'' ; 10. Arndt (ALL, SUN) à 34''.
Classement par points : Kittel (ALL, QST).
Meilleur grimpeur : Brown (USA, CDT).
Meilleur jeune : Latour (FRA, ALM).
Par équipes : Sky.

4ᵉ étape, Mondorf-Les-Bains - Vittel : 1. Démare (FRA, FDJ), les 207,5 km en 4 h 53'54'' ; 2. Kristoff (NOR, KAT) ; 3. Greipel (ALL, LTS) ; 4. Bouhanni (FRA, COF) ; 5. Petit (DEN) ; 6. Roelandts (BEL, LTS) ; 7. Matthews (AUS, SUN) ; 8. Mori (ITA, UAD) ; 9. Be-

noot (BEL, LTS) ; 10. Stybar (RTC, QST), t.m.t.
Classement général : 1. Thomas (GBR, SKY) en 14 h 54'25" ; 2. Froome (GBR, SKY) à 12" ; 3. Matthews (AUS, SUN) à 12" ; 4. Boasson Hagen (NOR, DDD) à 16" ; 5. Latour (FRA, ALM) à 25" ; 6. Gilbert (BEL, QST) à 30" ; 7. Kwiatkowski (POL, SKY) à 32" ; 8. Wellens (BEL, LTS) à 32" ; 9. Démare (FDJ) à 33" ; 10. Arndt (ALL, SUN) à 34".
Classement par points : Démare (FRA, FDJ).
Meilleur grimpeur : Brown (USA, CDT).
Meilleur jeune : Latour (FRA, ALM).
Par équipes : Sky.

5ᵉ étape, Vittel- La Planche des Belles Filles : 1. Aru (ITA, AST), les 160,5 km 3 h 44'6" ; 2. D. Martin (IRL, QST) à 16" ; 3. Froome (GBR, SKY) à 20" ; 4. Porte (AUS, BMC) à 20" ; 5. Bardet (ALM) à 24" ; 6. Yates (GBR, ORS) à 26" ; 7. Uran (COL, CDT) à 26" ; 8. Contador (ESP, TFS) à 26" ; 9. Quintana (COL, MOV) à 34" ; 10. Thomas (GBR, SKY) à 40".
Classement général : 1. Froome (GBR, SKY) en 18 h 38'59" ; 2. Thomas (GBR, SKY) à 12" ; 3. Aru (ITA, AST) à 14" ; 4. D. Martin (IRL, QST) à 25" ; 5. Porte (AUS, BMC) à 39" ; 6. Yates (GBR, ORS) à 43" ; 7. Bardet (ALM) à 47" ; 8. Contador (ESP, TFS) à 52" ; 9. Quintana (COL, MOV) à 54" ; 10. Majka (POL, BOH) à 1'1".
Classement par points : Démare (FRA, FDJ).
Meilleur grimpeur : Aru (ITA, AST).
Meilleur jeune : S. Yates (GBR, ORS).
Par équipes : Sky.

6ᵉ étape, Vesoul-Troyes : 1. Kittel (ALL, QST), les 216 km en 5 h 5'34" ; 2. Démare (FRA, FDJ) à 0" ; 3. Greipel (ALL, LTS) ; 4. Kristoff (NOR, KAT) ; 5. Bouhanni (FRA, COF) ; 6. Groenewegen (HOL, TLJ) ; 7. Matthews (AUS, SUN) ; 8. McLay (GBR, TFO) ; 9. Selig (ALL, BOH) ; 10. Degenkolb (ALL, TFS), t.m.t.
Classement général : 1. Froome (GBR, SKY) en 23 h 44'33" ; 2. Thomas (GBR, SKY) à 12" ; 3. Aru (ITA, AST) à 14" ; 4. D. Martin (IRL, QST) à 25" ; 5. Porte (AUS, BMC) à 39" ; 6. Yates (GBR, ORS) à 43" ; 7. Bardet (ALM) à 47" ; 8. Contador (ESP, TFS) à 52" ; 9. Quintana (COL, MOV) à 54" ; 10. Majka (POL, BOH) à 1'1".
Classement par points : Démare (FRA, FDJ).
Meilleur grimpeur : Aru (ITA, AST).
Meilleur jeune : S. Yates (GBR, ORS).
Par équipes : Sky.

7ᵉ étape, Troyes – Nuit-Saint-Georges : 1. Kittel (ALL, QST), les 213,5 km en 5 h 3'18" ; 2. Boasson Hagen (NOR, DDD) à 0" ; 3. Matthews (AUS, SUN) ; 4. Kristoff (NOR, KAT) ; 5. Degenkolb (ALL, TFS) ; 6. Groenewegen (HOL, TLJ) ; 7. Selig (ALL, BOH) ; 8. Bouhanni (COF) ; 9. Greipel (ALL, LTS) ; 10. McLay (GBR, TFO), t.m.t.
Classement général : 1. Froome (GBR, SKY) en 28 h 47'51" ; 2. Thomas (GBR, SKY) à 12" ; 3. Aru (ITA, AST) à 14" ; 4. D. Martin (IRL, QST) à 25" ; 5. Porte (AUS, BMC) à 39" ; 6. Yates (GBR, ORS) à 43" ; 7. Bardet (ALM) à 47" ; 8. Contador (ESP, TFS) à 52" ; 9. Quintana (COL, MOV) à 54" ; 10. Majka (POL, BOH) à 1'1".
Classement par points : Kittel (ALL, QST).
Meilleur grimpeur : Aru (ITA, AST).
Meilleur jeune : S. Yates (GBR, ORS).
Par équipes : Sky.

8ᵉ Dole - Stations des Rousses : 1. Calmejane (FRA, DEN), les 187,5 km en 4 h 30'29" ; 2. Gesink (HOL, TLJ) à 37" ; 3. G. Martin (WGG) à 50" ; 4. Roche (IRL, BMC) à 50" ; 5. Kreuziger (CZE, ORS) ; 6. Aru (ITA, AST) ; 7. Valgren (DAN, AST) ; 8. Majka (POL, BOH) ; 9. Brown (USA, CDT) ; 10. Hardy (FRA, TFO), t.m.t.
Classement général : 1. Froome (GBR, SKY) en 33 h 19'10" ; 2. Thomas (GBR, SKY) à 12" ; 3. Aru (ITA, AST) à 14" ; 4. D. Martin (IRL, QST) à 25" ; 5. Porte (AUS, BMC) à 39" ; 6. Yates (GBR, ORS) à 43" ; 7. Bardet (ALM) à 47" ; 8. Contador (ESP, TFS) à 52" ; 9. Quintana (COL, MOV) à 54" ; 10. Majka (POL, BOH) à 1'1".
Classement par points : Kittel (ALL, QST).
Meilleur grimpeur : Calmejane (FRA, DEN).
Meilleur jeune : S. Yates (GBR, ORS).
Par équipes : Sky.

9ᵉ étape, Nantua-Chambéry : 1. Urán (COL, CDT), les 181,5 km en 5 h 7'22" ; 2. Barguil (FRA, SUN) à 0" ; 3. Froome (GBR, SKY) ; 4. Bardet (FRA, ALM) ; 5. Aru (ITA, AST) ; 6. Fuglsang (DAN, AST), t.m.t ; 7. Bennett (NZL, TLJ) à 1'15" ; 8. Landa (ESP, SKY) ; 9. D. Martin (IRL, QST) ; 10. Quintana (COL, MOV), t.m.t.
Classement général : 1. Froome (GBR, SKY) en 38 h 26'28" ; 2. Aru (ITA, AST) à 18" ; 3. Bardet (FRA, ALM) à 51" ; 4. Uran (COL, CDT) à 55" ; 5. Fuglsang (DAN, AST) à 1'37" ; 6. D. Martin (IRL, QST) à 1'44" ; 7. Yates (GBR, ORS) à 2'2" ; 8. Quintana (COL, MOV) à 2'13" ; 9. Landa (ESP, SKY) à 3'6" ; 10. Bennett (NZL, TLJ) à 3'53".
Classement par points : Kittel (ALL, QST).
Meilleur grimpeur : Barguil (FRA, SUN).
Meilleur jeune : S. Yates (GBR, ORS).
Par équipes : Sky.

10ᵉ étape, Périgueux-Bergerac : 1. Kittel (GER, QST), les 178 km en 4 h 1'00" ; 2. Degenkolb (ALL, TFS) à 0" ; 3. Groenewegen (HOL, TLJ) ; 4. Selig (ALL, BOH) ; 5. Kristoff (NOR, KAT) ; 6. Bouhanni (COF) ; 7. McLay (GBR, TFO) ; 8. Vanspeybrouck (BEL, WGG) ; 9. Colbrelli (ITA, TBM) ; 10. Boasson Hagen (NOR, DDD), t.m.t.
Classement général : 1. Froome (GBR, SKY) en 42 h 27'28" ; 2. Aru (ITA, AST) à 18" ; 3. Bardet (FRA, ALM) à 51" ; 4. Uran (COL, CDT) à 55" ; 5. Fuglsang (DAN, AST) à 1'37" ; 6. D. Martin (IRL, QST) à 1'44" ; 7. Yates (GBR, ORS) à 2'2" ; 8. Quintana (COL, MOV) à 2'13" ; 9. Landa (ESP, SKY) à 3'6" ; 10. Bennett (NZL, TLJ) à 3'53".
Classement par points : Kittel (ALL, QST).
Meilleur grimpeur : Barguil (FRA, SUN).
Meilleur jeune : S. Yates (GBR, ORS).
Par équipes : Sky.

11ᵉ étape, Eymet-Pau : 1. Kittel (GER, QST), les 203,5 km en 4 h 34'27" ; 2. Groenewegen (HOL, TLJ) à 0" ; 3. Boasson Hagen (NOR, DDD) ; 4. Matthews (AUS, SUN) ; 5. McLay (GBR, TFO) ; 6. Cimolai (ITA, FDJ) ; 7. Greipel (ALL, LTS) ; 8. Bouhanni (FRA, COF) ; 9. Swift (GBR, UAD) ; 10. yss (SUI, BMC), t.m.t.
Classement général : 1. Froome (GBR, SKY) en 47 h 1'55" ; 2. Aru (ITA, AST) à 18" ; 3. Bardet (FRA, ALM) à 51" ; 4. Uran (COL, CDT) à 55" ; 5. Fuglsang (DAN, AST) à 1'37" ; 6. D. Martin (IRL, QST) à 1'44" ; 7. Yates (GBR, ORS) à 2'2" ; 8. Quintana (COL, MOV) à 2'13" ; 9. Landa (ESP, SKY) à 3'6" ; 10. Bennett (NZL, TLJ) à 3'53".
Classement par points : Kittel (ALL, QST).
Meilleur grimpeur : Barguil (FRA, SUN).
Meilleur jeune : S. Yates (GBR, ORS).
Par équipes : Sky.

12ᵉ étape, Pau-Peyragudes : 1. Bardet (FRA, ALM), les 214,5 km en 5 h 49'38" ; 2. Uran (COL, CDT) à 2" ; 3. Aru (ITA, AST) m.t. ; 4. Landa (ESP, SKY) à 5" ; 5. Meintjes (AFS, UAD) à 7" ; 6. D. Martin (IRL, QST) à 13" ; 7. Froome (GBR, SKY) à 22" ; 8. Bennett (NZL, TLJ) à 27" ; 9. Yates (GBR, ORS) m.t. ; 10. Nieve (ESP, SKY) à 1'28".
Classement général : 1. Aru (ITA, AST) en 52 h 51'49" ; 2. Froome (GBR, SKY) à 6" ; 3. Bardet (FRA, ALM) à 25" ; 4. Uran (COL, CDT) à 55" ; 5. D. Martin (IRL, QST) à 1'41" ; 6. Yates (GBR, ORS) à 2'13" ; 7. Landa (ESP, SKY) à 2'55" ; 8. Quintana (COL, MOV) à 4'1" ; 9. Bennett (NZL, TLJ) à 4'24" ; 10. Meintjes (AFS, UAD) à 4'51".
Classement par points : Kittel (ALL, QST).
Meilleur grimpeur : Barguil (FRA, SUN).
Meilleur jeune : S. Yates (GBR, ORS).
Par équipes : Sky.

13ᵉ étape, Saint-Girons – Foix : 1. Barguil (FRA, SUN), les 101 km en 2 h 36'29" ; 2. Quintana (COL, MOV) à 0" ; 3. Contador (ESP, TFS) m.t. ; 4. Landa (ESP, SKY) à 2" ; 5. Yates (GBR, ORS) à 1'39" ; 6. D. Martin (IRL, QST) m.t. ; 7. Kwiatkowski (POL, SKY) à 1'48" ; 8. Froome (GBR, SKY) ; 9. Aru (ITA, AST) ; 10. Uran (COL, CDT), t.m.t.
Classement général : 1. Aru (ITA, AST) en 55 h 30'6" ; 2. Froome (GBR, SKY) à 6" ; 3. Bardet (FRA, ALM) à 25" ; 4. Uran (COL, CDT) à 35" ; 5. Landa (ESP, SKY) à 1'9" ; 6. D. Martin (IRL, QST) à 1'32" ; 7. Yates (GBR, ORS) à 2'4" ; 8. Quintana (COL, MOV) à 2'7" ; 9. Meintjes (AFS, UAD) à 4'51" ; 10. Contador (ESP, TFS) à 5'22".
Classement par points : Kittel (ALL, QST).
Meilleur grimpeur : Barguil (FRA, SUN).
Meilleur jeune : S. Yates (GBR, ORS).
Par équipes : Sky.

14ᵉ étape, Blagnac-Rodez : 1. Matthews (AUS, SUN), les 181,5 km en 4 h 21'56" ; 2. Van Avermaet (BEL, BMC) à 0" ; 3. Boasson Hagen (NOR, DDD) ; 4. Gilbert (BEL, QST) ; 5. McCarthy (AUS, BOH) ; 6. Colbrelli (ITA, TBM) ; 7. Froome (GBR, SKY) ; 8. D. Martin (IRL, QST) ; 9. Uran (COL, CDT) ; 10. Benoot (BEL, LTS) à 5".
Classement général : 1. Froome (GBR, SKY) en 59 h 52'9" ; 2. Aru (ITA, AST) à 18" ; 3. Bardet (FRA, ALM) à 23" ; 4. Uran (COL, CDT) à 29" ; 5. Landa (ESP, SKY) à 1'17" ; 6. D. Martin (IRL, QST) à 1'26" ; 7. Yates (GBR, ORS) à 2'2" ; 8. Quintana (COL, MOV) à 2'22" ; 9. Meintjes (AFS, UAD) à 5'9" ; 10. Contador (ESP, TFS) à 5'37".
Classement par points : Kittel (ALL, QST).
Meilleur grimpeur : Barguil (FRA, SUN).
Meilleur jeune : S. Yates (GBR, ORS).
Par équipes : Sky.

15ᵉ étape, Laissac-Sévérac L'Église – Le Puy-En-Velay : 1. B. Mollema (HOL, TFS), les 189,5 km en 4 h 41'47" ; 2. Ulissi (ITA, UAD) à 19" ; 3. Gallopin (FRA, LTS) ; 4. Roglic (SLV, TLJ) t.m.t. ; 5. Barguil (SUN) à 23" ; 6. Roche (IRL, BMC) à 1' ; 6. Calmejane (FRA, DEN) à 1'4" ; 7. Bakelants (BEL, ALM) ; 8. Pinot (FRA, FDJ) ; 10. Pauwels (BEL, DDD), t.m.t.
Classement général : 1. Froome (GBR, SKY) en 64 h 0'21" ; 2. Aru (ITA, AST) à 18" ; 3. Bardet (ALM) à 23" ; 4. Uran (COL, CDT) à 29" ; 5. D. Martin (IRL, QST) à 1'12" ; 6. Landa (ESP, SKY) à 1'17" ; 7. Yates (GBR, ORS) à 2'2" ; 8. Meintjes (AFS, UAD) à 5'9" ; 9. Contador (ESP, TFS) à 5'37" ; 10. Caruso (ITA, BMC) à 6'5".
Classement par points : Kittel (ALL, QST).
Meilleur grimpeur : Barguil (FRA, SUN).
Meilleur jeune : S. Yates (GBR, ORS).
Par équipes : Sky.

16ᵉ étape, Le Puy-En-Velay – Romans-Sur-Isère : 1. Matthews (AUS, SUN), les 165 km en 3 h 38'15" ; 2. Boasson Hagen (NOR, DDD) à 0" ; 3. Degenkolb (ALL, TFS) ; 4. Van Avermaet (BEL, BMC) ; 5. Laporte (FRA, COF) ; 6. Keukeleire (BEL, ORS) ; 7. Gallopin (FRA, LTS) ; 8. Benoot (BEL, LTS) ; 9. Bodnar (POL, BOH) ; 10. Hardy (FRA, TFO), t.m.t.
Classement général : 1. Froome (GBR, SKY) en 68 h 18'36" ; 2. Aru (ITA, AST) à 18" ; 3. Bardet (FRA, ALM) à 23" ; 4. Uran (COL, CDT) à 29" ; 5. Landa (ESP, SKY) à 1'17" ; 6. Yates (GBR, ORS) à 2'2" ; 7. D. Martin (IRL, QST) à 2'3" ; 8. Meintjes (AFS, UAD) à 6' ; 9. Caruso (ITA, BMC) à 6'5" ; 10. Quintana (COL, MOV) à 6'16".
Classement par points : Kittel (ALL, QST).
Meilleur grimpeur : Barguil (FRA, SUN).

RÉSULTATS

Meilleur jeune : S. Yates (GBR, ORS).
Par équipes : Sky.

17e étape, Lamure – Serre-Chevalier : 1. Roglic (SLV-TLJ), les 183 km en 5 h 7'41'' ; 2. Uran (COL, CDT) à 1'13'' ; 3. Froome (GBR, SKY) ; 4. Bardet (FRA, ALM) ; 5. Barguil (FRA, SUN), t.m.t. ; 6. Landa (ESP, SKY) à 1'16'' ; 7. D. Martin (IRL, QST) à 1'43'' ; 8. Contador (ESP, TFS) à 1'44'' ; 9. Meintjes (AFS, UAD) ; 10. Aru (ITA, AST), t.m.t.
Classement général : 1. Froome (GBR, SKY) en 73 h 27'26'' ; 2. Uran (COL, CDT) à 27'' ; 3. Bardet (FRA, ALM) à 27'' ; 4. Aru (ITA, AST) à 53'' ; 5. Landa (ESP, SKY) à 1'24'' ; 6. D. Martin (IRL, QST) à 2'37'' ; 7. Yates (GBR, ORS) à 4'7'' ; 8. Meintjes (AFS, UAD) à 6'35'' ; 9. Contador (ESP, TFS) à 7'45'' ; 10. Barguil (FRA, SUN) à 8'52''.
Classement par points : Matthews (AUS, SUN).
Meilleur grimpeur : Barguil (FRA, SUN).
Meilleur jeune : S. Yates (GBR, ORS).
Par équipes : Sky.

18e étape, Briançon-Izoard : 1. Barguil (FRA, SUN), les 179,5 km en 4 h 40'33'' ; 2. Atapuma (COL, UAD) à 20'' ; 3. Bardet (FRA, ALM) ; 4. Froome (GBR, SKY), t.m.t. ; 5. Uran (COL, CDT) à 22'' ; 6. Landa (ESP, SKY) à 32'' ; 7. Meintjes (AFS, UAD) à 37'' ; 8. D. Martin (IRL, QST) à 39'' ; 9. Yates (GBR, ORS) à 59'' ; 10. Contador (ESP, TFS) à 1'9''.
Classement général : 1. Froome (GBR, SKY) en 78 h 8'19'' ; 2. Bardet (FRA, ALM) à 23'' ; 3. Uran (COL, CDT) à 29'' ; 4. Landa (ESP, SKY) à 1'36'' ; 5. Aru (ITA, AST) à 1'55'' ; 6. D. Martin (IRL, QST) à 2'56'' ; 7. Yates (GBR, ORS) à 4'46'' ; 8. Meintjes (AFS, UAD) à 6'52'' ; 9. Barguil (SUN) à 8'22'' ; 10. Contador (ESP, TFS) à 8'34''.
Classement par points : Matthews (AUS, SUN).
Meilleur grimpeur : Barguil (FRA, SUN).
Meilleur jeune : S. Yates (GBR, ORS).
Par équipes : Sky.

19e étape, Embrun – Salon-de-Provence : 1. Boasson Hagen (NOR-DDD), les 222,5 km en 5 h 6'09'' ; 2. Arndt (ALL, SUN) à 5'' ; 3. Keukeleire (BEL, ORS) à 17'' ; 4. Bennati (ITA, MOV) ; 5. De Gendt (BEL, LTS) ; 6. Chavanel (FRA, DEN) ; 7. Gesbert (FRA, TFO) ; 8. Bakelants (BEL, ALM), t.m.t. ; 9. Albasini (SUI, ORS) à 19'' ; 10. Périchon (FRA, TFO) à 1'32''.
Classement général : 1. Froome (GBR, SKY) en 83 h 26'55'' ; 2. Bardet (FRA, ALM) à 23'' ; 3. Uran (COL, CDT) à 29'' ; 4. Landa (ESP, SKY) à 1'36'' ; 5. Aru (ITA, AST) à 1'55'' ; 6. D. Martin (IRL, QST) à 2'56'' ; 7. Yates (GBR, ORS) à 4'46'' ; 8. Meintjes (AFS, UAD) à 6'52'' ; 9. Barguil (SUN) à 8'22'' ; 10. Contador (ESP, TFS) à 8'34''.
Classement par points : Matthews (AUS, SUN).
Meilleur grimpeur : Barguil (FRA, SUN).
Meilleur jeune : S. Yates (GBR, ORS).
Par équipes : Sky.

20e étape, Marseille-Marseille (c.l.m. ind.) : 1. Bodnar (POL-BOH), les 22,5 km en 28'15''14 ; 2. Kwiatkowski (POL, SKY) à 1'' ; 3. Froome (GBR, SKY) à 6'' ; 4. T. Martin (ALL, KAT) à 14'' ; 5. Impey (AFS, ORS) à 20'' ; 6. Contador (ESP, TFS) à 21'' ; 7. Arndt (ALL, SUN) à 28'' ; 8. Uran (COL, CDT) à 31'' ; 9. Küng (SUI, BMC) à 34'' ; 10. Chavanel (FRA, DEN) à 37''.
Classement général : 1. Froome (GBR, SKY) en 83 h 55'16'' ; 2. Uran (COL, CDT) à 54'' ; 3. Bardet (FRA, ALM) à 2'20'' ; 4. Landa (ESP, SKY) à 2'21'' ; 5. Aru (ITA, AST) à 3'5'' ; 6. D. Martin (IRL, QST) à 4'42'' ; 7. Yates (GBR, ORS) à 6'14'' ; 8. Meintjes (AFS, UAD) à 8'20'' ; 9. Contador (ESP, TFS) à 8'49'' ; 10. Barguil (FRA, SUN) à 9'25''.
Classement par points : Matthews (AUS, SUN).
Meilleur grimpeur : Barguil (FRA, SUN).
Meilleur jeune : S. Yates (GBR, ORS).
Par équipes : Sky.

21e étape, Montgeron – Paris-Champs-Élysées : 1. Groenewegen (HOL, LTJ), les 103 km en 2 h 25'39'' ; 2. Greipel (ALL, LTS) à 0'' ; 3. Boasson Hagen (NOR, DDD) ; 4. Bouhanni (FRA, COF) ; 5. Kristoff (NOR, KAT) ; 6. Bozic (SLV, TBM) ; 7. Cimolai (ITA, FDJ) ; 8. Périchon (TFO) ; 9. Selig (ALL, BOH), 10. Bennati (ITA, MOV), t.m.t.
Classement général final : 1. Froome (GBR, SKY) en 86 h 20'55'' ; 2. Uran (COL, CDT) à 54'' ; 3. Bardet (FRA, ALM) à 2'20'' ; 4. Landa (ESP, SKY) à 2'21'' ; 5. Aru (ITA, AST) à 3'5'' ; 6. D. Martin (IRL, QST) à 4'42'' ; 7. Yates (GBR, ORS) à 6'14'' ; 8. Meintjes (AFS, UAD) à 8'20'' ; 9. Contador (ESP, TFS) à 8'49'' ; 10. Barguil (FRA, SUN) à 9'25'' ; 11. Caruso (ITA, BMC) à 14'48'' ; 12. Quintana (COL, MOV) à 15'28'' ; 13. Vuillermoz (FRA, ALM) à 24'38'' ; 14. Nieve (ESP, SKY) à 25'28'' ; 15. Buchmann (ALL, BOH) à 33'21'' ; 16. Feillu (FRA, TFO) à 36'46'' ; 17. Mollema (HOL, TFS) à 37'43'' ; 18. Betancur (COL, MOV) à 37'47'' ; 19. Pauwels (BEL, DDD) à 39'36'' ; 20. Benoot (BEL, LTS) à 42'4'' ; 21. Gallopin (FRA, LTS) à 42'39'' ; 22. Bakelants (BEL, ALM) à 50'4'' ; 23. G. Martin (FRA, WGG) à 53'52'' ; 24. Kreuziger (RTC, ORS) à 59'58'' ; 25. Chavanel (FRA, DEN) à 1 h 4'22'' ; 26. Hardy (FRA, TFO) à 1 h 12'51'' ; 27. Navarro (ESP, COF) à 1 h 15'26'' ; 28. Henao (COL, SKY) à 1 h 16'32'' ; 29. Latour (FRA, ALM) à 1 h 18'45'' ; 30. Frank (SUI, BMC) à 1h21'16'' ; 31. Kiserlovski (CRO, KAT) à 1 h 25'25'' ; 32. Moinard (FRA, BMC) à 1 h 32'2'' ; 33. Roche (IRL, BMC) à 1 h 32'35'' ; 34. Degand (BEL, WGG) à 1 h 34'2'' ; 35. Calmejane (FRA, DEN) à 1 h 35'16'' ; 36. Molard (FRA, FDJ) à 1 h 35'55'' ; 37. Gastauer (LUX, ALM) à 1h38'33'' ; 38. Roglic (SLV, TLJ) à 1 h 44'41'' ; 39. Ulissi (ITA, UAD) à 1h45'23'' ; 40. Minnaard (HOL, WGG) à 1 h 48'11'' ; 41. Atapuma (COL, UAD) à 1h50'31'' ; 42. Périchon (TFO) à 1 h 57'29'' ; 43. Brown (USA, CDT) à 1 h 57'52'' ; 44. Zeits (KAZ, AST) à 1h59'9'' ; 45. Brajkovic (SLV, TBM) à 2 h 0'38'' ; 46. Pantano (COL, TFS) à 2 h 1'30'' ; 47. Impey (AFS, ORS) à 2h1'59'' ; 48. Gautier (FRA, ALM) à 2h3'24'' ; 49. Talansky (USA, CDT) à 2h3'27'' ; 50. Durasek (CRO, UAD) à 2 h 4'53''...
Classement par points : 1. Matthews (AUS, SUN), 370 pts ; 2. Greipel (GER, LTS), 234 pts ; 3. Boasson Hagen (NOR, DDD), 220 pts.
Meilleur grimpeur : 1. Barguil (FRA, SUN), 169 pts ; 2. Roglic (SLO, TLJ), 80 pts ; 3. De Grendt (BEL, LTS), 64 pts.
Meilleur jeune : 1. S. Yates (GBR, ORS), les 3 540 km en 86 h 27'09'' ; 2. Meintjes (RSA, UAD) à 2'06'' ; 3. Buchmann (GER, BOH) à 27'07''.
Classement par équipes : 1. Sky les 10 620 km en 259 h 21'06'' ; 2. AG2R La Mondiale à 7'14'' ; 3. Trek-Segafredo à 1 h 44'46''.

Tour de Pologne
(du 29 juillet au 4 août, CAT.2 World Tour)
Étapes remportées par : P. Sagan (SLO, BOH), S. Modolo (ITA, UAD), D. Teuns (BEL, BMC), C. Ewan (AUS, ORS), D. Van Poppel (HOL, SKY), W. Poels (HOL, SKY).
Classement final : 1. D. Teuns (BEL, BMC) en 27 h 7'47'' ; 2. R. Majka (POL, BOH) à 3'' ; 3. W. Poels (HOL, SKY) à 3'' ; 4. W. Kelderman (HOL, SUN) à 10'' ; 5. A. Yates (GBR, ORS) à 13'' ; 6. D. Pozzovivo (ITA, ALM) à 23'' ; 7. S. Oomen (HOL, SUN) à 36'' ; 8. J. Haig (AUS, ORS) à 57'' ; 9. V. Nibali (ITA, TBM) à 1'29'' ; 10. R. Costa (POR, UAD) à 1'32''.

Classique de Saint-Sébastien
(ESP, 29 juillet, CAT. 1 World Tour)
1. M. Kwiatkowski (POL, SKY) les 231 km en 5 h 52'53'' ; 2. T. Gallopin (FRA, LTS) ; 3. B. Mollema (HOL, TFS) ; 4. T. Dumoulin (HOL, SUN) ; 5. M. Landa (ESP, SKY) à 2'' ; 6. A. Bettiol (ITA, CDT) à 28'' ; 7. A. Roux (FRA, FDJ) à 38'' ; 8. G. Van Avermaet (BEL, BMC) ; 9. T. Benoot (BEL, LTS) ; 10. N. Roche (IRL, BMC), t.m.t.

Polynormande
(FRA, 30 juillet, CAT. 1.1)
1. A. Gougeard (FRA, ALM), les 168,9 km en 3 h 59'09'' ; 2. J. Le Bon (FRA, FDJ) à 3'' ; 3. L. Pichon (FRA, FOS) ; 4. J. Leveau (FRA, RLM) ; 5. R. Le Roux (FRA, ADT), t.m.t.

Circuit de Getxo
(ESP, 31 juillet, CAT. 1.1)
1. C. Barbero (ESP, MOV) les 170 km en 3 h 53'06'' ; 2. A. Madrazo (ESP, DMP) à 2'' ; 3. J. Herrada (ESP, MOV) à 4'' ; 4. E. Fernandez (ESP, UKY) ; 5. T. Sprengers (BEL, SVB) ; 6. A. Reyes (COL, MPO) ; 7. E. Lietaer (SVB) ; 8. A. De Gendt (BEL, SVB) à 6'' ; 9. I. Salas (ESP, BBH) à 8'' ; 10. B. Prades (ESP, UKY), m.t.

Championnats d'Europe
HOMMES (NOR, du 3 au 6 août, CAT. CC)
Épreuve contre la montre : 1. Victor Campenaerts (BEL) les 46 km en 53'12'' ; 2. M. Bodnar (POL) à 2'' ; 3. R. Mullen (IRL) à 4'' ; 4. M. Brändle (AUT) à 9'' ; 5. J. Van EmDAN (HOL) à 21''.
Épreuve en ligne : 1. Alexander Kristoff (NOR) les 241,2 km en 5 h 41'10'' ; 2. E. Viviani (ITA) ; 3. M. Hofland (HOL) ; 4. P. Ackermann (ALL) ; 5. L. Mezgec (SLV).

FEMMES (DAN, du 3 au 6 août, CAT. UWT)
Épreuve contre la montre : 1. Ellen Van Dijk (HOL) les 31,5 km en 40'33'' ; 2. A.S. Duyck (BEL) à 58'' ; 3. A. Van der Breggen (HOL) à 1'04'' ; 4. L. Brand (HOL) à 1'59'' ; 5. M. Ritter (AUT) à 2'06''.
Course en ligne : 1. Marianne Vos (HOL) les 120,6 km en 2 h 51'13'' ; 2. G. Bronzini (ITA) m.t. ; 3. O. Zabelinskaïa (RUS) à 2'' ; 4. R. Fournier (FRA) à 15'' ; 5. A. Diderieksen (DAN), t.m.t.

Tour d'Espagne
(du 19 août au 10 septembre, CAT. World Tour)
1re étape, Nîmes-Nîmes (c.l.m. par équipes) : 1. BMC (USA), les 14 km en 15'58'' ; 2. Quick-Step Floors (BEL) à 0'6'' ; 3. Sunweb (ALL) m.t. ; 4. Sky (GBR) à 0'9'' ; 5. Orica-Scott (AUS) à 0'17''.
2e étape, Nîmes-Gruissan : 1. Lampaert (BEL, Quick-Step Floors), les 201 km en 4h36'13'' ; 2. Trentin (ITA, Quick-Step Floors) ; 3. Blythe (GBR, Aqua Blue Sport) ; 4. Theuns (BEL, Trek-Segafredo) ; 5. Modolo (ITA, UAE Team Emirates), t.m.t.
3e étape, Prades-Andorre-la-Vieille : 1. V. Nibali (ITA, Bahrain-Merida), les 158,5 km en 4 h 1'22'' ; 2. De La Cruz (ESP, Quick-Step Floors) ; 3. Froome (GBR, Sky) ; 4. Bardet (FRA, AG2R La Mondiale) ; 5. Chaves (COL, Orica-Scott), m.t.
4e étape, Escaldes-Engordany-Tarragone : 1. Trentin (ITA, Quick-Step Floors), les 193 km en 4 h 43'57'' ; 2. Lobato (ESP, Lotto.nl-Jumbo) ; 3. Van Asbroeck (BEL, Cannondale- Drapac) ; 4. Theuns (BEL, Trek- Segafredo) ; 5. Debusschere (BEL, Lotto-Soudal), t.m.t.
5e étape, Benicassim-Alcossebre : 1. Lutsenko (KAZ, Astana), les 173 km en 4 h 24'58'' ; 2. Kudus Ghebremedhin (ERY, Dimension Data) à 22'' ; 3. M. Soler (ESP, Movistar) à 56'' ; 4. Mohoric (SLV, UAE Team Emirates) à 1'11'' ; 5. Gougeard (AG2R La Mondiale) à 1'24''.
6e étape, Vila-Real – Sagunt : 1. Marczynski (POL, Lotto-Soudal), les 204,4 km en 4 h 47'2'' ; 2. Poljanski (POL, Bora-Hansgrohe) ; 3. Mas (ESP, Quick- Step Floors) t.m.t. ; 4. Sanchez (ESP, Astana) à 8'' ; 5. Polanc (SLV, UAE Team Emirates) m.t.
7e étape, Lliria-Cuenca : 1. Mohoric (SLV, UAE Team Emirates), les 205 km en 4 h 43'35'' ; 2. Poljanski (POL, Bora-Hansgrohe) à 0'16'' ; 3. Rojas (ESP, Movistar) ; 4. De Gendt (BEL, Lotto-Soudal) t.m.t. ; 5. De Marchi (ITA, BMC) à 27''.
8e étape Hellin-Xorret de Cati : 1. J. Alaphilippe (Quick-Step Floors), les 199,5 km en 4 h 37'55'' ; 2. Polanc (SLV, UAE

Team Emirates) à 2" ; 3. Majka (POL, Bora-Hansgrohe), m.t. ; 4. Pauwels (BEL, Dimension Data) à 26" ; 5. Oliveira (POR, Movistar) à 28".
9ᵉ étape Orihuela-Cumbre del Sol : 1. Froome (GBR, Sky), les 176 km en 4 h 7'13" ; 2. Chaves (COL, Orica-Scott) à 4" ; 3. Woods (CAN, Cannondale-Drapac) à 5" ; 4. Kelderman (HOL, Sunweb) à 8" ; 5. I. Zakarin (RUS, Katusha-Alpecin) m.t.
10ᵉ étape, Caravaca Jubilar-Alhama de Murcie : 1. Trentin (ITA, Quick-Step Floors), les 164,8 km en 3 h 34'56" ; 2. Rojas (ESP, Movistar) à 1" ; 3. Roson (ESP, Caja Rural) à 19" ; 4. J. Janse Van Rensburg (AFS, Dimension Data) à 21" ; 5. Geniez (AG2R La Mondiale) à 56".
11ᵉ étape, Lorca-Calar Alto : 1. M.A. Lopez (COL, Astana), les 187,5 km en 5 h 5'9" ; 2. Froome (GBR, Sky) à 14" ; 3. V. Nibali (ITA, Bahrain-Merida) ; 4. Kelderman (HOL, Sunweb) t.m.t. ; 5. Bardet (AG2R La Mondiale) à 31".
12ᵉ étape, Motril-Antequera : 1. Marczynski (POL, Lotto-Soudal), les 161,5 km en 3 h 56'45" ; 2. Fraile (ESP, Dimension Data) à 52" ; 3. Rojas (ESP, Movistar) ; 4. Poljanski (POL, Bora-Hansgrohe) ; 5. Clement (HOL, Lotto.nl-Jumbo) t.m.t.
13ᵉ étape, Coin-Tomares : 1.Trentin (ITA, Quick-Step Floors), les 197 km en 4 h 25'13" ; 2. Moscon (ITA, Sky) ; 3. S. Andersen (DAN, Sunweb) ; 4. Schwarzmann (ALL, Bora-Hansgrohe) ; 5. Van Asbroeck (BEL, Cannondale- Drapac), t.m.t.
14ᵉ étape, Ecija-Sierra de La Pandera : 1. Majka (POL, Bora-Hansgrohe), les 175 km en 4 h 42'10" ; 2. Lopez (COL, Astana), à 27" ; 3. V. Nibali (ITA, Bahrain- Merida), à 31" ; 4. Froome (GBR, Sky) ; 5. I.Zakarin (RUS, Katusha-Alpecin) t.m.t.
15ᵉ étape, Alcala la Real- Sierra Nevada : 1. M.A. Lopez (COL, Astana), les 129 km en 3 h 34'51" ; 2. I. Zakarin (RUS, Katusha-Alpecin) à 36" ; 3. Kelderman (HOL, Sunweb) à 45" ; 4. Chaves (COL, Orica-Scott) à 7" ; 5. Froome (GBR, Sky) m.t.
16ᵉ étape (c.l.m. ind.), circuit de Navarre-Logroño : 1. Froome (GBR, Sky), les 40,2 km en 47' ; 2. Kelderman (HOL, Sunweb) à 29" ; 3. V. Nibali (ITA, Bahrain- Merida) à 57" ; 4. I. Zakarin (RUS, Katusha-Alpecin) à 59" ; 5. Contador (ESP, Trek-Segafredo) t.m.t.
17ᵉ étape Villadiego-Los Machucos : 1. Denifl (AUT, Aqua Blue Sport), les 180 km en 4 h 48'52" ; 2. Contador (ESP, Trek- Segafredo) à 28" ; 3. M.A. Lopez (COL, Astana), à 1'4" ; 4. V. Nibali (ITA, Bahrain-Merida) ; 5. Zakarin (RUS, Katusha-Alpecin) t.m.t.
18ᵉ étape, Suances-Santo Toribio de Liébana : 1. Armee (BEL, Lotto-Soudal), les 169 km en 4 h 9'39" ; 2. Lutsenko (KAZ, Astana) à 31" ; 3. Visconti (ITA, Bahrain-Merida) à 46" ; 4. Gougeard (AG2R La Mondiale) à 1'2" ; 5. J.J Rojas (ESP, Movistar) à 1'6".
19ᵉ étape, Caso. Parc naturel de Redes-Gijon : 1. De Gendt (BEL, Lotto- Soudal), les 149,7 km en 3 h 35'46" ; 2. Pantano (COL, Trek-Segafredo) ; 3. Garcia (ESP, Bahrain-Merida) ; 4. Rui Costa (POR, UAE Team Emirates) ; 5. De Tier (BEL, Lotto. NLJumbo),t.m.t.
20ᵉ étape Corvera de Asturias-col de l'Angliru : 1. Contador (ESP, Trek- Segafredo), les 117,5 km en 3 h 31'33" ; 2. Poels (HOL, Sky) à 17" ; 3. Froome (GBR, Sky) m.t. ; 4. Zakarin (RUS, Katusha-Alpecin) à 35" ; 5. Pellizotti (ITA, Bahrain-Merida) à 51".
21ᵉ étape, Arroyomolinos- Madrid : 1. Trentin (ITA, Quick-Step Floors), les 117,6 km en 3 h 6'25" ; 2. Manzin (FDJ) ; 3. S. Andersen (DAN, Sunweb) ; 4. Van Asbroeck (BEL, Cannondale-Drapac) ; 5. Garcia Cortina (ESP, Bahrain-Merida), t.m.t.

Classement général final : 1. Froome (GBR, Sky) en 82 h 30'2" ; 2. V. Nibali (ITA, Bahrain- Merida) à 2'15" ; 3. I. Zakarin (RUS, Katusha-Alpecin) à 2'51" ; 4. Kelderman (HOL, Sunweb) à 3'15" ; 5. Contador (ESP, Trek-Segafredo) à 3'18" ; 6. Poels (HOL, Sky) à 6'59" ; 7. Woods (CAN, Cannondale- Drapac) à 8'27" ; 8. M. A. Lopez (COL, Astana) à 9'13" ; 9. Kruijswijk (HOL, Lotto. nl-Jumbo) à 11'18" ; 10. Van Garderen (USA, BMC) à 15'50" ; 11. Chaves (COL, Orica-Scott) à 16'46" ; 12. Meintjes (AFS, UAE Team Emirates) à 17'41" ; 13. Aru (ITA, Ast) à 21'41" ; 14. Roche (IRL, BMC) à 22' ; 17. Bardet (AG2R La Mondiale) à 31'21" ;
Classement par points : Froome (GBR, Sky), 158 pts.
Grand Prix de la Montagne : Villella (ITA, Cannondale-Drapac), 67 pts.
Équipe : Astana en 247 h 16› 21››.
Combiné : Froome (GBR, Sky), 5 pts.
Meilleur jeune : M. A. Lopez (COL, Astana).

Classique d'Hambourg
(ALL, 20 août, CAT. World Tour)
1. Elia Viviani (ITA, SKY) les 220,9 km en 5 h 15'51" ; 2. A. Démare (FRA, FDJ) ; 3. D. Groenewegen (HOL, LTJ) ; 4. A. Kristoff (NOR, KAT) ; 5. A. Greipel (GER, LTS) ; 6. M.A. Richeze (ARG, QST) ; 7. J. Stuyven (BEL, TFS) ; 8. M. Kump (SLO, UAD) ; 9. N. Bouhanni (FRA, COF) ; 10. R. Barbier (FRA, ALM).

Bretagne Classique Ouest France
(FRA, 27 août, CAT. 1 World Tour)
1. Elia Viviani (ITA, SKY) les 239,7 km en 5 h 51'39" ; 2. A. Kristoff (NOR, KAT) ; 3. S. Colbrelli (ITA, BMP) ; 4. S. Vanmarcke (BEL, CDT) ; 5. M. Matthews (AUS, SUN) ; 6. R. Guerreiro (POR, TFS) ; 7. E. Boasson Hagen (NOR, DDD) ; 8. N. Bouhanni (FRA, COF) ; 9. S. Consonni (ITA, UAD) ; 10. G. Van Avermaet (BEL-BMC).

Brussels Cycling Classic
(BEL, du 2 au 9 septembre, à Bruxelles, CAT. 1 HC)
1. Arnaud Démare (FRA, FDJ) les 201,3 km en 4 h 39'47" ; 2. M. Kump (RTC, UAE) ; 3. A. Greipel (GER, LTS) ; 4. K. Dehaes (BEL, WGG) ; 5. J. Stuyven (BEL, TFS) t.m.t.

Grand Prix de Fourmies
(FRA, le 3 septembre, CAT. 1.1)
1. Nacer Bouhanni (FRA, COF) les 205 km en 4 h 22'29" ; 2. M. Sarreau (FRA, FDJ) ; 3. R. Selig (GER, BOH) ; 4. D. Menut (FRA, AUB) ; 5. S. Consonni (ITA, UAE), t.m.t.

Grand Prix cycliste de Québec
(CAN, le 8 septembre, CAT. 1 World Tour)
1. Peter Sagan (SLO, BOH) les 201,6 km en 5 h 00'31" ; 2. G. Van Avermaet (BEL, BMC) ; 3. M. Matthews (AUS, SUN) ; 4. A. Vuillermoz (FRA, ALM) ; 5. T. Wellens (BEL,LTS) ; 6. T.J. Slagter (HOL, CDT) ; 7. P. Vakoc (RTC, QST) ; 8. S. Vanmarcke (HOL, CDT) ; 9. T. Gallopin (FRA, LTS) ; 10. S. Colbrelli (ITA, BMP) t.m.t.

Tour du Doubs
(FRA, le10 septembre, CAT. 1.1)
1. Romain Hardy (FRA-FOS) les 182 km en 4 h 07' ; 2. F. Dassonville (FRA, AUB) à 5" ; 3. Q. Jauregui (FRA, ALM) à 8" ; 4. N. Edet (FRA, COF) ; 5. R. Sicard (FRA, DEN), t.mt.

Grand Prix cycliste de Montréal
(CAN, le 10 septembre, CAT. 1 World Tour)
1. Diego Ulissi (ITA, UAE) les 205,7 km en 5 h 22'29" ; 2. J. Herrada (ESP, MOV) ; 3. T.J. Slagter (HOL, CDT) ; 4. J. Bakelants (BEL, ALM) t.m.t. ; 5. B. Mollema (HOL, TFS) à 6" ; 6. T. Gallopin (FRA, LTS) à11" ; 7. G. Van Avermaet (BEL, BMC) à 16" ; 8. M Matthews (AUS, SUN) ; 9. P. Sagan (SLV, BOH) ; 10. S. Vanmarcke (HOL, CDT), t.m.t.

Championnats du monde
(NOR, du 17 au 24 septembre, CAT. 1 World Tour)
Course en ligne Élite, hommes : 1. Peter Sagan (SLQ), les 267,5 km en 6 h 28'11" ; 2. Kristoff (NOR) ; 3. Matthews (AUS) ; 4. Trentin (ITA) ; 5. Swift (GBR), t.m.t.
Course en ligne Élite, espoirs hommes : 1. Cosnefroy, les 191 km en 4 h 48'23" ; 2. Kämna (ALL), m.t ; 3. Crabel Svendgaard (DAN), à 3'.
c.l.m. individuel, hommes : 1. T. Dumoulin (HOL, Sunweb) en 44'41" ; 2. Roglic (SLV, Lotto. NL-Jumbo) à 0'57" ; 3. Froome (GBR, Sky) à 1'21" ; 4. Oliveira (POR, Movistar) à 1'28" ; 5. Kiryienka (BLR, Sky) m.t.
Course en ligne Élite, femmes : 1. Chantal Blaak (HOL), les 152,8 km en 4 h 06'30" ; 2. K. Garfoot (AUS) à 0'28" ; 3. A. Dideriksen (DAN) ; 4. A. Van Vleuten (HOL) ; 5. K. Niewiadoma (POL).

Classement UCI World Tour
(au 25 septembre 2017)
1. Greg Van Avermaet (BEL, BMC) 3 582 pts ; 2. Christopher Froome (GBR, Sky) 3 452 pts ; 3. Tom Dumoulin (HOL, SUN) 2 545 pts ; 4. Peter Sagan (SLQ, BOH) 2 544 pts ; 5. Michal Kwiatkowski (POL, Sky) 2 171 pts ; 6. Alejandro Valverde (ESP, MOV) 2 105 pts ; 7. Michael Matthews (AUS, SUN) 2 049 pts ; 8. Daniel Martin (IRL, QST) 2 040 pts ; 9. Alberto Contador (ESP, TFS) 1 987 pts ; 10. Richie Porte (AUS, BMC) 1 882 pts ; 11. Philippe Gilbert (BEL, QST) 1 873 pts ; 12. Alexander Kristoff (NOR, KAT) 1 806 pts ; 13. Nairo Quintana (COL, MOV) 1 711 pts ; 14. Vincenzo Nibali (ITA, TBM) 1 696 pts ; 15. Ilnur Zakarin (RUS, KAT) 1 686 pts ; 16. Romain Bardet (FRA, ALM) 1 464 pts ; 17. Rigoberto Uran (COL, CDT) 1 340 pts ; 18. Ion Izagirre Insausti (ESP, TBM) 1 276 pts ; 19. Sergio Luis Henao Montoya (COL, Sky) 1 266 pts ; 20 Bauke Mollema (HOL) TFS 1 229 pts ; 21. Diego Ulissi (ITA, UAD) 1 197 pts ; 22. Primoz Roglic (SLV, TLJ) 1 181 pts ; 23. Mikel Landa (ESP, Sky) 1 150 pts ; 24. Arnaud Démare (FRA, FDJ) 1 128 pts ; 25. Jasper Stuyven (BEL, TFS) 1 120 pts ; 26. D. Pozzovivo (ITA, ALM) 1 100 pts ; 27. Rafal Majka (POL, BOH) 1 079 pts ; 28. Thibaut Pinot (FRA, FDJ) 1 092 pts ; 29. Simon Yates (GRB, ORS) 1 067 pts ; 30. Fabio Aru (ITA, AST) 1 064 pts ; 31. Elia Viviani (ITA, Sky) 1 031 pts ; 32. Wilco Kelderman (HOL, SUN) 1 019 pts ; 33. John Degenkolb (ALL, TFS) 990 pts ; 34. Warren Barguil (FRA, SUN) 967 pts ; 35. Fernando Gaviria Rendon (COL, QST) 961 pts ; 36. Tim Wellens (BEL, LTS) 944 pts ; 37. Rui Alberto Faria da Costa (POR, UAD) 924 pts ; 38. Sep Vanmarcke (BEL, CDT) 912 pts ; 39. Oliver Naesan (BEL, ALM) 910 pts ; 40. Julian Alaphilippe (FRA, QST) 890 pts ; 41. Sonny Colbrelli (ITA, TBM) 887 pts ; 42. Tony Gallopin (FRA, LTS) 853 pts ; 43. Michael Albasini (SUI, ORS) 830 pts ; 44. Rohan Dennis (AUS, BMC) 810 pts ; 45. André Greipel (ALL, LTS) 788 pts ; 46. Adam Yates (GBR, ORS) 776 pts ; 47. Nathan Haas (AUS, DDD) 775 pts ; 48. Jakob Fuglsang (DAN, AST) 764 pts ; 49. Dylan Teuns (BEL, BMC) 763 pts ; 50. Louis Meintjes (AFS, UAD) 758 pts.